河北省高等学校人文社会科学重点研究基地河北科技师范学院海洋经济与沿海经济带研究中心开放课题“基于网络大数据的河北省滨海旅游评价及提升策略研究”（HYYB202305）

# 河北滨海旅游发展研究

谢东辉　李志红　著

河北大学出版社
·保定·

# 河北滨海旅游发展研究

出 版 人：朱文富
责任编辑：刘 婷
韩卫东
装帧设计：杨艳霞
责任校对：蔡文涛
责任印制：常 凯

**图书在版编目（CIP）数据**

河北滨海旅游发展研究 / 谢东辉，李志红著．-- 保定：河北大学出版社，2023.7
ISBN 978-7-5666-2211-2

Ⅰ．①河… Ⅱ．①谢… ②李… Ⅲ．①滨海旅游－旅游业发展－研究－河北 Ⅳ．①F592.722

中国国家版本馆 CIP 数据核字（2023）第 122043 号

出版发行：河北大学出版社
地址：河北省保定市七一东路 2666 号 邮编：071000
电话：0312-5073019 0312-5073029
邮箱：hbdxcbs818@163.com 网址：www.hbdxcbs.com
经 销：全国新华书店
印 刷：涿州市般润文化传播有限公司
幅面尺寸：170 mm × 240 mm
印 张：14
字 数：221 千字
版 次：2023 年 7 月第 1 版
印 次：2023 年 7 月第 1 次印刷
书 号：ISBN 978-7-5666-2211-2
定 价：39.00 元

# 前　　言

滨海旅游是旅游业的重要分支，也是促进区域经济发展的增长点，同时也是传播城市文化与旅游文化的窗口。近年来，滨海旅游以其得天独厚的自然环境、独特的人文资源和丰富的旅游产品备受游客青睐，成为提高居民生活水平和促进区域经济发展的重要因素。滨海旅游的发展直接带动了当地经济的发展，同时对于保护当地生态和历史文化也具有积极的作用。随着我国旅游业的蓬勃发展和滨海旅游的持续升温，壮大滨海旅游业、拓展蓝色发展空间，对于加快国家经济社会发展、推进文化旅游产业发展以及实现中国式现代化等目标具有重要意义。

河北省滨海旅游蕴藏着巨大的发展潜力，能够创造显著的社会效益、经济效益。首先，河北省发展滨海旅游拥有得天独厚的自然环境条件。河北有丰富的沙滩、海岛、海洋生物资源和独特的海岸地貌，吸引了众多游客前来探索和观光。其次，河北省历史遗存和文化遗产丰富，滨海地区具有深厚的历史文化底蕴。再次，河北省滨海地区不仅景点众多，而且旅游产品也呈现出多样化发展的趋势，综合化、高质量的滨海旅游产品正在逐步丰富。最后，河北省滨海旅游的发展促进了生态保护和环境治理，推动了旅游业的可持续发展，提升了旅游景区的建设、开发和管理水平。

党的二十大提出了中国式现代化的发展目标，中共河北省委、河北省人民政府也就打造中国式现代化河北场景的重要目标做出了具体规划。因此，聚焦河北省滨海旅游发展，对其进行研究分析，对于加快建设经济强省、美丽河北，以及推进中国式现代化在燕赵大地落地生根、开花结果都具有重要意义。

本书以河北省滨海旅游为研究对象，深入分析京津冀协同发展背景下河北省滨海旅游的发展现状与优化方向，致力于为全面建设社会主义现代化国家做出贡献。

本书共分为九章。第一章介绍研究背景与意义、本书框架、研究方法、技术路线以及滨海旅游相关概念，第二章介绍河北省滨海旅游资源禀赋及特征，第三章介绍河北省滨海旅游市场空间结构并进行消费分析，第四章介绍国外滨海旅游开发存在的问题和成功经验，第五章基于百度指数探究河北省滨海旅游网络关注度时空特征，第六章分析了基于在线评论的河北省滨海旅游游客满意度评价，第七章对影响河北省滨海旅游业发展的因素进行探讨，第八章提出发展规划，第九章得出研究结论并进行未来展望。

本书是河北省高等学校人文社会科学重点研究基地河北科技师范学院海洋经济与沿海经济带研究中心开放课题“基于网络大数据的河北省滨海旅游评价及提升策略研究”（HYYB202305）的成果。本书的出版还得到了保定市碳中和与数据科学重点实验室、河北大学生态保护与区域发展创新团队和河北省人文社科重点研究基地河北大学资源利用与环境保护研究中心的联合资助与支持。

本书是河北大学生态保护与区域发展创新团队集体智慧的结晶。研究团队顾燃、李远天、崔雪华、谢亚琳、高伟淦、王湘荣、曹雯宣、焦梓铭、陆玥琪、白子朔、周博文、翟超、梁佳林、张硕、王荷等在数据爬取与挖掘、图表制作以及本书内容校对等方面做出了贡献，这也是本书能够顺利成稿的重要支撑。由于时间有限，获取数据资料具有一定难度，有些角度的研究还不够深入，存在不足之处在所难免，希望各位同行批评指正。本书在编写过程中参考了国内外已有的研究成果，对相关作者在此表示感谢。我们希望本研究能够对河北省滨海旅游的发展有所帮助，为建设经济强省、美丽河北做出积极贡献。同时，我们衷心感谢所有参与研究工作的专家、学者、实践者、业内人士以及出版社的鼎力支持，特别感谢河北省各级政府的信任和支持。

# 目　　录

# 第一章　绪论

## 第一节　研究背景及意义

2022年党的二十大提出要发展海洋经济、保护海洋生态环境、加快建设海洋强国，这是继2012年党的十八大提出要建设海洋强国、发展海洋经济后，党中央在新的历史条件下，对我国海洋战略发展做出的一次重要定位。在原有的发展海洋经济的基础上提出保护海洋生态环境，这就要求海洋产业实现绿色发展、高质量发展。滨海旅游业是重要的“绿色海洋产业”，是四大海洋支柱产业之一，在世界各沿海国家和地区海洋经济中占有重要地位。近年来，我国滨海旅游业发展迅速，滨海旅游业增加值逐步上升。随着我国经济的不断发展和人民群众生活水平的不断提高，滨海旅游业也势必成为带动消费升级的潜在新动能。随着我国滨海旅游市场的不断扩大，将吸引越来越多的从业人员参与进来，共同推动滨海旅游市场的发展。近年来我国滨海旅游业增加值见表1-1。

表 1-1 2014—2019 年滨海旅游业增加值

| 年份 | 滨海旅游业增加值/亿元 |
| --- | --- |
| 2014 年 | 8882 |
| 2015 年 | 10874 |
| 2016 年 | 12047 |
| 2017 年 | 14636 |
| 2018 年 | 16078 |
| 2019 年 | 18086 |

从世界范围来看，滨海旅游业正在蓬勃发展，总体呈现出如下特点：第一，滨海旅游业已经逐步成为世界旅游业发展的新动能，在全世界旅游收入排名前 25 位的国家中，有 23 个是沿海国家。第二，滨海旅游业已经成为部分国家的国民经济支柱产业。在希腊、西班牙等国家，滨海旅游业所带来的经济效益在其国民经济中占有一定比重；在热带的一些岛国，滨海旅游业已经成为海洋经济的支柱产业。第三，一些滨海旅游目的地正在发展成为世界级旅游目的地。

河北省下辖秦皇岛、唐山、沧州 3 个沿海城市，海岸线总长度达到 487 公里，拥有着种类较为丰富的滨海资源。河北省滨海旅游资源开发有着较为悠久的历史，秦皇岛作为滨海旅游城市，其开发可以追溯到清代光绪年间。可以说，河北省滨海旅游业拥有着较为良好的开发基础。

近年来河北省高度重视旅游业发展，提出了“全域旅游”等发展战略，各地市积极响应号召举办旅游发展大会。河北省文化和旅游“十四五”规划要求：全域旅游示范省创建有效推进，旅游产品供给更加优质，旅游公共服务更加完善，现代产业体系基本健全，大众旅游深入发展，旅游业对国民经济综合贡献率进一步增长。河北省在旅游发展总体布局中提出，要打造沿渤海文化和旅游带，以河北省的秦皇岛、唐山、沧州三市为主体，结合工业文明和海洋文明，打造高端化、现代化的滨海旅游服务业体系，建设国际化的滨海旅游和文化产业带。

随着京津冀协同发展这一重大国家战略的深入推进，转方式调结构的发展方式以及绿色河北发展模式的提出都为京津冀未来发展明确了方向，京津冀正逐步成为中国最具发展活力的区域以及未来的世界级城市群。随着建设京津冀世界级城市群战略目标的落地和北京非首都功能的逐步疏解，大量的人才、产业将会集聚，河北滨海旅游业作为现代服务业的重要组成部分，理应实现自己的高质量发展，为建设京津冀世界级城市群助力。但是，在河北滨海旅游发展中，滨海三市统一协调力度不够，对滨海旅游资源缺乏统一规划，导致出现了滨海旅游资源受到严重破坏、旅游基础设施不足、旅游产品雷同、旅游活动形式单一等情况，致使某些资源逐渐退化甚至消失。因此，开展河北滨海旅游发展评价研究迫在眉睫、刻不容缓。

本书研究的最终目的是找出河北滨海旅游资源有效开发利用的路径和助力满足大众的旅游需求。通过对国内滨海旅游业的分析，本书将研究重点聚集在河北滨海旅游资源的开发、利用、规划等方面，挖掘河北滨海旅游的发展潜力并提出政策性建议，助力河北滨海旅游能够不断满足大众的需求，提高河北海洋资源的利用效率。本书基于京津冀协同发展背景对河北滨海旅游发展进行评价并进行市场分析，结合国内外知名滨海旅游景区经验，利用数据挖掘技术对游客的评论进行挖掘，探究出河北滨海旅游景区发展路径，明确了河北滨海旅游发展与河北区域经济高质量发展的影响关系。本书通过总结问题、寻找对策，为河北滨海旅游高质量发展建言献策，为实现中国式现代化河北场景添砖加瓦。

## 第二节 本书框架、研究方法与技术路线

### 一、本书框架

本书内容按照问题提出—现状描述—理论分析—实证分析—对策建议的逻辑顺序展开。例如，在问题的提出部分，主要是在京津冀协同发展背景下，对

河北滨海旅游如何立足自身优势、弥补自身短板、抓住发展机遇、找到发展道路进行分析。在现状描述部分，主要是对河北滨海旅游资源概况进行描述性分析，对河北滨海旅游资源的分布与开发利用情况进行描述。在实证分析部分，对河北滨海旅游市场进行 SWOT（态势）分析，并引入相关国外知名滨海旅游景区案例进行分析，主要是对国内外知名滨海旅游景区的发展进行对比，整合国内外滨海景区发展的经验与教训；并对河北滨海旅游景区的网络关注度与游客评论进行挖掘与分析，对河北省滨海旅游发展与区域经济高质量发展间的关系进行实证分析。在对策建议部分，对本书各部分所做分析得到的结论进行总结，以此探寻河北省滨海旅游业的发展路径，对河北滨海旅游如何实现高质量发展给出建议，为构建河北滨海旅游全面发展新场景献计献策。

## 二、研究方法

本书在研究撰写过程中主要用到的方法大致有以下几种：

(1) 文献研究法。文献研究法是明晰当前与研究主题有关的学术研究进展的一种方法，一般通过对已有的研究主题相关文献进行分类、描述、综合、归纳等整理来开拓自身研究。本书对现有滨海旅游理论研究成果进行观点梳理和提炼，不仅为本书的论述提供有力理论支持，还有利于确定现有研究成果存在的问题，寻找本书的论述切入点和研究方向。

(2) 实地调查法。本书运用实地调查法对河北省海洋管理部门、旅游管理部门以及相关研究和经营单位进行调研和考察，挖掘河北滨海旅游和国内外其他地区滨海旅游发展的区别和联系，探寻河北滨海旅游发展的方向和路径。

(3) 定性研究与定量分析相结合的方法。本书对河北滨海旅游发展的资源、环境进行定性分析，采用定性研究与定量分析相结合的方法来确定河北滨海旅游发展的路径和模式。

(4) 比较分析法。本书通过理论研究以及有关实证调查，将河北滨海旅游发展与国内外先进做法进行比较，提出符合河北滨海旅游优化发展的对策建议。

（5）数据挖掘法。本书运用到的数据挖掘方法主要涉及两种：第一种是网络爬虫方法。网络爬虫法是按照预先设定好的规则，由计算机模拟人的操作来获取网络上的信息。本书运用网络爬虫法主要是获取河北滨海旅游景区的网络搜索量和在线评论数据，以此为依据获得消费者的消费感受和关注度信息。第二种是文本挖掘法。文本挖掘是数据挖掘的一种，只不过文本挖掘是专注于文本分析的一种数据挖掘方法，本书主要使用词云图分析、LDA 主题模型、IPA 模型对挖掘数据进行分析。

（6）复杂网络分析法。复杂网络分析法简单来说是，以图论为基础，通过分析各个组成元素间的关系，将不同类型、不同特点的系统描述成节点与边相连的网络结构（或图），并利用网络结构来分析节点间的拓扑关系。本书旨在运用复杂网络分析法来分析河北滨海旅游景区发展与网络关注度之间的关系，探究促使河北滨海旅游高质量发展的网络驱动因素。

（7）耦合协调度模型分析法。一般来讲，系统之间或系统内部的要素之间的相互影响程度称为耦合度。本书研究的是滨海旅游业和区域经济两个系统之间的相互影响，因此要测定滨海旅游业集聚和区域经济发展协调程度。

（8）区位熵分析法。区位熵主要用于计算要素的集聚水平。本书选用区位熵分析法，主要是进行河北滨海旅游业集聚水平的测度。区位熵水平越高，产业集聚水平也就越高，滨海旅游业的竞争力也就越强。

## 三、技术路线图

本书所做研究遵循的技术路线如图 1-1 所示。

图 1-1　技术路线图

## 第三节　相关概念界定

### 一、滨海旅游概念

滨海处于海陆的接合部，交通便利。滨海城市一般都以人口密集、气候宜人、空气清新为特征。滨海城市旅游资源丰富，是人们观光、度假、游览、滑水、冲浪、潜游、泛舟、垂钓、购物的理想胜地。因此，世界上旅游业发达的国家，如英国、美国、法国等国家，都高度重视滨海旅游业的发展。例如在法国，45％的游客集中在海边；在英格兰，75％的游客云集于滨海地带；而在美国，滨海旅游区是对旅游者最有吸引力的地区。可见，开发滨海旅游对于旅游业的重要作用和价值。国家海洋局提供的初步核算数据显示，2004 年我国主要海洋产业的总产值达到了 12 841 亿元，同时海洋产业的增加值达到 5268 亿元，等于同期 GDP（国内生产总值）的 3.9%；滨海与岛屿旅游的增加值高达 2238 亿元，其增加值占同期全国海洋经济总量的 26.24%，说明滨海与岛屿旅游已然成为我国海洋经济发展的新亮点。河北省秦皇岛市、唐山市、沧州市地处环渤海、环京津地区，地理位置优越，具有独特的背山面海的地理格局、复杂的地貌特征，滨海旅游资源丰富。

狭义上来说，滨海旅游指在滨海区域或其近水地带产生的娱乐、休闲等活动。一方面包括旅游产业活动，如住宿、餐饮，以及滨海支撑性产业活动，如零售。另一方面包括一系列旅游活动，如游船、游艇游等水上活动，沙滩竞技以及潜水等近海、海岸带或海岛旅游项目。事实上，学术界对滨海旅游的界定，国内外学者的意见尚未达成一致，因此并无权威定论。在很多学者看来，滨海旅游应当包括除海岸带、近海、海岛以外的滨海城市其他旅游内容，如滨海城市观光、休闲购物、商务活动等内容。同样，也有学者把滨海地区详细划分成五部分，第一部分是内陆地区；第二部分是滨海土地，包括湿地和人类的近水聚居区；第三部分是滨海水域，包括入海口、潟湖以及浅海水域；第四部分是离岸水域；第五部分是远海。本书是对京津冀协同发展背景下河北滨海旅游的发展情况进行研究。一方面是将河北滨海旅游置于京津冀及周边旅游区的大环境下，考虑河北滨海旅游的特色发展、一体化发展的模式。另一方面则是将河北滨海旅游开发置于河北旅游产业发展规划中。因此，本书采用对滨海旅游的广义解释，扩大滨海旅游的概念，将其他非近海旅游项目、旅游资源（如历史民俗、工业文化等旅游单体资源）囊括其中，以期促进河北滨海旅游合理定位、科学规划，综合开发。因此，本书所述的滨海旅游是指，在一定社会经济条件下，以近海地带为中心，为满足人们物质及精神需求所进行的娱乐游览、体育及疗养活动产生的关系和现象的总和，其外延包括在滨海城市内陆、近海、海岛、海底等区域进行的旅游以及相关活动。

滨海旅游业指以海岸带、海岛和海洋各种自然人文景观为基础产生的旅游或者服务的相关经营产业，大体上有海洋风情观光、休闲娱乐、度假住宿、体育运动等活动。近年来，河北着力改变以制造业为主的经济结构，实现经济结构的优化升级，力争调整产业结构，发展以旅游业为主的第三产业，挖掘新的经济增长点。尤其是在京津冀协同发展的大背景下，河北省把“建设京津冀城市旅游休闲度假基地”作为重要目标，着力培养以滨海旅游、历史文化旅游、农业观光旅游为龙头的文化旅游产业，加快河北旅游业的发展步伐。但是，地处京津周边的河北地区也面临着旅游资本、技术、劳动力向更为发达的京津流动的情况，在自身定位不明确、特色不突出、差异化发展明显不足的情况下，加之自身发展存在的低水平、缺乏科学规划的问题，使得河北旅游业收入、旅游规模的发展上升空间有限，造成旅游业发展动力不足。

## 二、协同发展概念

协同论（synergetics）起源于20世纪70年代，是通过对多学科的合并研究而逐步形成的一门新兴学科。其创立者是著名科学家哈肯。协同的概念源自协同论，协同实质上指的是组成系统的各种要素的协调与合作的系统结构状态，这样的系统整体功能超过各个要素功能的简单相加。协同这个概念一般可以表达两种意义：其一，系统发展中各因素协调合作的过程。其二，系统通过协调合作过程所实现的结构状态优化的效果。事实上，自然界、人类社会都是由复杂的系统构成的，其单个个体事物间的联系以及发展在一般情况下都是以无序或有序的状态呈现出来的。无序体现的是各因素间的混沌关系，有序则体现各因素的协同关系。当转化条件具备时，无序可以转化为有序，有序可以转化为无序。系统间各要素如果不能达到合理的协同关系，系统呈现的状态将会是混沌无序的，这种状态必然影响系统整体功能的充分发挥。反之，系统间各个因素相互协调，协作就能形成合力，产生协同效应，系统达到优于每一个因素功能简单相加的整体效能。

将协同理论运用到经济领域考量区域经济发展，即考量区域经济系统协同发展情况。协同指通过一定的调整，保证单体经济要素的独立运动相互协调，实现单体经济要素间的密切联系，确保这种协调联系是整个系统的主导，从而实现单体经济要素之间相互协作、分工配合的和谐状态；逐渐实现这种状态对整个区域经济系统发展趋向的主导，保证整个区域的经济系统逐步由分散、混乱的结构状态发展成为有序、合理的结构状态。这种有序合理的结构状态，可以保障经济要素合乎规律发展、区域内外经济共赢互惠，最终实现区域内的经济、社会生态系统的协调整合，实现区域经济可持续发展。京津冀协同发展是我国经济发展的内在要求。区域经济系统的重要因素中，人口、资源、技术、生态环境等会发生相互的联系与影响，甚至是制约，这个客观规律要求在分析研究河北滨海旅游业时，需要将视角置于京津冀经济圈这一大经济环境下系统规划、全盘考虑。对于京津冀协同发展而言，任何单体经济要素的发展变化对于京津冀区域整个经济系统的发展都能够起到正面或者负面的影响。当然，如果单体经济的作用是无序的话，对经济系统的发展无法起到正面的影响。只有各种经济要素能够相互配合与合作，实现综合效应，才能顺应京津冀区域经济系统的发展趋向，实现协调发展。总之，要通过调整实现区域内的经济系统内单体经济要素相互之间的协调，往往要重视人口、技术、资源、生态环境等社会经济因素的可持续性发展。

就河北旅游业而言，开拓协同发展视野是河北旅游业顺应经济发展形势的积极调整。因此对于河北而言，实现旅游业协同发展，要着力于以下两个方面：一是通过与京津冀其他区域的交流，促使河北区域内旅游要素相互作用，形成与其他区域旅游业的竞争与合作。二是通过竞争与合作发掘出河北滨海旅游业整体系统的发展优势，及旅游要素间的本质联系与相互关系，进而创造相关条件，发展适于河北的旅游经济模式，促使河北滨海旅游业整个系统的良性发展与本质飞跃。这不仅要实现旅游业的旅游要素之间的协同发展，还要实现旅游业之间的协同，最终达到河北滨海旅游业与京津冀其他区域旅游业的协同发展。

# 第二章　河北省滨海旅游资源禀赋及特征

## 第一节　河北省滨海旅游资源禀赋与开发现状

河北省作为我国北方的滨海省份，拥有着得天独厚的滨海资源，有秦皇岛、唐山、沧州等著名海滨城市，以及山海关、黄金海岸、北戴河等著名旅游胜地。随着旅游业的快速发展和人们消费水平的提高，河北省的滨海旅游业也呈现出快速发展的态势。河北省滨海旅游业的市场规模不断扩大，旅游消费的结构也得到优化。数据显示，河北省滨海旅游接待人数和旅游收入逐年攀升。河北省旅游发展委员会发布的数据显示，2019 年，河北省滨海旅游接待人数达到 1.79 亿人次，同比增长 8.2%；旅游综合收入达到 1991 亿元，同比增长 12.1%。河北省滨海旅游业在发展过程中也面临着一些困难和挑战，比如，旅游资源利用不够充分，滨海旅游产品单一、附加值较低，旅游基础设施亟待改善，等等。

滨海城市一般指的是那些位于海岸线边缘，依靠海洋资源发展经济的城市。河北省作为滨海省份，不仅拥有引人入胜的自然环境，还拥有着悠久的历史和深厚的文化底蕴。随着我国城镇化的快速推进，河北省的滨海城市逐渐受到人们的关注，其得天独厚的自然条件吸引了大量游客前来观光、休闲度假。河北省的滨海城市面积相对较大，主要集中在东北部和东南部。其中，东北部的滨海城市秦皇岛以其美丽的海滩和独特的海岸风景成为知名旅游地。秦皇岛的北戴河景区是国家 5A 级景区，多次被评为中国最佳海岸线城市和中国最美滨海度假城市。秦皇岛不仅有优美的自然风景，还有着深厚的文化底蕴。河北省东部的唐山市，拥有丰富的海洋资源和独特的文化底蕴。唐山市以其优美的自然风景和丰富的文化资源而备受游客喜欢，是国家重点发展的旅游区域之一。在推进全域旅游发展的过程中，河北省注重发挥滨海旅游城市的核心作用，将滨海旅游城市打造成有效吸引省外游客的重要载体。同时，河北省也在加强滨海旅游城市的旅游品质的提升，注重滨海旅游资源的保护，提高滨海旅游产品的质量，发展具有特色的滨海旅游项目。

河北省的滨海城市不仅有着丰富的旅游资源，还面临着崭新的发展机会。随着城市化的深入发展，滨海城市已发展成为庞大的经济市场，在这个市场中相关产业迅猛发展。旅游经济、航运经济等海洋经济已经成为河北省产业经济中不可替代的一部分。

### 一、滨海旅游业发展概况

丰富的自然资源对于河北省的经济发展起到了重要的支撑作用。其中，滨海地带因其独特的海洋景观等旅游资源而备受游客喜爱。为实现高质量发展，河北省大力发展旅游服务业，注重绿色可持续发展，以点、线、面相结合的方式，全力推进全域旅游发展，从“旅游驿站”向“旅游目的地”转型升级，建设“海林相映、鸟语花香、人融于景、路嵌于画”的滨海旅游景观城市。滨海资源是河北省重要的国土资源之一。河北省在推进全域旅游发展的基础上，注重开发滨海旅游资源，提升滨海旅游城市的旅游品质和综合实力，促进滨海旅游业的深度融合。通过不断努力，河北省的滨海旅游业发展迎来新机遇，将为河北省经济发展注入新动能。

在发展滨海旅游项目的过程中，河北省注重整体规划，以更好地发挥滨海旅游资源的价值。通过开展滨海旅游规划，整合资源，优化旅游环境，河北省着力打造具有一定规模和特色的滨海旅游景区。这些景区集聚了滨海地区最有代表性的自然风景和人文景观，成为游客赏景、度假的理想之地。游客可以畅游海洋，享受海鲜美食，体验温泉和热气球等多项特色活动。丰富的旅游体验活动能够满足不同游客的需求。与此同时，河北省不仅加强滨海旅游城市的开发建设，也注重推进滨海旅游业的深度融合，促进旅游业与其他产业产生互动，提升滨海旅游业的整体发展水平，并以旅游发展广泛带动相关产业升级。例如，通过对滨海地区特色海鲜产业的挖掘，将其发展成为旅游业的重要资源之一，增加滨海旅游的吸引力和竞争力，并带动水产品产业发展。

新冠疫情给河北省的旅游业带来了挑战，但是在全域旅游发展不断推进的背景下，复苏和振兴的动能不断积聚。当前，河北省的旅游市场正在经历快速复苏和螺旋上升的发展变化。2022 年河北省国民经济和社会发展统计公报数据显示，2022 年全年，河北省接待国内游客 3.32 亿人次，创收（旅游总收入）3 008.88 亿元，这是一个不容忽视的数字。其中，滨海旅游业是河北省旅游业的重要组成部分，随着河北省全域旅游发展的不断推进，滨海旅游业迎来新的发展机遇。自 2022 年开始，河北省加速推进全省旅游业高质量发展，不断提升旅游业的综合实力和核心竞争力，为全域旅游发展奠定坚实的基础。围绕着打造旅游型省份这一目标，河北省采取了一系列重要措施，包括推进景区整合、优化旅游基础设施、提高旅游服务品质等。这些举措有助于提升河北省的旅游业发展水平，推动旅游市场全面升级。

在未来的发展中，河北省滨海旅游业将继续受益于全域旅游发展的红利。随着科技的不断发展和人们旅游需求的不断增长，河北省将不断地探索滨海旅游新模式和新路径，挖掘旅游资源，提高旅游产品质量和服务水平，吸引更多的游客到来，创造更大的经济价值。除此之外，河北省还将通过全面深化改革和加强产业转型升级，进一步推动旅游业可持续发展。通过加强对旅游业的重点培育和加强投入，提高旅游产品质量和服务质量。河北省的旅游业将逐渐实现全面突破，催生出更多的旅游业态，从旅游消费中获得更丰厚的收益，为河北省的经济发展助力。

## 二、主要滨海旅游资源禀赋

随着旅游业的日益发展，河北省滨海旅游不仅仅是旅游业的重要支撑，还是地方经济发展中不可或缺的一环。河北省滨海旅游资源的多样性为旅游业发展提供了充足的养分。在国家大力发展旅游业的背景下，河北省滨海旅游所特有的自然景观、人文景观、历史遗迹、科技创新等元素无疑十分吸引人们的眼球。同时，为了满足游客的不同需求，河北省滨海旅游也积极采取了多种手段和措施，提升旅游基础设施建设水平，改善服务质量。河北省滨海旅游业稳步前行，持续为经济社会发展贡献力量。

首先，河北省滨海旅游拥有得天独厚的自然景观资源。秦皇岛市位于渤海之滨，拥有著名的万里长城第一关等自然景观。唐山市作为渤海湾的中心城市，亦有著名的揽月湾、菩提岛等美丽的自然景观。沧州市则拥有独特的海堤风光游览区。这些自然景观和景区的存在，为河北省滨海旅游的发展不断注入动能。其次，河北省滨海旅游资源的丰富性还表现在拥有丰富的人文资源。燕山大佛等历史文化遗迹为河北省滨海旅游增色不少。秦皇岛长城、南戴河长城、滦州古城等承载着悠久历史与深厚文化内涵的遗迹，更是构成中华文明的重要组成部分。这些文物古迹、文化遗迹不仅是历史的见证，更是吸引国内外游客前来观赏的重要景点，为河北省滨海旅游提供了独特的竞争力。此外，河北省滨海旅游还展现了其科技创新的魅力。以沧州市为例，形成港口与园区互动结构，深化了产业融合、区域发展的内在联系。此外，沧州集约型发展模式、高附加值产业的“多维创新”等旅游发展模式和发展形态的创新也为滨海旅游的发展带来了新的动能。

根据景区地理位置和特征的不同，我们可以进一步将河北省滨海旅游景区进行分类，分别是海岸景区、岛屿景区、生态景区、海底景区、人文景区。

1. 海岸景区

(1) 黄金海岸。河北省拥有近500公里的海岸线，从北部基岩海岸的山海共鸣，到中北段沙质海岸的柔软浪漫，再到南部淤泥质海岸的沙贝奇观，三大海岸类型无一缺席。海岸线附近的一座座美丽海岛和近50条入海的河流交织出了难以描绘的自然美景。

河北昌黎黄金海岸国家级自然保护区，北起大蒲河口，南至滦河口，西界为沙丘林带和潟湖的西缘，东到浅海 10 米等深线附近，面积 30 000 公顷，其中陆地 10 000 公顷，海域 20 000 公顷。海岸线具有沙细、滩软、水清、潮平的特点，是进行海水浴、阳光浴、沙浴非常理想的地点。昌黎黄金海岸自然保护区不仅旅游价值极高，其对于生态环境维护和生物多样性保护也有着非常重要的作用。昌黎黄金海岸自然保护区是我国文昌鱼分布密度最高的地区之一，也是“世界珍禽”黑嘴鸥的主要栖息地之一；保护区内七里海潟湖是我国典型的封闭式现代潟湖，具有重要的科研价值。保护区对保护自然资源，研究海洋动力学和海陆变迁规律，保护海洋、海洋生态环境和生物多样性，以及发展滨海旅游业都具有重要意义。

黄金海岸是我国北方沿海最具特色的海岸，这里拥有优美的金色沙滩，海水碧蓝，海浪温柔，是北方最适合游泳的海岸线之一。此外，还有战国时期古城墙和明清古建筑、海洋科技博物馆和海洋生物馆等景点，这些景点让游客可以更全面地了解当地的历史和文化。然而，随着旅游业的快速发展和城镇化的加速，海洋生态问题不可避免地出现。过度开发和污染是影响海洋生态的主要因素之一。例如，海岸线附近的建筑物、工业和农业活动都会对海洋生物的生存环境造成影响，甚至会对生态系统造成破坏。此外，破坏海岸线植被的研发和经济活动，尤其是过度的休闲和观光旅游，也使得海洋生态环境更加恶化。为了保护海洋生态，需要采取一系列措施。例如，限制过度开发和消费，减少人类对海洋生态的破坏；推广家庭农场模式、循环经济模式等生产模式，减少对环境的污染和破坏；加强海洋生态教育和宣传，提高人们的环保意识和责任心。同时，科学技术的发展也为海洋生态保护提供了新手段，如利用遥感技术对海洋环境进行监测等，可以更好地保护海洋生态系统。

(2) 山海关—老龙头旅游区。山海关景区是河北省滨海地区的一个重要旅游景区，也是我国重点文物保护单位，以长城文化和山海景观为主要内容。山海关景区位于河北省秦皇岛市北部，它以 1660 米的海岸线向游客展现海岸风光。同时，山海关也是万里长城的重要组成部分，作为万里长城东部的第一个关口，拥有“天下第一关”的美称。山海关不仅海岸风光优美，而且历史和文化底蕴深厚，吸引了众多游客慕名前来欣赏千年建筑同海洋相接的壮美景观并感受长城的宏伟。2016 年，山海关景区接待游客数量高达 512.8 万人次，门票收入超过 16 313.5 万元。因此，山海关已成为当地经济发展的重要支撑项目之一，在当地每年的政府工作报告中都会提到山海关景区的重要地位和发展计划。政府对山海关景区的发展十分重视，通过投资和政策支持促进旅游业的快速发展。

老龙头景区是一个集文化、历史和自然风景于一体的景区，拥有丰富的历史文化遗产。入海石城曾经是明代建造的海滨防御工事，保护着我国海岸线不受侵犯。海神庙则是海上丝绸之路重要的祭祀场所，是以海神为祭祀对象的道教神庙。在景区内，游客可以观赏这些历史文化遗产，还可以欣赏山海关海滩的美丽风景。沿着海岸线，能够看到潮起潮落、浪花飞溅，感受到大海的美丽。如果天气好，可以在海滩上玩沙子、沐浴阳光，享受难得的度假时光。

山海关—老龙头景区是河北省乃至全国重要的旅游景区，这里的历史、文化与景观融合在一起，带给游客独特的旅游体验感。政府和旅游业相关部门应加强对山海关的保护与发展，吸引更多的人来到这里，了解长城文化，感受海岸风光，共同推动我国旅游业高质量发展。

2. 岛屿景区

月岛。月岛是乐亭县西南渤海湾中的沙岛，位于河北省唐山市乐亭县，是天然的海滨浴场和生态旅游度假区。景区因形似一弯晓月而得名，由月坨、腰坨、西坨等 7 个岛组成。岛上灌木丛生，鲜花野果散发出淡淡幽香，由于自然环境没有遭到人为破坏，因此月岛的生态景观依然保持着相对原始的状态，这在当前旅游景区很多都是后期升级改造的情况下显得十分难得。游客来滨海城市旅游，往往需要的不是华丽的建筑装饰和大同小异的消费项目，而是想体验与自然接触的感觉。换言之，随着我国城镇化水平快速提升，越来越多的人生活在城市的高楼大厦当中，接触自然的机会少之又少。因此，生态景区的功能已经不只欣赏风景这种单一的功能，还带有了一种精神抚慰的功能，游客通常以释放压力为目的在这里寻求心灵本质。因此，未被改造或者未被人们过多干预的自然生态景区本身就带有独特的吸引力，稍加维护就能得到众多游客的认可。

月岛的建筑是仿荷兰风情建筑，一座座红顶小木屋又叫情侣屋，置身其中聆听大海的潮涨潮落，别有一种风情。月岛的浴场沙洁水净，特别适宜海水浴。同时，这里还有沙滩足球场等娱乐场地，有海鲜烧烤、烤全羊、篝火晚会及海边渔猎等体验野外生活的多种可集体参与的游玩项目，因此是避暑、度假、春游的好去处。不仅如此，月岛的环岛海滩沙质洁净、海水清碧、水深适宜，是天然良好浴场之所在。

3. 生态景区

秦皇岛野生动物园。秦皇岛野生动物园建于北戴河海滨国家森林公园内，占地 344 公顷，东临渤海湾，南连北戴河鸽子窝，西倚京山铁路，北靠亚运村，园内放养着来自国内外的 120 余种 4000 余头（只）动物。园内共分为笼养区、猛兽区、非洲风情园、草食动物区、中心广场萌宠乐园、步行游览区等 6 个展区。秦皇岛野生动物园利用国家森林公园得天独厚的森林资源和优美的自然环境，采用大圈散养的方式，建成 20 多处动物观赏及娱乐休闲景区，将动物分区隔离散放，营造返璞归真、回归自然的氛围，形成人与自然相融、人与动物易位的旅游特色。

4. 海底景区

新澳海底世界。秦皇岛新澳海底世界由我国与澳大利亚合资兴建而成，是集科普教育、观赏娱乐于一体，以展示海洋生物为主的大型综合性博览馆。新澳海底世界位于秦皇岛市市区南侧河滨路的海边区域，馆内有众多海洋动物，游客在此可以观看海洋动物表演，还能够在沿海的景观餐厅内观景用餐。新澳海底世界已经成为河北省滨海生态主题海底景点的代表，是很多游客到秦皇岛必玩的景点之一。秦皇岛新澳海底世界总投资约 1.2 亿元，建筑面积约 2 万平方米，占地面积约 2 公顷。海底世界建筑工程于 1997 年 11 月 1 日破土动工，1998 年 7 月 16 日竣工。海底世界引进国际最先进的设备和水族管理技术，以促进秦皇岛科普教育事业发展为企业发展宗旨，将娱乐休闲服务拓展到了一个崭新的领域。

海底世界景区分为水族馆和海豚表演馆两处。水族馆内，分为小池区、企鹅馆、海豹馆、触摸池、海龟池、海底隧道、表演区、科普教室以及海洋精品店等基础展馆和服务区域。在馆内可以看到企鹅、海豹等海洋动物，可以体验用手触摸各种小鱼的感觉，还可以在海底隧道观光，在沿海餐厅用餐，适合带小朋友前来娱乐游玩。在馆内还可以观看海豹表演、美人鱼剧目表演。

5. 人文景区

秦皇求仙入海处。秦皇求仙入海处是一个历史悠久、文化底蕴深厚的旅游点。相传，秦始皇东巡到达碣石之地时，对这里留下深刻的印象。据《史记·秦始皇本纪》记载，秦始皇曾在这里拜海，派方士由此入海求仙，寻找长生不老之药。在我国绵长的历史长河中有着许多关于人们追求长生不老和成仙得道的故事和传说，秦皇求仙正是其中之一。秦皇求仙入海处与东山浴场相连，是海水浴、日光浴的绝佳场所。在海滨享受海浪的洗礼，会是一种令人难忘的体验。这里的海鲜广场对游客有巨大的吸引力。这里的大排档和各种海鲜餐厅提供各类地道的海鲜美食，每年的海鲜美食节也是吸引大量游客前来的一个重要节目。

现如今，秦皇求仙入海处是一处兼具文化、历史内涵和自然景观的旅游胜地，吸引着越来越多的游客前来游玩。在此处，游客可以了解与秦始皇有关的历史故事，并能够近距离感受到大海的壮美和浪漫，还能够享用不一般的美食。作为一个融合了历史、文化和自然风光的景区，秦皇求仙入海处的旅游项目具备独特的吸引力。项目包括海洋文化之旅、自然风光游、浪漫海景游等多种类别，以多样化的环境满足不同游客的不同需求。无论是学习历史文化知识，还是享受海滨的温馨浪漫感觉，秦皇求仙入海处都可以给游客难忘的体验。此外，秦皇求仙入海处在建设和运营中注重环境保护和可持续发展，保持景区的原始风貌和环境质量，不断为游客提供更好的旅游服务。

## 三、主要滨海旅游资源开发现状

河北省的滨海城市风景优美，不仅在今天是旅游热门城市，在古代也同样备受人们的喜爱。尤其是秦皇岛地区，在古代是众多帝王将相、文人墨客游山观海之处。因此，秦皇岛一带的滨海旅游区开发史可追溯到秦汉时期。据记载，秦始皇、汉武帝、曹操、隋炀帝、唐太宗，以及清代康熙、雍正、乾隆、道光等帝王将相都曾到此观海、祭海，秦始皇求仙入海和曹操《观沧海》成为后人追忆，古山海关边城和老龙头入海石城成为后辈文人墨客怀情赋诗、吟诵的重要场所。

1893 年，英国工程师金达发现北戴河自然条件优越，因而极力宣传，致使许多外国传教士、外交官、达官显贵纷纷至北戴河购地建房，休养避暑。1898 年，清政府正式将北戴河划定为避暑区，准许中外人士杂居，至此中国最早且最具规模的滨海避暑度假旅游区——北戴河避暑度假旅游区建成。在 1917 年，北洋政府兴建北戴河至滨海铁路，改善了北戴河与京津等北方重要城市之间的交通条件。

1948 年以前，河北省滨海旅游活动主要集中于秦皇岛市北戴河区，参与活动的多为国内达官显贵和拥有治外法权的外国人。随着新中国的建立，中共中央、国务院及中央国家机关各部委、各省区市在北戴河建立了休疗养院，并陆续扩展至山海关区。到 1960 年，仅北戴河滨海地区各类休疗养院就达到 35 个，拥有床位 8198 张，当年共接待避暑度假旅游者 73 717 人次。但直到 1979 年，旅游开发重点仍是计划经济体制下的旅游，参与旅游活动的多是党和国家、省区市各级党政领导人、战斗英雄、劳动模范、专家教授、先进生产者和工作者等，旅游内容以休疗养为主，滨海旅游景区仍只有北戴河、老龙头两处。在中共十一届三中全会以后，中共中央将属于北戴河西山、中海滩等处的休疗养院设施交由秦皇岛市旅游部门经营管理。1981 年，中国国家旅游局公布了第一批旅游开放城市名单，其中包括秦皇岛市。秦皇岛市在 1979 年被列为全国甲级旅游开放城市，在 1984 年被列为我国 14 个沿海对外开放城市之一。1984 年后，我国滨海旅游开发进入了一个新的加速阶段。

当前，河北省滨海旅游发展同样有着重要的意义。随着市场的开放和市场机制的推进，河北省滨海旅游业逐渐得到大规模的开发和推广。滨海城市的海滩、山岭、森林、湖泊和文化资源都被充分挖掘和利用，定向旅游、度假村等休闲旅游方式的推出，更是让滨海旅游业在游客中获得了巨大的认可和支持。可以说，改革开放是河北省滨海旅游业得以发展为现代旅游产业的重要推动力。

随着旅游业的发展和市场的不断变化，河北省滨海旅游业也在向着可持续和产业化方向发展。为了提高滨海旅游的吸引力和竞争力，旅游部门通过大规模开发和利用滨海自然和人文旅游资源，推出以滨海休疗养、海滨览胜、长城观光为主的旅游产品，推动河北省滨海旅游业转向“产业型”发展。1979 年到 1990 年间，河北省滨海城市秦皇岛的游客总量年均增长 22%，旅游收入不断攀升。1990 年，该市的旅游总收入达到 10.12 亿元，占当年该市 GDP 的 20.87%。这说明，滨海旅游业已成为河北省经济和社会发展的重要支柱产业。随着社会发展，人们对滨海旅游的关注度不断提升，滨海城市基础设施现代化水平、景区建设和管理水平都得到了进一步的提高。同时，新型滨海旅游产品也逐渐受到游客的关注和追捧。这些现代旅游产品更便捷、更多样化，如秦皇岛市的新澳海底世界、野生动物园、仙螺岛等滨海旅游景点。这些旅游产品与传统旅游业形成良好的互动，提升了游客的旅游体验感。

随着北戴河、山海关游客数量的与日俱增，河北省滨海旅游开发开始向南拓展，1985 年前后先后在抚宁县南戴河、昌黎县黄金海岸和乐亭县的菩提岛开辟海滨浴场，修建人工景点和旅游设施。到 1990 年，秦皇岛市的各档宾馆、饭店、招待所、疗养院发展到 1500 多家，可提供床位超过 80 万张；唐山市可提供滨海旅游床位达 10 万张。河北省滨海旅游景区除北戴河、老龙头外，增加了抚宁县南戴河、昌黎县黄金海岸和国际滑沙中心、乐亭县菩提岛 4 处。

河北省滨海旅游业在持续发展的基础上也出现了一系列问题，包括景点品质退化、旅游环境污染等。这些问题使得旅游管理部门不得不考虑如何推动滨海旅游可持续发展。河北省出台的第一个区域性旅游规划——《秦皇岛旅游发展规划》（以下简称《规划》）提出控制旅游开发强度、从严选址、从严规划、从严管理等可持续发展措施，从而建立更加高效和合理的沿海旅游开发模式。《规划》的出台，为河北省沿海旅游区的发展带来重大影响。例如，通过人为干预，沿海污染和海滩退化趋势得到了遏制，同时新建了一批人工景区和外延景点。河北省滨海旅游不断发展，2017 年全省滨海旅游收入达到 2940 亿元。

河北省通过对滨海旅游业进行相关规划和人为干预，使旅游环境得到了改善，并促使一批新的滨海旅游景点应运而生，为游客提供更多选择和多样化的体验，滨海旅游业在可持续发展方面取得了显著成果。可以相信，在未来的发展中，河北省滨海旅游业将走向更加开放、多样化的可持续发展道路。

## 四、滨海旅游资源开发中存在的问题

1. 景区之间发展不均衡

在河北省滨海旅游业的发展过程中，景区之间的发展程度失衡一直是一个亟待解决的问题。最早开发的地区虽然资源已经被充分利用，但规模有限，边际效应很小；而未充分开发的地区则往往没有得到足够的重视，发展缓慢，不成体系，导致资源大大浪费。

提到河北的滨海旅游景区，游客想到最多的就是秦皇岛的景区，而且众多热门景点当中，秦皇岛的景点可谓是占尽优势。秦皇岛滨海旅游区因为开发历史悠久，基础设施较完善，所以旅游资源利用得比较充分。而紧邻秦皇岛的唐山，滨海旅游资源开发较晚，缺乏地方特色和展现自身形象的精品，旅游产品不够丰富。唐山的旅游景点热度不如秦皇岛景点热度高，很大程度上就是因为开发时间不如秦皇岛早。两地滨海旅游资源大同小异，起步早会更早让人们所熟知，也就会最先得到认可。一提到某种类型的景点，人们一般最先想到的是被自己认可的地方。唐山的旅游景区发展不如秦皇岛的另一个重要原因是，同类型先开发的秦皇岛景区因没有同类型的特色景区竞争，所以吸引资金的力度就会很大。等到唐山景区开发的时候，秦皇岛的旅游项目已经处在不断完善的阶段，资金红利已经开始显现，这一时期资金投入到新开发的景区不会有优势。相比于秦皇岛和唐山，河北省第三个发展滨海旅游的城市是沧州，沧州的开发时间更迟，相比前两个城市，沧州滨海旅游资源开发至今尚处于起始阶段，发展速度缓慢。

2. 过度开发导致环境污染

河北省滨海城市在资源开发的过程中存在着不同程度的过度开发现象，导致海滩退化频繁发生、浴场沙质粗化开始显现、海滩缩窄问题严重影响着当地生态。与此同时，工业、养殖业也因一直把关注重点放在发展上，导致工业废水和生产中产生的污水没有按规定排放，造成浴场海水污染仍时有发生。通过以上现象我们可以看出，河北省滨海城市一面快速开发资源，另一面在加速破坏资源，如果不能寻求一条可持续发展之路，最终会导致生态系统遭到严重破坏。

河北省滨海城市在资源开发过程中因过度开发导致环境污染的例子有很多。比如，秦皇岛市海港区与北戴河区交界处有生活污水直接排入海中，使周围近百米岸段水质变差，甚至使旅游季节该岸段海水中大肠杆菌超标；北戴河东海滩岸上污水管破裂，污水直溢海滩，造成浴场一半范围的水质变差，出现异味；秦皇岛市山海关区沟渠寨附近的水产加工厂直接向海滩排放污水，造成近 400 米岸段海滩质量下降，而加工废弃物扇贝壳等直接堆放在海滩上，影响海滩的质量；等等。因此，河北省滨海旅游资源开发需注重生态环保，找准可持续发展之路。

3. 管理缺乏整体性

河北省的滨海旅游资源主要是以点状的形式进行开发，各个景区之间的独立性较强，并没有突出整体的滨海旅游特色，导致滨海旅游资源传统优势没有得到有效发挥。由于历史等原因，河北省滨海旅游资源在管理权限、管理方式等方面都存在一些问题。由于缺乏统一规划和管理，滨海旅游景区效益往往较差，且在污染防治等方面亦存在管理漏洞。另外，一些管理部门之间存在管理权限和范围不明确、不协调等方面的问题，也影响了滨海旅游资源的开发和效益的发挥。总的来说，河北省滨海旅游资源在开发的过程中缺乏整体性的思维，滨海旅游与城市旅游、民俗旅游、农家乐旅游之间的联动不足；各个旅游区之间并没有建立有效的互动机制，旅游资源开发的割裂现象比较突出。所以，加强滨海旅游资源管理的全局性和整体性应该是今后工作的主要方向。

4. 开发项目存在重复化现象

河北省滨海旅游资源开发中存在着低水平、重复性建设的问题，这不仅浪费了宝贵的滨海旅游资源，还对当地的旅游生态环境造成了不利的影响。从目前已开发的项目来看，河北省对滨海旅游资源的开发缺乏针对性、系统性，不同地区围绕旅游资源的文化内涵挖掘以及文化旅游产业运营模式选择等方面还存在着一定的认识误区，开发的重复化现象比较突出。不同景区之间游玩项目基本相同，缺乏创新型项目，对游客的吸引力不足。目前，河北省滨海旅游大多是以传统的休闲游为主，主题式的旅游产品比较少，体验式的旅游产品也有待进一步丰富。

5. 开发保障机制不完善

当前，河北省并没有从自身特点出发建立较为完善的旅游资源开发保障机制，现有的政策法规很难满足快速发展的需要，这在很大程度上制约了河北省滨海旅游业的发展。河北省滨海旅游资源开发需要引导政策和财政补助等措施的支持，然而现有的政策尚不够精准、不够有效。为此，河北省需要加大政策和法规制定和实施力度，加强相关部门的协调合作，构建科学、有效、规范的旅游发展保障机制，以更好地引领和规范河北省滨海旅游业的发展。

保障机制是一个复杂的体系，它涉及旅游业的方方面面，更关乎游客的切身利益。从目前来看，河北省滨海旅游资源开发保障机制不健全的主要原因是相关政策及制度的执行不力。从国家到地方围绕旅游资源的开发、项目的审批、后期的维护等方面都出台了不少政策，河北省部分地区在保障机制落实的过程当中工作仍有不足。国家相关政策的落实也并不是很理想，尤其是围绕专项资金的到位和相关建设项目的实施跟进还存在不足。这些都影响了河北省滨海旅游资源开发保障机制作用的发挥，需要在今后的工作中做好调整。

## 五、滨海旅游资源开发优化策略

滨海旅游资源的开发不仅对河北省旅游经济的发展有着重要的推动作用，对带动当地的就业、拉动内需、刺激消费等方面也有着显著的影响。旅游业是一种典型的以服务业为基础，以产业链为纽带，涉及众多产业的综合性产业。随着旅游业的不断发展，其对于相关产业的拉动效应也会变得越来越明显。例如，在滨海旅游资源的开发过程中，不仅需要建设旅游景区，还需要建设住宿、餐饮、交通等相关服务配套设施。这些设施的建设不仅能够提供就业机会，还能够带动当地其他相关产业的发展，从而刺激经济的增长与多元化发展。此外，随着旅游业的发展，当地商业环境也会得到改善，进而能够拉动内需、刺激消费。因此，政府和旅游企业要积极探索各种发展模式，加强资源整合，构建滨海旅游新的发展体系；要顺应市场需求和行业发展趋势，在保护环境和生态的前提下，推广和开发具有高附加值和特色的旅游产品和服务，从而推动河北省滨海旅游业更好地走向现代化、多元化和高品质化的道路。

在滨海旅游资源的开发中，政府和企业还需注意资源利用的可持续性。旅游业是一种半固定性产业，发展过程中需要考虑到自然环境、社会环境等诸多方面的因素，遵循可持续发展的原则才能保障旅游业的长期发展，进而获取更大的效益。为了保障旅游业可持续发展，政府和企业需要在旅游资源开发中加强环保、生态修复、文化保护等方面工作，采取可持续的开发模式，从而实现旅游业与自然环境、社会环境、文化环境的协调发展。

本书在借鉴相关研究成果的基础上，尝试从以下几个方面来探讨河北省滨海旅游资源开发的优化策略。

1. 树立旅游资源开发全局观

河北省政府应该从可持续发展的角度出发，科学制订滨海旅游发展的整体规划，以实现滨海旅游资源可持续开发。政府需要出台相关政策，包括税收、产业扶持、政府补助等方面政策支持滨海旅游业的发展，带动滨海旅游产业链整体提升。在滨海旅游资源开发中，政府和企业需要有效整合自然、人文、生态资源，充分挖掘滨海旅游的独特魅力，打造特色滨海旅游项目，建立具有河北本土特色的滨海旅游品牌，更好地助力河北省滨海旅游业发展。

河北省应将自然景观和人文景观有机地融合在一起，突出整体性，做到协调统一开发。政府可以加大对区域文化和历史景观的保护和传承力度，发挥人文地理优势，充分展现滨海旅游的文化魅力和人文内涵，更好地推动滨海旅游可持续发展。河北省可以尝试建立滨海旅游发展管理机构来统一协调辖区滨海旅游资源的开发。该机构可以在滨海旅游资源的规划、管理、开发、监督等方面提供全面支持，引导河北省滨海旅游业高度整合和协调开发。在此基础上，政府应积极引导滨海旅游与其他旅游类型的融合。例如，可以将北戴河、曹妃甸等农家乐旅游纳入滨海旅游资源开发体系，从而实现旅游资源的优势互补和全面整合。这样，既能够更好地满足游客的多元化需求，也可以为河北省滨海旅游业的可持续发展提供更多的发展机遇。

政府和相关企业还应充分挖掘河北省滨海旅游业的发展潜力，创新发展模式，提出切实可行的政策建议，从而推动滨海旅游资源的可持续发展。政府可以重点加强滨海旅游资源保护，优化滨海旅游资源开发方式和手段，助力滨海旅游资源推广和营销，以及开展滨海旅游从业人员的培训。在此基础上，河北省应以多地区一盘棋的思想从最大层面整合河北省旅游资源，实现区域综合全面发展，满足游客的多元化需求，促进河北省滨海旅游业可持续发展。

2. 重视旅游项目的创新

河北省在滨海旅游资源开发中，应该挖掘自身优势，不断地加大项目创新力度。例如，在滨海旅游资源开发中，可以将衣食住行、娱乐消费有机地融合在一起，提高对游客的吸引力，进一步地增加旅游附加值。在进行创新的过程当中，应该对自身滨海旅游资源进行科学规划，同时要注重对环境的保护。为了更好地促进旅游项目的特色化发展，可尝试开发冒险、自驾游、丛林探险等项目，有效提高游客的参与度，进一步丰富滨海旅游产品种类，并从空间层面提升滨海旅游的立体感。同时，通过精心策划，对老牌旅游产品进行改造升级，丰富服务业态和产品维度。例如，南戴河可充分地发挥其生态优势，立体打造邻水疗养项目；对海岸景区应结合现有的森林植被资源和休闲度假基础设施打造体育健身度假区；可加大运动设施的投入力度，打造海滨运动场；还可有效地挖掘当地丰富的温泉资源，打造温泉旅游。河北省在滨海旅游资源开发的过程中，应该积极地融入创新理念，将特色旅游作为资源开发的主要方向，同时还要平衡好创新与效益的关系，避免一味地求新求异增加了开发的风险。在任何项目开始之前要做好市场调研，将可能存在的风险降到最低。

3. 重视开发中的环境保护

河北省在滨海旅游资源的开发过程中，在项目开发创新的基础上，还需要不断加强滨海旅游生态环境保护。也就是说，进行滨海旅游资源开发不能以破坏环境为代价。所以，河北省相关部门应该积极完善环境预警机制，通过专门机构、专职人员来负责生态环境的保护及管理工作。要保护生态环境，应该严格按照国家的相关要求，从源头上减少污染源。同时，通过旅游生态思想的融入，在不破坏当地生态环境的同时，进一步地做好新项目的开发工作。此外，为了更好地改善滨海旅游环境，特别是改善生态环境，河北省应积极号召公众为滨海环境保护出一份力。例如，2015 年秦皇岛市所做的工作可供借鉴。秦皇岛通过实施“全民洗城”的活动让公众参与到当地的环境保护工作中来，取得了不错的效果。为了从源头控污，在今后的项目建设上，河北省应牢牢守住三条“红线”：比较消耗资源能源的项目坚决不上，比较污染环境的项目坚决不上，比较影响安全与群众健康的项目坚决不上。

4. 完善开发保障机制

在滨海旅游资源的开发过程中，当地旅游管理部门要切实履行主体责任，完善保障机制，为当地旅游资源开发提供政策、资金、人才等诸多方面的支持。政府需要加大对滨海旅游资源开发的扶持力度，切实保障河北省滨海旅游业的可持续发展。政府可以出台相关的政策法规，保障滨海旅游资源有序、可持续开发，并引导产业探索资源的有效利用方式，提升滨海旅游资源的价值，打造滨海旅游品牌。

为了更好地提高保障水平，河北省应切实加大财政资金的支持力度。同时，通过产业政策调整和加大对外来资金的吸引力，促进滨海旅游业发展。政府相关部门应协调金融资源，通过银行贷款、证券融资等多种方式，为旅游项目引进资金、融资提供便利。此外，河北省滨海旅游资源开发过程中，还应加强对旅游服务基础设施的完善。河北省应注重基础设施规划和设计，做好道路、水系、电力等旅游公用设施的建设工作，提高滨海旅游基础设施的整体水平。为了更好地提高游客的满意度，政府还应在滨海旅游推广、宣传等方面加大力度，让更多游客了解并愿意前来体验河北省滨海旅游。在完善开发保障机制的过程中，河北省还应加大专业旅游开发人才的引进力度。可以与专业院校合作，采用订单培养的模式来满足滨海旅游资源开发对人才的需求。政府可以通过多种方式，如专项资金、政策扶持等，为专业旅游人才提供更多机会。同时，当地的旅游主管部门，也应借鉴先进经验，加大对旅游行业从业人员的考核力度，借助科学的考评模式以及有效的岗位技能提升体系，为河北省滨海旅游发展保驾护航。

5. 加强滨海旅游从业人员的培训和注重服务质量提升

对于滨海旅游资源的优化开发，完善的服务体系和高素质的从业人员是保障其得到游客认可的重要影响因素。旅游业是一个服务性、人员密集型的行业，服务质量直接影响游客的体验和旅游业的发展。在滨海旅游资源的开发过程中，政府和相关企业应注重提高滨海旅游服务理念和服务质量，建立健全服务保障体系，提高从业人员的素质和服务水平。

政府和企业可以通过加强培训和招募专业人才的方式解决旅游从业人员素质提升问题。例如，可以通过各种形式的培训，向从业人员传授知识和培养实用技能，使从业人员能够向游客提供更好的服务，遇到困难时能够从容应对，并能够站在游客角度来思考问题，提升游客满意度。同时，可以在特定时期增加对从业人员的鼓励和奖励，提高从业人员对于服务质量的重视程度，从而达到提高服务质量和游客满意度的目的。另外，政府和企业还可加大对滨海旅游业的监管力度，加强对从业人员的培训和考核，确保服务质量和从业人员素质的提高。同时，政府和企业还需加强滨海旅游从业人员的权益保护，引导企业为从业人员提供适宜的工作环境和合理的薪资待遇，鼓励从业人员用心服务游客，让游客获得更好的旅游体验感。这样可以提高消费者对河北省滨海旅游业的满意度和信任度，从而进一步实现滨海旅游资源的持续发展和旅游经济的持续增长。总之，政府和企业应该加强滨海旅游从业人员的培训和注重服务质量提升，进一步提高从业人员的服务意识和服务水平，实现滨海旅游资源的持续发展和旅游经济的持续增长。

## 第二节　河北省主要滨海旅游资源的整体特征

### 一、空间分布特征

河北省是滨海旅游重点区域，三市临海的空间地理特征让河北省在滨海旅游开发的过程中得到了很多关注，丰富的滨海资源得到投资者和游客的认可。河北省也是我国滨海旅游发展较早的城市，这充分体现出当地政府对于旅游资源的重视程度，同时也体现出政府能够及时准确地挖掘、发现可利用的滨海旅游资源，这为河北省滨海旅游发展奠定了坚实的基础。

秦皇岛、唐山和沧州三市滨海旅游资源开发非常适合统筹规划、成片发展的开发模式。河北省在滨海旅游业规划中落实可持续发展这一理念，既保证了资金的合理利用，又在一定程度上避免了资源的过度浪费。同时，河北省把滨海旅游业规划纳入发展政策、总体规划和计划中，进行统筹安排和布局。

每个地区的情况都大不相同，不能根据统一的模板来进行规范，这就需要当地政府充分了解本地的特征，制订适合本地的发展规划，这体现出政府引导者的职能所在，这对于当地政府的把控能力提出了不小的要求。河北省充分利用地理优势，因地制宜，抢占发展先机，这使得滨海旅游资源得到了有效的开发。河北省从北向南临海的城市依次是秦皇岛市、唐山市和沧州市，其各自情况如下。

1. 秦皇岛市

秦皇岛市位于河北省东北部，南临渤海，北依燕山，东接辽宁，西近京津，地处华北、东北两大经济区接合部，居环渤海经济圈中心地带，距北京290公里，距天津278公里，是国家历史文化名城、河北省唯一的零距离滨海城市，素有“长城滨海公园”“京津后花园”的美誉。在河北省3个滨海城市中，滨海旅游景区发展最好的是秦皇岛市。由于开发时间较早，资源利用充分，目前景区项目完善，运营模式较成熟。

2. 唐山市

唐山市位于河北省东部，南临渤海，北依燕山，毗邻京津，地处华北与东北通道要地，其在省内与秦皇岛相邻，在秦皇岛的西面。唐山有丰富的滨海旅游资源，但由于早期将发展重点放在工业开发上，导致在滨海旅游方面落后于秦皇岛，后来因为污染不断加重和产业结构改革才逐步发挥其海滨城市的优势。唐山滨海旅游虽然起步相较于秦皇岛较晚，但后者具有可以借鉴前者的优势，两者发展差距在逐步缩小。目前，唐山各类旅游景点越来越完善，不仅打造滨海旅游品牌，在生态保护与生态治理层面也起到了良好的示范作用，其发展模式值得其他城市借鉴。

3. 沧州市

沧州市位于河北省东南部，东部濒临渤海，北部与天津市、廊坊市接壤，西部及西南部与保定市、衡水市毗邻。沧州市距天津市120公里，距北京市240公里，西南距省会石家庄市220公里，京杭大运河纵穿全境。沧州由于早期被定为港口城市，主要发展交通运输业，在滨海旅游开发方面没有太多着力。后来港口职能弱化，近几年才关注旅游资源的开发，相较于前面提到的两个城市起步晚，所以沧州在滨海旅游方面知名度较低。不过既然发展的目标和方向已经明确，在未来的发展过程中沧州会有很大的突破。

河北省滨海三市滨海旅游发展程度从北向南呈现依次减弱的趋势。河北省滨海资源分布的特点是地理跨度大，这种大跨度的地理位置优势对于发展具有区域特色的滨海旅游业有很大的帮助，模块化的发展方式在这类区域中能有较好的应用。河北省滨海三市早期有不同的发展职能，到现如今发展方向逐渐趋同，这为打造区域特色品牌提供了条件。首先，地理跨度广造就了不同的风景线，广阔的海岸线由于气候、植被和文化的不同会形成不同的景观，为差异化发展提供了前提条件，避免了同类竞争。其次，早期的发展职能有所不同，所以每个城市都有了不同的文化底蕴，这造就了每个城市各自的文化特色和人文环境，借助差异化的发展模式，这种区域特点会被放大，体现出不同地区的优势。

## 二、时间序列特征

开发滨海旅游资源，时序特征也是需要考虑的一项重要因素。发展是需要时间的，不能急功近利，而应当循序渐进地进行开发。通常的做法是，将某个地区规划为核心区域，将有限的资金和资源集中在一起，重点进行核心地区的建设，在有限的条件下实现最优的效果。在时间维度上，在核心区域发展完善后，再开始打造第二个功能区，以此类推。这种渐进式的开发方式可以使得开发的效果更为显著，缓解了因资金有限带来的开发难题。

时序特征和地理特征是密不可分的。时序特征的顺序是根据地理特征来规划的。在滨海旅游资源的开发过程中，河北省应该考虑自然环境和人文历史等资源的应用，结合当地的地理特征和时序特征规划合理的旅游路线和旅游项目，更好地展示当地的自然与文化资源。只有这样才能提供具有吸引力的滨海旅游体验产品，满足游客不断增长的需求。做好河北省滨海旅游资源的开发工作，政府还应该加强对旅游业的管理和服务。在旅游资源开发的同时，应当优化旅游业的发展环境，不断完善服务，提高旅游投资的安全性和效益。政府、企业和游客应积极合作，共同维护滨海旅游环境，加强旅游品牌打造和宣传推广力度，让更多的人参与到滨海旅游事业的建设中来。

旅游度假区开发的时间序列是一个需要重点考虑的问题。同一时期不同地区同时开发会导致一哄而上的局面发生，这对于开发规划和确定开发重心都是不小的挑战，也会导致政府对旅游区的宏观调控变得非常困难。在开发的时序上做得比较好的例子是巴厘岛旅游度假区的开发模式。巴厘岛旅游度假区分布比较集中，所以当地政府严格控制了旅游区的开发范围和速度，基本是成熟一个，才开发另一个。到现在，巴厘岛已形成 3 个大型旅游区。这几个旅游区分别代表着不同的品位档次，也反映了巴厘岛发展旅游业的三个阶段。巴厘岛之所以采取这样的发展模式是因为其他国家早期的旅游开发过程中出现过许多失败的案例，而巴厘岛正是吸取了其中的教训。

通过对河北省滨海旅游城市发展的时间顺序进行梳理不难发现，秦皇岛、唐山和沧州三市的滨海旅游资源开发之路，是一条循序渐进的可持续发展之路。秦皇岛作为其中最早开发的地区，已经成长为国内外知名的滨海旅游地，基础设施建设相对齐全，其旅游功能较为完善。唐山作为其后的重点发展地区，发展项目日渐丰富，起到了很好的承接作用。在做好承接的过程中，唐山还与时俱进，在旅游开发的同时积极探索生态修复和生态保护的新思路，进一步将可持续发展理念融入自身的发展过程中。沧州滨海旅游刚起步，应当总结秦皇岛和唐山在发展过程中的问题，将责任、法治、环保、创新、简政等要素汇聚一起，培育发展“四新经济”，不断完善滨海旅游产业链，全面提升服务水平。政府、企业和群众三方应合力打造幸福旅游，以旅游促进全域产业转型升级，全面提升沧州滨海旅游业的创新能力、品牌优势，做大做强旅游业，真正实现可持续发展的目标。

河北省滨海旅游资源的开发是一个不断完善、不断发展的过程。通过总结以往的经验和教训可发现，在可持续发展理念的指导下，滨海旅游资源的开发可以为当地经济带来更多的发展机会，能够实现经济效益和社会效益的双重增长。河北省滨海旅游资源开发管理应该秉持一贯的可持续发展理念，加强政策引导和产业布局，推动旅游业提升服务软实力，以用户需求为导向，创新旅游模式，提升滨海旅游业的核心竞争力，使旅游业发展迈向更高层次。

# 第三节　河北省典型城市滨海旅游资源现状及评价

## 一、唐山滨海旅游资源现状

1. 唐山滨海旅游业发展现状

本书对唐山滨海旅游的考量是将唐山所有旅游资源都涵盖在内的。为方便写作，本书中的唐山旅游资源单体可被划分为两种类型，第一种是唐山近海旅游资源，此类旅游资源的主要特征是与近海、海岸带、海岛密不可分，此类资源是本书研究的重点内容。第二种是唐山的其他旅游资源，此类旅游资源的主要特征是与近海、海岸带、海岛不存在密不可分的关系，是不以海滨存在为要件的旅游资源，在本书中被称为滨海城市其他旅游资源。此类旅游资源的利用与整合也是本书研究的内容。

唐山滨海旅游区在地域上与渤海湾为邻，已经大体形成集海浴、休闲、会议、温泉、娱乐于一体的旅游度假地。唐山滨海旅游区整体上可以划分为乐亭海滨旅游区和曹妃甸滨海旅游区。

旅游资源开发利用不断深化，促进了海洋经济的发展。20 世纪 80 年代，海岸带资源的综合调查极大地促进了滨海旅游业的全面建设和发展。20 世纪 90 年代以来，唐山滨海旅游资源得到了有规划、有步骤的保护与开发，海洋旅游资源的开发利用促进了滨海旅游业和海洋经济的发展。滨海旅游业自 1990 年以来成为唐山发展速度最快的海洋产业，并发展成为唐山海洋产业中的主导产业，在海洋经济中占据举足轻重的地位。旅游业的发展还带动了住宿、餐饮、商业购物、交通运输等第三产业以及水产品生产销售业的发展，成为带动沿海区域经济发展的主要增长点之一。

优质旅游资源得到较为充分的外延开发。唐山市的滨海旅游资源比较丰富，而且人为破坏很轻。唐山乐亭县西南渤海湾中的菩提岛景区，生态环境稳定，岛上林木繁茂，是野生动物尤其是海鸟繁殖栖息之地，菩提岛是国际观鸟基地、省级生态旅游示范区。此外，岛上建有明代朝阳庵、清代潮音寺，其中潮音寺为渤海一大名寺。位于岛中部的浅水湾处水深不超过 1.5 米，海水水质为一级，沙质细腻，是优质的天然浴场。此地沙丘较高，还可供游人晨观日出、暮观晚霞、夜观北港渔灯和赏月。

人造景观和旅游设施大量兴建。通过人工建设或改造，唐山市旅游资源大幅升值，形成了人造旅游资源与自然旅游资源优势互补、相得益彰的良好局面。截至 2014 年，河北省滨海人工景点已达 22 处。人造景观或取材于历史故事和神话传说，或取材于当地的文化资源，往往以其独特风格或魅力吸引游客，增加了游客活动项目，使唐山滨海旅游旺季由原来的 6 月至 9 月拓展到 5 月至 10 月，旅游内容由室外拓展到室内，游客容量、活动内容、滞留时间、活动空间均有大幅度增加。同时，人造景观和设施的增加也缓解了个别资源过度使用退化问题，使资源利用渐趋有序，可持续性得到加强，产生了显著的社会、生态和经济效益，实现了滨海旅游资源的整体升值。

随着唐山滨海旅游资源开发不断深入和旅游业不断发展升级，在旅游资源开发过程中暴露出来的局部资源退化及环境污染问题已经引起有关旅游管理部门的关注和旅游经营部门的重视。在查清污染源基础上，唐山市通过禁止新建有三废污染的企业、改造和搬迁原有三废污染企业、建设污水处理设施、实施污染物排放总量控制等措施使旅游水域的水质基本达到二类海水标准，使海滨空气质量达到国家优质标准。

2. 唐山主要滨海旅游资源

唐山市辖区内大陆海岸线由乐亭、昌黎延伸至与秦皇岛接壤，与天津市相邻。此外，唐山市滦河口外、曹妃甸海域共有大小沙质岛屿 70 个，这些海岸线、岛屿岸线为唐山发展滨海旅游提供了很好的基础资源和条件。唐山境内的长城东接山海关、老龙头，西至慕田峪、八达岭，有名关险隘 29 处、敌楼 603 座、烽火台 82 个。在这段长城当中，具有特色的要数青山关长城和水下长城。唐山还拥有大量的革命根据地和革命纪念馆等旅游资源。唐山的李大钊纪念馆、潘家峪惨案纪念馆被国家列为红色旅游经典景区，被列入红色旅游精品线路。唐山是具有百年历史的重工业基地，被誉为“中国近代工业的摇篮”，唐山的工业旅游具有得天独厚的优势。开滦国家矿山公园作为大型的工业遗产旅游区已经成为人们了解近代中国工业发展历史的重要载体。1976 年 7 月 28 日的大地震使唐山受到毁灭性的破坏。目前，唐山有多处地震遗址得到保存。这些遗址为人们进行地震研究提供了实例，同时也体现着公而忘私、患难与共、百折不挠、勇往直前的唐山抗震精神。具有悠久历史的唐山还拥有丰富多彩的民俗文化旅游资源。唐山可以充分利用、开发和宣传这些特有的民俗文化资源，向人们提供一个了解唐山的渠道，更好地吸引外地游客来唐山旅游。

（1）单体旅游资源。唐山市有滨海旅游单体资源 17 个，其中 4A 级景区 4 个、2A 级景区 3 个，如表 2-1 所示。

表 2-1　唐山市滨海旅游单体资源表

| 序号 | 滨海旅游单体资源 | 类型 | 行政位置 | 备注 |
|---|---|---|---|---|
| 1 | 滦河口 | 河口与海域 | 唐山乐亭县 | |
| 2 | 菩提岛 | 岛区 | 唐山乐亭县 | 4A 级景区、省级风景名胜区 |
| 3 | 金沙岛 | 岛区 | 唐山乐亭县 | 4A 级景区 |
| 4 | 月岛 | 岛区 | 唐山乐亭县 | 4A 级景区 |
| 5 | 月岛浴场 | 观光游憩海域 | 唐山乐亭县 | |
| 6 | 新戴河浅水湾浴场 | 观光游憩海域 | 唐山乐亭县 | 2A 级景区 |
| 7 | 京唐港浅水湾浴场 | 观光游憩海域 | 唐山乐亭县 | 2A 级景区 |
| 8 | 三岛旅游码头 | 港口与码头 | 唐山乐亭县 | 4A 级景区 |
| 9 | 唐山港 | 港口 | 唐山乐亭县 | |
| 10 | 碧海浴场 | 观光游憩海域 | 唐山乐亭县 | |
| 11 | 祥云湾海滨温泉度假村 | 林地 | 唐山乐亭县 | 2A 级景区 |
| 12 | 乐亭中心渔港 | 港口与码头 | 唐山乐亭县 | |
| 13 | 曹妃甸 | 岛区 | 唐山滦南县 | |
| 14 | 高尚堡渔港 | 港口与码头 | 唐山滦南县 | |
| 15 | 嘴东渔港 | 港口与码头 | 唐山滦南县 | |
| 16 | 黑沿子渔港 | 港口与码头 | 唐山丰南区 | |

唐山滨海地区其他旅游景区见表 2-2。

表 2-2 唐山部分旅游景区

| 序号 | 地区 | 旅游景区名称 |
| --- | --- | --- |
| 1 | 唐山市区 | 地震遗址、抗震纪念馆、陶瓷陈列厅、南湖公园、大城山公园、凤凰山公园、大钊公园、海格雷骨质瓷工业旅游区、开滦国家矿山公园、红楼文化园、陶瓷文化产业博览园 |
| 2 | 丰润区 | 潘家峪惨案纪念馆、燕东生态园、蒙牛乳业工业旅游区、聚仙谷 |
| 3 | 遵化市 | 清东陵、万佛园、汤泉皇家旅游度假区、鹫峰山、上关湖、长城狩猎场、卧龙山、栗源食品工业旅游区 |
| 4 | 迁安市 | 白羊峪长城、灵山、黄台湖 |
| 5 | 乐亭县 | 李大钊纪念馆 |
| 6 | 迁西县 | 景忠山、青山关长城、水下长城、潘家口、五虎山猎场、喜峰雄关大刀园 |
| 7 | 玉田县 | 净觉寺、江浩故居 |

（2）唐山湾国际旅游岛。唐山湾国际旅游岛位于唐山市东南部滨海，地处北京、天津、秦皇岛区域的中心地带，处于环渤海休闲圈和京津休闲圈。唐山湾国际旅游岛主体由菩提岛、月岛、祥云岛共同构成。旅游区西临曹妃甸新城，东接港口开发区，与京唐港区相邻，区位优势明显。沿海高速直达旅游区，交通便捷。

菩提岛主要资源。菩提岛是华北第一大岛、国际观鸟基地、河北旅游生态示范区、河北旅游风景名胜区、河北省重点文物保护单位、河北省诚信旅游单位。菩提岛以古、幽、闲、野、秀闻名于世，集大海、古刹、小舟、虾蟹之灵秀于一体，有密林探幽、海滩蟹舞、彩蝶飞舞、鸟语花香、蝉声悠扬等胜景。岛上有各种鸟类 400 多种、植物 260 多种，大片菩提树林为北方所罕见；自然植被覆盖率在 98%以上，有“孤悬于海上的天然动植物园”之美誉；岛上还有潮音寺和朝阳庵遗址等佛家古迹，是回归自然的世外桃源。

月岛主要资源。月岛有绿岛、快乐岛之称。月岛因形若弯月而得名，由月坨、腰坨、蛇坨、西坨等 7 个列岛断续组成，四周环海，生态原始，景色以幽、野、奇、闲、异闻名。岛上沙质松软，绿荫植被广覆，环境幽静，野生禽鸟、小型兽类繁多，几近封闭的自然环境从未遭到人为的干扰与破坏。岛南有长达5公里的沙滩，素洁坦阔、沙质洁净、海水清碧、深度适宜，是赶海拾贝、飞艇弩空、渔猎垂钓、戏水游泳之良好所在，游客在此可尽情享受沙浴、海水浴、日光浴、生态浴、空气浴等。

祥云岛主要资源。祥云岛属离岸沙坝岛，平面形状呈保龄球形，海岛岸线长约26 494米，景区面积17.35平方公里。祥云岛是我国最大的由河流和海汐冲积而成的细沙岛屿，与附近的金银滩、菩提岛、月岛、金沙岛等共同形成我国罕见的双岸并延地貌格局。祥云岛海滩沙质细顺，海水Ⅰ级，是优良的天然海滨浴场。

（3）曹妃甸国际生态城旅游区。曹妃湖作为曹妃甸湿地景区的重要组成部分，拥有广阔的水面，是乘船、垂钓的优选之地。此外，曹妃湖还具有重要的农业意义，不仅能给周边农田提供生产用水，还是曹妃甸工业区的水源储备地。位于曹妃湖中央的3座小岛为鸟类栖息创造了条件，因此成为多种鸟类生存繁衍之所。

## 二、唐山滨海旅游资源总体评价

1. 毗邻京津，区位条件十分优越

唐山位于华北地区的沿海地带，毗邻京津，地理位置十分优越。得益于优越的区位条件，唐山的经济发展十分迅速，经济实力在省内颇为突出。近年来，唐山在加强基础设施建设和提升城市形象上取得了很大的成绩。多条高速公路和铁路经过唐山市，城市内交通设施较为完善。唐山还拥有港口、机场等交通资源，方便了旅客和货物的运输。以唐山滨海地带为例，其区位优势和可进入条件非常优越，唐山港的货物可以快速到达北京、天津等地。而且，唐山周边尤其是沿海地带资源丰富，大片的美丽沙滩和海域、山林、湖泊等自然景观使唐山发展成为知名旅游地。

为了进一步发展旅游业，唐山市也在积极推进旅游基础设施建设，加强旅游服务和管理。唐山市举办了各种规模较大的旅游活动，如曹妃湖国际青少年垂钓大赛、唐山曹妃甸国际汽车文化节等，吸引国内外游客前来，为唐山的经济发展和旅游业的发展打下了更加坚实的基础。

2. 发展不平衡，资源破坏严重

唐山生态环境优美、旅游资源丰富，但随着人口增加和城市化的加速，整体环境和旅游资源也面临着不同程度的破坏。而要实现“非旅游资源”向“潜在资源”和“现实资源”的转化，需要重视生态保护和合理开发旅游资源。唐山大清河口以东海域有高质量的海水浴场资源和独特的海岛旅游资源，旅游业发展潜力巨大。不过，这些旅游资源目前仍处于起步发展阶段，开发历史较短，资源优势尚未转化为经济优势。因此，唐山需要加强相应的基础设施建设，提升旅游服务和管理水平，持续推进旅游业发展，以更好地发挥旅游资源的潜力。而大清河以西的旅游资源相对较少，需要进行深入的旅游资源开发和规划。在开发过程中，唐山应坚持可持续发展理念，避免过度开发和污染，确保生态环境和旅游资源的健康发展和长期使用。

同时，唐山市在旅游开发过程中，由于盲目开垦稻田和发展养虾池等行为打破了滦河口湿地生态系统的稳定状态，使许多鸟类的栖息地受到破坏，植物群落也急剧减少，自然环境受到了破坏，导致旅游景点的景观品位下降。月坨人工环岛海挡的建设也破坏了天然海岛风景，使景观品位和质量大打折扣。因此，唐山在未来的旅游开发过程中，应坚持生态保护原则，加强旅游管理和规划，切实保护生态环境和旅游资源，实现旅游资源优势向经济优势的转化，推动唐山旅游业持续健康发展。

3. 沿海污染时有发生，需要加强旅游资源保护

随着经济发展和城市化的加速，沿海地区整体环境和旅游资源面临着相当大的发展压力和挑战。例如，工业污水、烟尘和港口运营都给周边海滩浴场带来了一定的影响。

首先，沿海养殖场的虾池污水对岛屿周边近海水域造成了一定污染，使附近水质变差，这对水生生物生存造成了一定的影响，并且对附近旅游景点的品质也产生了一定的影响。唐山需要采取相应的措施加强监管，同时推动科技创新，研发新型环保养殖技术，保护海洋环境并提升旅游品质。

其次，渤海油田的勘探与开发会产生油气污染，污染物漂至海边会沉淀在海滩，产生的油污斑块对海滩的质量和品位有一定的影响。为解决这一问题，唐山需要采取油污防治措施，完善应急响应体系，加强监管执法和处罚力度，在保护环境的前提下发展经济。

再次，唐山港等港口运营及产生的烟尘对附近海滩浴场造成一定影响。海滩浴场是唐山的重要旅游资源，但是长久以来由于港口的运营等原因使这些景点附近的空气质量和海滩洁净程度都有所下降。为了保护唐山的旅游资源和生态环境，唐山港等港口需要加强环保投入，严格限制污染物排放，同时唐山应加强海滩周边企业监管，及时采取相应的措施消除不良影响。

## 本章小结

本章通过对河北省主要滨海旅游资源禀赋、开发的现状和整体特征进行分析，阐明河北省滨海旅游当前发展的不足之处并提出了合理的建议以供参考。本章所提的发展建议可以总结成以下几点：

（1）发挥旅游资源优势。河北省滨海旅游资源丰富，包括沿海风光、古迹胜景、海水浴场、观光农业等多个方面。通过深入分析和挖掘这些资源的特征，可以更好地开发和推广这些旅游资源，带动当地旅游产业快速发展。

（2）提高旅游业整体规划水平。旅游业发展不仅关系到当地的经济发展，还影响着全省经济的发展。全面分析河北省滨海旅游发展现状可以帮助相关企业掌握更多的旅游业相关信息，进而能够因地制宜制订相关旅游产品和服务规划，提升旅游业经济效益和吸引力。

（3）促进生态文明建设。对河北省滨海旅游资源禀赋及特征的探讨还对生态文明建设具有重要意义。滨海地区容易受到人类活动的影响和破坏，如生态环境污染等。通过挖掘分析河北省滨海旅游资源的特征，可以引导政府、企业、公众更加重视生态环境保护，从而加强环境治理，推动生态文明建设，实现经济发展和环境保护的双赢。

# 第三章　河北省滨海旅游市场空间结构与消费分析

在本章中，主要对河北省滨海旅游市场进行描述性分析、SWOT 分析。SWOT 分析法于 20 世纪 60 年代由哈佛大学商学院的安德鲁斯教授提出。SWOT 分析又称态势分析，是把研究对象关系紧密的各种要素（包括优势因素、劣势因素、机会因素和威胁因素）详细罗列并彼此匹配分析，再用系统分析的方式进行分析判断，进而得出一系列结论的方法。运用这个分析方法，有助于对研究对象所处情景进行系统、全面、准确的研究。因此，SWOT 分析法是企业参与市场竞争与决策时常用的战略分析工具，能够帮助企业制定对应的发展战略和计划。

## 第一节　河北省滨海旅游市场空间结构分析

### 一、需求市场空间结构分析

河北滨海旅游的需求市场空间结构分析主要是分析前往河北滨海景区进行旅游消费的群体，只有消费者进行了有关的消费才能构成有效的需求。总体上来讲，河北滨海旅游景区主要面向的客户群体以国内消费者为主，在国内消费者当中又以京津冀地区的消费者为主，而国外消费群体主要来自位于东北亚的俄罗斯、日本、韩国等国家。

从河北滨海旅游的客户群体中可以看出，河北滨海旅游的辐射范围并不算大。以山东省青岛市为例，2019 年所接待境外游客来自韩国、日本、美国、俄罗斯、德国、新加坡、新西兰等国，接待人数如表 3-1 所示，青岛客源丰富程度远远高于河北滨海旅游城市。青岛旅游客源遍布欧洲、北美洲、亚洲、大洋洲，可以说其国际知名度和号召力远远高于河北。

此外，河北滨海旅游在河北省产业体系中并不属于较高的层级，滨海旅游占经济总量比重不大，这也一定程度上反映了河北滨海旅游市场规模并不大的现状。

表 3-1　2019 年青岛市境外主要客源市场分析

| 客源国家 | 接待境外游客人数/人次 |
| --- | --- |
| 韩国 | 507854 |
| 日本 | 192257 |
| 美国 | 87014 |
| 俄罗斯 | 44720 |
| 德国 | 33256 |

## 二、供给市场空间结构分析

河北滨海旅游供给市场的空间结构分析主要是分析整个河北省的滨海旅游市场上提供的产品或服务。河北省滨海旅游资源丰富，主要包括地文景观、水域景观、生物景观、天象与气候景观、遗址遗迹、建筑与设施、旅游商品、人文活动等八大主类，分布于河北省的秦皇岛、唐山以及沧州 3 个滨海城市。其中，秦皇岛市的滨海旅游资源相对完备。唐山市以及沧州市的滨海旅游资源相对不够丰富，并且开发时间较晚。

秦皇岛对上述的八大主类滨海旅游资源覆盖率较大，并且开发历史较为悠久。秦皇岛市 A 级以上滨海旅游资源情况见表 3-2。

表 3-2 秦皇岛市 A 级以上滨海旅游资源概览

| 序号 | 名称 | 等级 | 所属地区 |
|---|---|---|---|
| 1 | 山海关景区 | 5A | 山海关区 |
| 2 | 角山景区 | 4A | 山海关区 |
| 3 | 长寿山景区 | 4A | 山海关区 |
| 4 | 乐岛海洋王国 | 4A | 山海关区 |
| 5 | 山海关古城民俗博物馆 | 3A | 山海关区 |
| 6 | 鸽子窝公园 | 4A | 北戴河区 |
| 7 | 集发农业梦想王国 | 4A | 北戴河区 |
| 8 | 秦皇岛野生动物园 | 4A | 北戴河区 |
| 9 | 碧螺塔海上酒吧公园 | 4A | 北戴河区 |
| 10 | 联峰山景区 | 4A | 北戴河区 |
| 11 | 怪楼奇园景区 | 3A | 北戴河区 |
| 12 | 老虎石海上公园 | 2A | 北戴河区 |
| 13 | 秦皇求仙入海处 | 4A | 海港区 |
| 14 | 新澳海底世界 | 4A | 海港区 |
| 15 | 老君顶景区 | 3A | 海港区 |
| 16 | 昌黎国际滑沙活动中心 | 4A | 昌黎县 |
| 17 | 华夏庄园 | 4A | 昌黎县 |
| 18 | 葡萄沟景区 | 3A | 昌黎县 |
| 19 | 碣石山景区 | 3A | 昌黎县 |
| 20 | 金士国际葡萄酒庄 | 3A | 昌黎县 |
| 21 | 魅力洪兴工业文化园 | 3A | 昌黎县 |
| 22 | 五峰山景区 | 2A | 昌黎县 |
| 23 | 南戴河国际娱乐服务中心 | 4A | 抚宁区 |
| 24 | 冰塘峪长城风情大峡谷景区 | 4A | 抚宁区 |
| 25 | 龙云谷景区 | 3A | 抚宁区 |
| 26 | 天马山旅游风景区 | 2A | 抚宁区 |
| 27 | 祖山景区 | 4A | 青龙满族自治县 |
| 28 | 棋盘山景区 | 3A | 卢龙县 |
| 29 | 鲍子沟景区 | 2A | 卢龙县 |
| 30 | 柳河溪谷 | 2A | 卢龙县 |
| 31 | 柳河山庄 | 2A | 卢龙县 |
| 32 | 渔岛海洋温泉景区 | 4A | 北戴河新区 |
| 33 | 沙雕海洋乐园 | 4A | 北戴河新区 |

截至 2023 年 4 月，秦皇岛市共有 A 级及以上景区 33 家。其中，国家 5A 级景区 1 家、国家 4A 级景区 17 家、国家 3A 级景区 9 家、国家 2A 级景区 6 家。按所在地划分，山海关区 5 家、北戴河区 7 家、海港区 3 家、昌黎县 7 家、抚宁区 4 家、青龙满族自治县 1 家、卢龙县 4 家、北戴河新区 2 家。

唐山的滨海旅游供给能力较秦皇岛稍微逊色一些，拥有唐山湾国际旅游岛(菩提岛、月岛、祥云岛)、龙岛、金沙岛等滨海旅游景点，在开发时间上比秦皇岛晚不少，基本是在曹妃甸岛开发建设以后才进行开发。

沧州在滨海旅游供给层面的能力在三市中最为薄弱，相关滨海旅游服务供给只有沧州休闲度假区、南大港湿地生态度假区、中捷东欧风情区、黄骅生态农业旅游片区等，旅游资源相对单一。

从旅游机构提供能力上来看，秦皇岛市当前共有 213 家旅行社。

从旅游服务基础设施上来看，秦皇岛当前共有 33 家星级酒店，其中五星级酒店 1 家、四星级酒店 10 家、三星级酒店 17 家、二星级酒店 5 家；按所在地区划分，秦皇岛星级酒店在山海关区 2 家、北戴河区 15 家、海港区 6 家、开发区 1 家、北戴河新区 1 家、卢龙县 1 家、青龙满族自治县 1 家、昌黎县 6 家。

以国内主要滨海旅游城市为例，大连市拥有 10 家五星级酒店，青岛市拥有 11 家五星级酒店，三亚市拥有 28 家五星级酒店。特别的，上海、大连、三亚、青岛、烟台、杭州等国内滨海旅游胜地的酒店不少是国际连锁酒店，这体现了这几个城市在招商引资和吸引外资能力上是要强于河北省的。河北省在旅游接待能力，特别是高端旅游服务接待能力相比上述城市有着明显的欠缺。

从相关的住宿和餐饮业从业人员的角度进行分析，河北滨海旅游城市相关情况较上述滨海旅游发展突出的城市也是存在着一定的差距的。2021 年河北统计年鉴数据显示，秦皇岛市全市限额以上餐饮业企业从业人数为 2225 人，企业法人 49 个；唐山市全市限额以上餐饮业企业从业人数为 3987 人，企业法人为 68 个；沧州市全市限额以上餐饮业企业从业人数为 2287 人，企业法人为 29 个。这体现出，河北滨海城市旅游景区供给能力与旅游接待能力不匹配。

总的来说，河北滨海旅游服务供给市场基本以秦皇岛为主，以唐山、沧州为辅，供给市场空间结构并不是非常合理。

## 第二节 河北省滨海旅游市场消费结构分析

### 一、滨海旅游市场消费概况

近年来，河北旅游市场实现了较快的发展，旅游收入与接待游客人数均实现了较快的增长。具体情况见表3-3。

表3-3 2010—2019年河北省国内旅游收入及接待游客人数

| 年份 | 国内旅游收入/亿元 | 接待游客人数/万人次 |
|---|---|---|
| 2010年 | 890.84 | 14851 |
| 2011年 | 1192.21 | 18627 |
| 2012年 | 1553.91 | 22911 |
| 2013年 | 1973.82 | 26988 |
| 2014年 | 2528.66 | 31368 |
| 2015年 | 3395.60 | 37059 |
| 2016年 | 4610.13 | 46532 |
| 2017年 | 6089.60 | 57073 |
| 2018年 | 7580.21 | 67611 |
| 2019年 | 9248.69 | 78078 |

从表3-3中的数据能够发现，近年来河北旅游市场实现了快速的发展。特别是2015年之后，河北旅游市场每年收入都能够实现超过1000亿元的绝对增长量。与此同时，河北旅游市场接待人数每年也都实现了不小的增长。从增长率的角度来分析，从2012年开始，每年接待国内游客数量增速均超过10%。

近年来，伴随着改革开放的不断深入和河北自贸试验区的设立，河北省入境游客数量也在不断增加，全省入境游客数量每年都能实现超过 100 万人次的绝对增长。从客源结构上来看，亚洲是河北旅游市场的第一大游客来源地，欧洲次之，美洲排在第三位，而后依次是大洋洲和非洲。在亚洲客源中，日本客源量排在首位，韩国排在第二位，蒙古国排在第三位。这说明，东北亚是河北旅游的主要境外客源地。

## 二、滨海旅游消费水平分析

根据 2021 年秦皇岛统计年鉴数据可知，2021 年秦皇岛市接待游客 3 122.93 万人次，实现国内旅游收入 330.05 亿元，人均消费达到 1 056.86 元；2021 年唐山市接待游客 5 087.80 万人次，实现国内旅游收入 536.50 亿元，人均消费 1 054.48 元；2021 年沧州市接待游客 2 071.80 万人次，实现国内旅游收入 149.80 亿元，人均消费 723.04 元。如表 3-4 所示，同期对比，山东省青岛市接待游客达到 8 221.20 万人次，实现国内旅游收入 1 411.00 亿元，人均消费达到 1 716.29 元。由于统计资料的限制，没有找到大连、三亚等其他国内滨海旅游胜地的相关数据。

表 3-4 2021 年河北省滨海城市及山东省青岛市国内游客消费情况

| 城市 | 接待游客人数/万人次 | 国内旅游收入/亿元 | 人均旅游消费/元 |
|---|---|---|---|
| 秦皇岛 | 3122.93 | 330.05 | 1056.86 |
| 唐山 | 5087.80 | 536.50 | 1054.48 |
| 沧州 | 2071.80 | 149.80 | 723.04 |
| 青岛 | 8221.20 | 1411.00 | 1716.29 |

从前面的分析中能够看到，河北省的滨海城市不仅存在着接待游客数量少的情况，而且消费水平也不高，这在一定程度上也能够说明河北滨海旅游在服务供给能力上是不如其他地区的。接下来，河北滨海旅游要提升供给能力，吸

引更多游客。

在接待国外游客方面，根据《河北统计年鉴（2020）》数据，2019 年，秦皇岛市共计接待了 346 618 人次的入境游客，其中过夜游客达到了 138 159 人次，一日游游客达到了 208 459 人次；唐山市入境游客达到了 137 945 人次，其中过夜游客达到了 80 566 人次，一日游游客达到了 57 379 人次；沧州市入境游客达到了 40 684 人次，其中过夜游客达到了 7801 人次，一日游游客达到了 32 883 人次。

以 2019 年入境游客的消费水平来分析，秦皇岛市入境游客人均消费达到了 724.984 3 美元，唐山市入境游客人均消费达到了 570.082 3 美元，沧州市入境游客人均消费达到了 367.530 2 美元。可以看出，河北省滨海三市在入境游客的消费上还是存在着不小的差距。这种差距主要体现在，秦皇岛入境游客消费较多，唐山入境游客消费居中，沧州入境游客消费最少。如表 3-5 所示。

表 3-5　2019 年河北省滨海城市入境游客人均消费情况

| 城市 | 接待入境旅游人数/人次 | 接待入境旅游收入/万美元 | 人均旅游消费/美元 |
|---|---|---|---|
| 秦皇岛 | 346618 | 25129.26 | 724.9843 |
| 唐山 | 137945 | 7864.00 | 570.0823 |
| 沧州 | 40684 | 1495.26 | 367.5302 |

## 三、滨海旅游消费方式分析

河北滨海城市能够提供的旅游产品和服务基本相似，因此各地游客在河北滨海景区进行消费时，基本都以观光、娱乐、购物、度假等方式为主。

以 2021 年为例，秦皇岛市共计接待了 3 122.93 万人次的游客，其中一日游游客达到了 1 657.72 万人次，超过了半数；唐山市共计接待了 5 087.82 万人次游客，一日游游客超过了 2 100.00 万人次；沧州市共计接待了 2 071.83 万人次游客，其中一日游游客达到了 1 321.20 万人次，一日游游客比例超过了60%。通过上述分析可知，河北滨海城市接待游客主要以一日游游客为主，说明了前往河北滨海旅游城市进行消费的顾客主要是以中短途为主，其对远程客户的吸引能力偏弱。这种情况也进一步说明了，河北滨海旅游城市的号召力不强，产业供给层次偏低，旅游业服务能力不强。

对表3-6、表3-7进行分析可知，游客来河北省滨海城市旅游大部分还是以一日游方式为主。而且，河北滨海旅游城市中，作为国家第一批14个沿海开放城市之一的秦皇岛市的入境一日游游客比例达到了60.14%，形成该现象的原因可能是产品供给能力偏弱、产业层次不突出、国际影响力偏弱。

表3-6　2021年河北省滨海旅游城市一日游游客比例

| 城市 | 接待游客总数/万人次 | 一日游游客数/万人次 | 占比/% |
| --- | --- | --- | --- |
| 秦皇岛 | 3122.93 | 1657.72 | 53.1 |
| 唐山 | 5087.82 | 2100.00 | 41.3 |
| 沧州 | 2071.83 | 1321.20 | 63.8 |

表3-7　2021年河北省滨海城市入境游客一日游比例

| 城市 | 入境游客数量/人次 | 一日游游客数量/人次 | 占比/% |
| --- | --- | --- | --- |
| 秦皇岛 | 346618 | 208459 | 60.14 |
| 唐山 | 137945 | 57379 | 41.60 |
| 沧州 | 40684 | 32883 | 80.83 |

河北滨海旅游需要拓展新的方式，提供新的旅游产品和服务来吸引游客。特别是秦皇岛、唐山等地作为河北省较早开放的城市，应当将现代工业文明、传统历史文化和当代海洋文明结合起来打造全新的、多层次的、宽领域的滨海旅游新场景。

## 第三节 河北省滨海旅游市场发展的SWOT分析

### 一、滨海旅游市场发展的内部优势

1. 河北省滨海旅游历史悠久，相关设施较为完善

首先，河北省拥有着丰富的海洋资源，旅游产业历史悠久，产业发展比较全面。河北滨海旅游的发展历史可以追溯到清代。1898年，清政府正式将北戴河海滨作为避暑胜地，以供“各国人士”避暑消遣之用。民国时期，北戴河成为外国人重要的度假基地，当地宾馆、机场等设施已经较为完备。

新中国成立之初，国家快速进行了社会主义改造和社会主义建设的探索，在确立了社会主义基本制度之后，也效仿苏联设置了许多工人疗养院供党和国家领导人、工人同志、有杰出贡献的解放军指战员进行休息、疗养以便更好地建设社会主义。这一时期，党中央、国务院、中央各机关及北京军区等单位在北戴河地区设立了疗养院，诸如中国煤矿工人北戴河疗养院、中国煤矿疗养院、北京军区北戴河疗养院等。这一时期，接待的对象主要是由领导人、劳动模范、解放军指战员组成。同时，在这一时期河北滨海旅游的重点是河北省秦皇岛市。

改革开放以后，党和国家的工作重心逐步转移到经济建设上来，河北滨海旅游也迎来了历史性的发展机遇。为了更好地接待游客和服务外宾，1979年，我国第一家旅游公司——中国国际旅行社北戴河海滨旅游公司成立，并于当年7月开始营业。1984年，秦皇岛被列为沿海开放城市，这进一步加快了秦皇岛的对外开放力度，也为秦皇岛更好地接待外国游客奠定了基础。仅以1979年至1990年为例，来秦皇岛旅游的海外游客近10万人次，游客来自美国、日本、法国等发达国家。

由此可以看出，河北滨海旅游历史悠久，产业基础较为雄厚，且滨海旅游的形象早已深入人心。

2. 河北滨海旅游人才较为充足

河北滨海的秦皇岛、唐山、沧州三市拥有较为充足的高校资源。高等教育承担着为旅游行业培养与输送应用创新型经营、管理和服务人才的任务。最近几年，河北滨海区域旅游教育发展较为迅速，已逐步形成涵盖硕士、本科、专科、中职各层面的旅游教育体系，为河北滨海旅游发展提供了强有力的人力与智力的支撑。三市范围内下辖东北大学秦皇岛分校、燕山大学、河北科技师范学院、华北理工大学、秦皇岛学院、唐山学院、唐山师范学院、沧州学院等院校，在人才储备和积累上拥有着一定的优势。这些院校很多都开办了旅游管理或者会展管理、市场营销等相关专业，不仅能够为河北滨海旅游业提供较为丰富的人才储备，还在很大程度上为河北滨海旅游拓展了市场，带来了新鲜的需求。河北省各滨海城市部分院校开设旅游相关专业情况如表 3-8 所示。

表 3-8　河北省各滨海城市部分院校开设旅游相关专业一览表

| 城市 | 学校 | 专业 |
| --- | --- | --- |
| 秦皇岛 | 河北科技师范学院 | 旅游管理 |
| | 河北环境工程学院 | 旅游管理与服务教育 |
| | | 会展经济与管理 |
| 唐山 | 唐山师范学院 | 旅游管理 |
| 沧州 | 沧州交通学院 | 旅游管理 |
| | | 酒店管理 |

从地区分布来看，这些院校所在地还是以秦皇岛市为主，唐山市、沧州市分布有所欠缺。

3. 河北省通过一系列活动不断提升旅游目的地知名度

近年来，河北省把握京津冀协同发展机遇，积极举办旅游发展大会，对接优质资源。例如，2010 年 10 月 6 日，唐山成为我国第一个有资格承办世界园艺博览会的地市级城市，负责 2016 年世界园艺博览会的承办工作。2022 年，河北省委、省政府发出“这么近、那么美，周末到河北”的诚挚邀请，为吸引全国各地游客到河北旅游做出了积极努力。

## 二、滨海旅游市场发展的内部劣势

### 1. 河北滨海旅游业结构层次不突出

河北滨海旅游存在着产业结构层次不突出的问题。河北省滨海旅游景区基本都包括休闲、度假、商务等服务功能，从三市旅游景区主体功能（如表 3-9 所示）可以看出，三地滨海旅游景区功能较为重叠，产业结构缺乏层次。特别是唐山和沧州两个“后起之秀”，景区功能基本重合。

表 3-9　秦唐沧三市部分旅游景区及主体功能情况表

| 城市 | 旅游景区 | 主体功能 | | | | | | | | | | |
|---|---|---|---|---|---|---|---|---|---|---|---|---|
| | | 观光 | 娱乐 | 度假 | 商务 | 会议 | 生态 | 购物 | 民俗 | 科考 | 宗教 | 竞技 |
| 秦皇岛 | 北戴河滨海疗养度假区 | 有 | 有 | 有 | 有 | 有 | | 有 | 有 | 有 | | 有 |
| | 南戴河国际娱乐中心 | 有 | 有 | 有 | 有 | 有 | | | 有 | | | |
| | 昌黎黄金海岸度假区 | 有 | 有 | 有 | 有 | 有 | | | 有 | | | |
| | 乐岛海洋王国 | 有 | 有 | 有 | | | 有 | 有 | | | | |
| | 渔岛海洋温泉景区 | 有 | 有 | 有 | | | | 有 | | | | |
| 唐山 | 乐亭海岛度假区 | 有 | 有 | 有 | | | 有 | | | | | |
| | 曹妃甸滨海旅游区 | | 有 | | | | 有 | | | | | |
| 沧州 | 沧州渤海旅游新区 | 有 | 有 | | | | 有 | | | | | |

而在河北滨海旅游重镇的秦皇岛，旅游产业同质化问题比较严重。以乐岛海洋王国、渔岛海洋温泉景区、南戴河国际娱乐中心为例，三者功能基本雷同，都以建设在海边的一个游乐园为主体，辅以滑沙、滑草、过山车等基本项目及餐饮或娱乐项目。并且，这些旅游景区在空间布局上并不合理。比如，乐岛海洋王国和渔岛海洋温泉景区距离仅为 68 公里，在区域内形成竞争态势，秦皇岛的这些景区又与唐山湾国际旅游岛相距也不是很远。河北滨海旅游景区基本都位于秦皇岛，唐山有少部分滨海景区，而沧州滨海景区不仅数量少且知

名度也较低，这些情况说明河北滨海旅游在空间布局上并没有层次性。

唐山滨海旅游开发大多停留在一般性观光游览层面，虽建造了大量的主题公园，但与滨海旅游无直接关系，脱离了滨海旅游特色，造成了资源的浪费；并且旅游产品在体验、参与、娱乐等层面开发不足，缺乏具有较强市场号召力、社会影响力的龙头旅游品牌，不能满足民众对休闲度假和专题旅游的需求，以及入境游客对文化旅游、生态旅游和健康旅游的需求，这是制约唐山旅游提升知名度、增强核心竞争力的关键性因素。而秦皇岛市距离东北地区非常近，面临着辽宁等地滨海旅游景区的竞争。

2. 河北滨海旅游的产品结构不合理

滨海旅游产品是旅游产品的一种重要类型，它是以海洋及海岸线资源为依托，以旅游设施为基础，向旅游者提供用以满足旅游活动需求的有形实体和无形服务的综合。由于长期偏重于接待团体观光旅游，河北滨海旅游尚未形成以观光为主，以文化、体育、教育、娱乐、民俗、探险、度假、会议等为特色的大众旅游与专项旅游相结合的立体型产品格局。

首先，产品的类型比较单一，缺乏排他性和竞争力。河北已开发的滨海旅游产品基本以观光为主，以门票为基础，依赖于客流量，并且产品的开发大多处于初级阶段，类型单一，结构简单，与我国东部沿海其他省份提供的旅游产品差别不大。

其次，河北滨海旅游高端项目及新型产品发展滞后。高端旅游项目大体可以分为以下两种：一种是高档次旅游产品，如滨海高尔夫、海钓、游艇游、邮轮游等。另一种是以体验为核心的个性化旅游产品，如探险猎奇、登山等。目前，河北滨海旅游开发仍然停留在传统阶段，项目特色不突出，现代科技高端特色旅游项目的支撑力不足，新型旅游业态发展欠缺引导，游艇游、邮轮游、海钓、滨海高尔夫等项目缺乏相关政策和法规的支持和引导。

3. 河北滨海旅游的文化资源挖掘力度不够

滨海旅游作为旅游业的一个细分类别，其发展也以文化作为基础，文化是旅游的核心。消费者选择前往某个景区进行消费的最主要的原因是，产生了对于目的地的文化认同，在这个景区进行消费时能够获得自身的满足。这种例子很多，比如在国际上，一提到西班牙，往往会想到斗牛士、斗牛节；提到巴西，往往会想到亚马孙热带雨林、狂欢节；等等。

河北省滨海旅游景区拥有着大量的文化遗迹和文化传说。例如，秦皇岛的孟姜女庙、秦皇求仙入海处，甚至秦皇岛本身的名字也承载着文化故事。然而在滨海旅游业发展的过程中对于这些历史文化资源的挖掘程度较低，没有形成文化品牌群，尚未发挥出集群优势，未形成品牌规模效应。

首先，政府相关部门尚未充分认识到滨海旅游业对于推动当地经济发展的重要作用，对旅游产业政策的制定相对落后。其次，人们对于旅游在认识上存在一定偏差，文化意识不足，认为旅游就是吃喝玩乐，甚至有人认为这是奢靡之风，没有认识到旅游对于开阔视野、陶冶情操、传承文化的重要意义。相对陈旧的观念会影响和阻碍旅游市场的健康发展。以唐山为例，唐山不仅是李大钊、张爱玲等历史文化名人的故土，也是不少现当代名人的故乡，作为文化热土还孕育出评戏、乐亭大鼓等历史文化遗产。这些文化旅游热点是唐山独具的文化特色，完全可以吸引来京津都市游的游客。而现实中这些旅游资源并没有得到有效利用、深度挖掘与合理整合，没能成为助力唐山滨海旅游承接周边游客的有力支撑。又如，唐山具有独特的工业旅游和地震科普游的资质，开滦国家矿山公园、唐山陶瓷文化博览区、多处地震遗址及唐山抗震纪念馆都具备科学考察旅游的价值。此外，唐山还是一个文化底蕴深厚的城市，是发展文化民俗游的佳选之地。这些文化资源都应成为河北省发展滨海旅游的基础。

4. 河北滨海旅游业关联性不强，附加值较低

近年来，旅游业与第一产业、第二产业、第三产业融合发展，与新型工业化、新型城镇化、信息化、农业现代化紧密结合，不断催生新的产业生态，不断拓展产业链维度，使小产业链向大产业链进行转型，纵向维度上实现产业链上下游各个环节的渗透与融合。

现阶段，河北滨海旅游业与相关产业、相关区域的融合度还较低，仍然处于价值链的中低端。具体表现为：

（1）缺乏对海洋纵深处、海洋岛屿以及海岸腹地的开发利用，尚未形成山、水、林、田、湖、草、沙联动之势，已经开发利用的海洋资源尚处于海岸带一线，造成海岸带局部环境压力巨大。

（2）河北滨海旅游业与区域特色旅游资源整合程度不够，渗透程度有限。以唐山为例，其滨海旅游产品创新能力差，各地项目趋于雷同；普遍缺乏深度旅游开发所需的服务设施，如娱乐、购物等设施不能满足需要，使游客驻留时间不充分、消费少；旅游经济效益开发深度不够，深度体验旅游产品匮乏。唐山尽管拥有类型众多的旅游资源，也开发了十几个旅游景区景点，但分布散乱、精品较少。唐山滨海旅游开发大多停留在一般性观光游览层面，虽建造了大量的主题公园，但与滨海旅游无直接关系，脱离了滨海旅游特色，造成了资源的浪费。而旅游产品在体验、参与、娱乐等方面开发不足，缺乏市场号召力强、社会影响力大的龙头旅游品牌，不能满足民众对休闲度假和专题旅游的需求，不能满足入境游客对文化旅游、生态旅游和健康旅游的需求，这是制约唐山旅游提升知名度、增强核心竞争力的关键性因素，也在一定程度上削弱了唐山旅游产品的品位和档次；在新项目开发上，极少有的几个特色鲜明的创新产品一出现马上就被近距离复制，新产品的保护机制也亟待建立。

基于以上原因可知，唐山滨海旅游市场发展缓慢，从业人员整体水平不高，缺乏相关知识和技能培训，旅游业的管理水平和服务水平不高，制约精品旅游发展。旅游产品的开发相对落后，多是一些景点的简单拼凑，缺乏实质内涵挖掘。这些都说明唐山的旅游业还缺乏具备专业知识和技能的人才来为产业发展提供创新动力。

## 三、滨海旅游市场发展的外部机遇

1. 河北滨海旅游业支持力度强大

近年来，京津冀城市群正逐步打造中国经济的“第三增长极”，并为此进行联合协作。在京津冀协同发展进程加快的同时，国家也将旅游产业列为战略性朝阳支柱产业，加快构筑沿海经济隆起带，大力发展滨海旅游业，使滨海旅游业成为支撑环渤海区域经济发展新的亮点。

近年来，滨海旅游已经成为海洋经济的支柱产业，其总产值位居各类海洋产业之首。滨海旅游业作为一种现代服务业，具有带动就业广、产业关联性强的特点。特别是当前我国提出刺激消费、拉动内需的背景下，发展滨海旅游业无疑是一个很好的选择。

河北滨海旅游业发展历史悠久，相关产业基础良好，但大多都位于秦皇岛。进入新世纪，河北滨海旅游业发展进入了快车道。不仅原有的秦皇岛滨海旅游景区继续发展壮大，唐山、沧州等沿海地区也陆续开发滨海旅游。2004年河北省政府出台了《河北省海洋经济发展规划》（以下简称《规划》），《规划》要求沿海三市要大力发展滨海旅游业，同时重点提出沧州要利用黄骅港发展优势，大力发展滨海旅游。2008年，秦皇岛作为北京奥运会的分赛场承办了足球等比赛项目，这为秦皇岛国际影响力的提升起到了关键的作用。党的十八大以来，中国特色社会主义进入新时代，河北旅游加快构建“京畿福地、乐享河北”文化和旅游品牌体系，服务“经济强省、美丽河北”建设。河北省加快布局旅游产业，智慧旅游建设不断加速，基本实现“一部手机游河北”。“十四五”时期，河北省着力构建旅游产业“一体两翼六带”格局，其中秦皇岛、唐山、沧州等沿海地区纳入沿渤海文化和旅游带当中，河北省结合秦皇岛、唐山、沧州等地工业基地的特点，结合海洋文明，着重培养邮轮观光体验、温泉度假、体育康养等高端旅游业态，发展工业文旅、国际会议与会展、文化设计等文化和旅游新产业，建设河北省文化和旅游新高地。

其中，唐山市对于滨海旅游业发展的支持力度也在逐步加强，唐山旅游业在沿海经济带高速发展的带动下，已经做好各项准备工作，为充分开发沿海区域岛屿、沙滩、森林、湿地等相关旅游资源打基础。经过近些年的开发，唐山滨海旅游已经取得了一定的成绩。近年来，京津冀协同发展和唐山沿海经济带的建设为唐山滨海旅游业带来“春风”。2010年7月，习近平总书记视察唐山工作时提出了“三个努力建成”的目标要求，即努力把唐山建成东北亚地区经济合作窗口城市、环渤海地区新型工业化基地、首都经济圈重要支点。“三个努力”意味着唐山要紧抓京津冀协同发展的重大战略机遇期，要加速转型升级，加快建成沿海强市，树立美丽新形象。努力面向东北亚，建立唐山的窗口城市形象，给唐山旅游业建设注入了强心针，树立了新目标，唐山滨海旅游业也由此焕发新生机。

根据《唐山市文化广电和旅游发展“十四五”规划》，唐山市到2025年要初步建成文化强市、国际滨海旅游度假名城、中国工业文化旅游名城、长城戍边历史文化旅游名城。到2035年，旅游产业全面升级，文化和旅游产业竞争力显著增强，文化和旅游综合影响力、国际化程度大幅提高，全面建成文化强市、多元化的旅游产业发展体系、现代化的旅游企业发展制度，国家级旅游度假区实现零的突破，省级旅游度假区2～3家，国家5A级旅游景区2～3家，4A级景区20～22家，3A级旅游景区35～40家。

同时，伴随着自贸区政策的落地，包括曹妃甸岛在内的整个河北滨海旅游发展迎来新的契机，不仅会促进人流、物流、商品贸易的增加，还会促进产业集聚、经济增长、市场拓展。

2. 河北省滨海旅游拥有广阔的经济腹地

近年来，我国经济实力不断增强，党的十八大以来，党和国家高度重视海洋经济，提出建设“海洋强国”的战略。

河北省滨海旅游发展背靠我国三大城市群之一的京津冀城市群。2014年京津冀协同发展上升为国家战略。2017年党和国家决定设立河北雄安新区，这是继深圳经济特区和上海浦东新区之后的第三个国家级新区。党的十八大以来，习近平总书记多次来到河北视察，这充分体现了党和国家对于河北的关心与重视。京津冀城市群地缘相近、文化相通、习俗相连、亲情相融，因此河北滨海旅游景区在京津冀城市群内拥有着较高的认可度和影响力。京津冀城市群拥有1亿多人口，经济实力较为雄厚，消费能力较为强大，近年来伴随着京津冀协同发展的不断推进，京津冀地区经济发展较为迅速。以2022年为例，京津冀地区实现地区生产总值10万亿元。随着京津冀协同发展的逐步推进，北京非首都功能的不断疏解，势必会有越来越多的产业、人口向河北等地集聚，随着集聚效应的增强，市场也在不断地扩大，为河北滨海旅游创造出广阔的消费市场。此外，推进京津冀协同发展还能够为河北带来新的理念、新的思路、新的人才的交融与汇聚，这非常有利于河北实现城市综合治理能力的提升，实现河北旅游业管理效能与创新服务的高质量发展。总的来说，京津冀协同发展为河北滨海旅游发展带来了新契机。同时，京津冀城市群内部交通联络紧密，北京与区域内中心城市“津石保唐”均能实现高铁1～1.5小时直达，与沧州也可通过京沪高铁直达。虽然与秦皇岛距离稍远，但秦皇岛依旧是距离北京最近的滨海旅游胜地。随着北京大兴国际机场的通航，以及“轨道上的京津冀”战略的逐步实现，河北滨海旅游迎来全面发展。

## 四、滨海旅游市场发展的外部威胁

1. 河北滨海旅游竞争者较为强大

由于地理位置原因，河北省域内的海洋景区因冬季海域会结冰，基本只能夏季开放，这就造成了河北滨海旅游的一种局限，即只能有半年不到的开放期。这就导致河北滨海旅游失去了冬季的客源，而这部分客源会转而前往海南等较为温暖的滨海旅游地。而且，在国内范围，海南的滨海旅游号召力要远远大于河北滨海旅游的号召力，海南滨海旅游的知名度和影响力亦大于河北滨海旅游。此外，海南服务设施水平和接待能力也要远远强于河北。

河北滨海旅游不仅面临着季节上的竞争对手，在空间上的竞争对手也是比较强劲的。河北滨海旅游景区距离大连等滨海旅游胜地只有几百公里，这些知名滨海旅游胜地在一定程度上会分流河北滨海旅游景区的客源。同时，在接待国际游客方面，河北滨海旅游主要面向的是俄罗斯、日本和韩国游客，这与青岛、大连等国内滨海旅游胜地有一定的重叠。

如图3-1所示，2019年河北滨海旅游城市在接待国内游客方面与其他竞争城市相比有一定差距。2019年，从接待国内游客来看，青岛市共计接待了11 133.00万人次，大连市共计接待了10 268.30万人次，秦皇岛市共计接待了7 227.67万人次，沧州市共计接待了2 467.86万人次，三亚市共计接待了

2 203.60 万人次。唐山市由于统计资料的限制，未查阅到有关的数据。

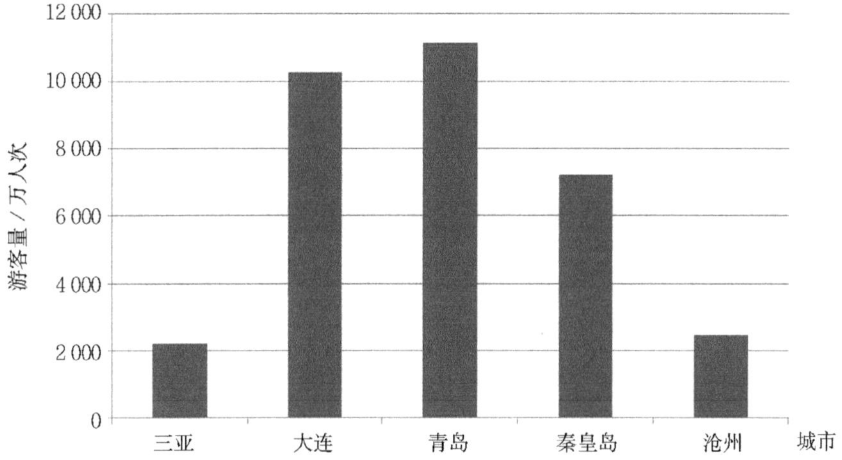


图 3-1　2019 年河北滨海城市与其他省份主要滨海城市接待国内游客量

同样，在 2019 年，接待境外游客方面，河北滨海城市也远远落后于国内其他主要滨海城市。

从表 3-10 中可以看出，河北滨海城市国际号召力不足。尽管河北滨海旅游起步很早，但由于种种原因未能顺利打开国际市场，没有形成品牌效应。

表 3-10　2019 年河北滨海城市与国内其他主要滨海城市接待境外游客量

| 城市 | 接待境外游客量/人次 |
| --- | --- |
| 青岛 | 1702568 |
| 大连 | 1144020 |
| 三亚 | 906278 |
| 秦皇岛 | 138159 |
| 沧州 | 40684 |

河北滨海旅游除了面临上述国内滨海旅游城市的竞争外，在省内也面临着

其他类型旅游的竞争。

秦皇岛、唐山、沧州面临周边旅游城市强大的竞争压力。随着京津冀协同发展进程加快和“八纵八横”高速铁路网络的逐步落成，区域性竞争也会越发激烈。文化城市北京与天津休闲旅游档次高，皇家文化旅游胜地承德市旅游产业定位明确，这些城市都是秦皇岛、唐山、沧州发展滨海旅游业的强劲竞争对手。

在接待能力上，河北滨海城市与其他旅游城市相比也存在着不小的差距。秦皇岛当前仅有 1 家五星级酒店，而大连拥有 10 家五星级酒店，青岛拥有 11 家五星级酒店，三亚拥有 28 家五星级酒店。

2. 河北滨海旅游发展受时间与空间维度的限制

河北省滨海三市属温带季风气候，冬季寒冷而干燥。因此，相比于国内南方的滨海旅游城市而言，其能够提供服务的时间受到限制。同时，在地理维度上，河北滨海三市全部位于渤海湾内，而渤海湾相对较浅，属于内海，能够开发的滨海旅游项目相对不足。并且，河北滨海三市距离环渤海经济圈的大连、青岛、烟台等地较近，容易产生客源的竞争。

此外，河北滨海三市长期以工业立市，难免对于滨海环境造成影响，使旅游资源的品相下降，导致滨海旅游资源的吸引力较弱。

## 第四节　河北省典型城市滨海旅游市场发展 SWOT 分析

### 一、唐山滨海旅游业发展的机遇分析

近年来，在京津冀协同发展进程加快推进的同时，国家也着力将旅游产业培育为战略性支柱产业，加快构筑沿海经济隆起带，大力发展滨海旅游业。

唐山旅游产业在沿海经济带高速发展的带动下，已经做好各项准备工作，为充分开发沿海区域包括岛屿、沙滩，甚至森林、湿地等相关旅游资源提供了必要的保障。近年来，唐山沿海经济带的建设和京津冀地区经济发展为唐山滨

海旅游业带来新发展机遇。2010 年 7 月，习近平总书记视察唐山工作时提出的“三个努力建成”，意味着唐山面临着京津冀协同发展的重大战略机遇期，意味着唐山要加速转型升级，加快建成沿海强市，意味着唐山要努力面向东北亚建立唐山的窗口城市形象，这给唐山旅游业发展注入了新动能。具体表现在以下方面：

第一，唐山沿海经济带的建设为唐山滨海旅游业的发展增添了新的动力与资源。一方面，随着唐山沿海经济带的进一步发展，与先进科技相结合的事物生发自不同产业层次或者文化业态。例如，唐山的传统工业逐步转型为注重循环利用的环保型工业，唐山环保型工业基地现已发展为科学发展观模范基地；滨海新城的相关建设、曹妃甸港区的落成带来了新的商贸、物流、人流的集散；华北理工大学、唐山工业职业技术学院等院校的迁入，迅速提升滨海地区人气及城市品位，同时为滨海地区发展提供智力支撑，新的科技文化也将应运而生。另一方面，迅猛发展沿海经济将密切环渤海地区人员往来，为唐山旅游开辟新的市场。环渤海经济带的高速发展将带来巨大的人流、物流、技术流。各类商品、各行业人才、资本与技术等专业化市场将迅速兴起，这会带来更为广泛的物资与多类信息交流，吸引更多国内外商人前来寻找发展机遇及投资；伴随唐山沿海经济带不断积累知名度，吸引世界性的关注与重视，从而吸引学习考察人流，人流规模的扩大必然加速、促进滨海旅游业发展与兴盛。一般来说，人流规模反映和体现的是市场人气，更代表一个地域的市场空间与潜力。同时，人流规模及速度也是一个区域内消费市场状况的“温度计”，沿海经济发展所带来的庞大人流规模可以为滨海旅游业的发展提供庞大的消费群体，最终转化为经济能量。

第二，京津冀协同发展为唐山经济转型升级带来新的机遇。京津冀的协同发展是国家重大战略，这一战略无疑为唐山的转型发展带来重大的机遇。推动京津冀协同发展，进一步深化京唐合作，将促进优势现代化城市资源如产业、人才、教育、医疗资源向唐山聚集，通过逐步实现区域产业对接还可以助力产业结构升级，对于唐山而言意义重大。此外，开放性合作将引入更多先进观念与先进文化、创新的科技成果、更优秀的人力资源，这非常有利于唐山转变发展思路，逐步摆脱资源依赖型发展模式，实现城市综合服务能力的提升，真正步入开放与改革并举、创新驱动和科学发展并重的可持续发展轨道。唐山是河北省经济总量第一位的城市，并且毗邻京津，也应当担负重要职责，在推进京津冀协同发展的过程中发挥应有的作用。当然，唐山经济发展所面临的严峻挑战也不容忽视，唐山市经济转型升级正处于重要拐点。在此前提下，京津冀协同发展战略的实施与推进，必然成为唐山克服自身劣势，加快实现转方式、调结构的良好发展机遇，这也为唐山滨海旅游发展提供了保障。

第三，唐山世园会的举办带动唐山旅游业发展。2010 年 10 月 6 日，唐山成为我国第一个有资格承办世界园艺博览会的地市级城市，负责 2016 年世界园艺博览会的承办。世界园艺博览会举办期间，几十个国家与地区到会参展，观众人数达 1500 万人次。世界园艺博览会的举办提升了唐山在世界舞台上的知名度，拉动了唐山市的交通、商业、旅游业等产业的发展，为唐山旅游业的发展带来新的机会。此外，世界园艺博览会的举办需要高水平的融资、旅游、法律以及管理等专业化的服务，这些高水平、专业化的“软件”建设带动了唐山城市功能的全方位提升与完善。世界园艺博览会成为促进唐山经济发展及城市建设的推动剂，这对提高唐山城市形象与品位、促进唐山旅游业发展有着深远影响。

## 二、唐山滨海旅游业发展面临的威胁分析

在京津冀协同发展的战略指导下，北京以历史文化遗产、人文、城市文明为主要旅游资源开发旅游产品，天津则发展海河旅游景观游，河北重点发展休闲旅游，三地的旅游开发定位有利于构成相互补充的旅游线路和旅游产品，能够形成综合效应推动规模经济发展。在此背景下，唐山只有精准定位自身发展方向才能够实现持续发展。作为河北省内滨海旅游资源及其他可整合资源丰富的城市，唐山滨海旅游业发展较秦皇岛市较晚，并且存在很大的差距，唐山滨海旅游业尚未深度整合旅游资源，在旅游区功能规划开发方面，甚至滨海旅游

业基础设施建设方面仍存在很大不足。

可见，秦皇岛滨海旅游区的开发历史悠久，基础设施较完善，资源利用充分；唐山的滨海旅游资源开发起步较晚，缺乏自身特色和展现地方独特形象的精品旅游产品。

唐山旅游业在地区生产总值中的比重偏小，2009 年占有率只有 1.66%。唐山市的旅游企业散而小，管理机制陈旧，旅游业组织化程度不高，没有龙头型企业的带动，重要的旅游要素如旅行社、旅游酒店等基础建设仍不完善，并且重复建设、粗放经营的问题比较严重。此外，旅游基础设施设置存在空间分布不均的问题，如唐山旅游基础设施大部分集中分布于唐山市区内，而没有合理分布于众景区。这些问题严重影响唐山滨海旅游业的发展。

再者，长期建立起来的工业城市形象对滨海旅游城市形象的建立也产生制约。唐山作为一个传统工业城市，其城市格局中工业空间结构比较成熟，工业配套设施完善，交通规划、人力资源、资金资源甚至相关政策都是极有利于工业发展的，工业产业带来强集聚效应，这对旅游业发展产生了某种屏蔽与不利影响。从另外一个角度来看，通过对唐山旅游资源类型的分析不难发现，唐山旅游业发展较好的地区，多是当地的工业基础薄弱、生态环境良好的地区，因而不会因工业发展制约旅游业的进步。此外，工业发展也严重影响旅游品牌的塑造与形成。一般来说，唐山的工业城市形象在国内游客印象中深刻，游客多对唐山市的旅游资源了解不多，唐山旅游城市形象不深刻；再加上长久以来政府层面相对于工业的投入力度来说，对旅游业投入不够重视，也使得旅游业的发展滞后。同样是旅游城市的秦皇岛与承德，虽然地处唐山周围，但这两个城市旅游业发展起步早，旅游基础设施建设体系化程度高，旅游城市形象深入人心。在这些热门旅游城市的中心位置上，唐山旅游资源的开发受到一定程度制约。与秦皇岛、承德旅游收入和服务人次来对比，情况如图 3-2 所示。

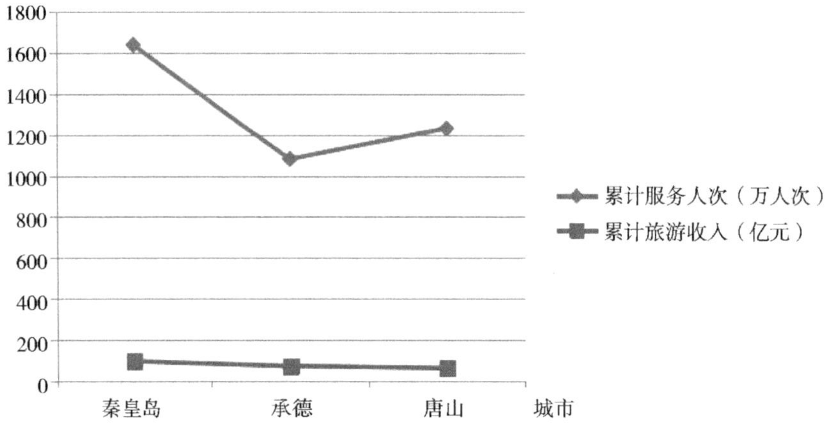


图 3-2　2009 年秦承唐旅游收入、服务人次对比图

2009 年，唐山市旅游总人次达到 1231 万人次，旅游总收入达到了 62.68 亿元。从图 3-2 可以看出，2009 年唐山市旅游总人次超过了承德，但旅游总收入比承德少了近 10 亿元，这反映出唐山旅游业对消费的拉动能力匮乏；并且与秦皇岛的旅游总人次高达 1 638.4 万以及旅游总收入达到 96.06 亿元的成绩相比，唐山都相差甚远。

秦皇岛滨海旅游区开发历史悠久，基础设施较完善，资源利用较充分；而唐山滨海旅游资源开发起步较晚，旅游产品开发程度低，且资源分布不均。早年，旅游资源主要集聚在北部山区，而中部、南部旅游区分布较少。近些年南部旅游区发展迅速，其中曹妃甸新区的开发与建设丰富了唐山的旅游资源，并且使乐亭县和曹妃甸沿海旅游资源连成一片。从国家 4A 级旅游景区分布情况来看，唐山北部有 4 个，中部仅有 1 个，南部旅游区有 3 个。这些旅游区在资源开发程度上差距大，从而发展水平差距很大，只有乐亭县旅游发展快，地处北部的遵化市、迁安市旅游发展水平较好。

从外部条件来看：第一，旅游业的全面开放使国外旅游业进入国内市场，导致竞争加剧。我国加入世界贸易组织后，国外投资者投资的宾馆、酒店等企业逐步入驻我国，使得旅游业市场竞争加剧。当前，我国的旅游产业还存在不成熟的方面，许多问题还未有效解决，市场没有完全成熟，国外竞争者的加入无疑是严重的威胁。第二，唐山周边旅游城市强大的竞争压力。区域间的竞争与合作会产生积极有效的结果，同时也会压缩每个竞争主体的市场空间。随着京津冀协同发展进程加快，区域性竞争也会越发激烈。文化城市北京与天津、皇家文化城市承德市、滨海旅游胜地秦皇岛等著名旅游胜地都是唐山发展滨海旅游业的强劲竞争对手。秦皇岛滨海旅游业发展成熟，京津的休闲旅游档次高，其他周边城市旅游业定位明确，发展模式也更为成熟。反观唐山，旅游业起步晚并且还没有明确定位与特色理念，因此唐山旅游业的发展一直缺乏指向性与针对性。在周边压力巨大的情况下，如果不突出自身特色，就难以实现激烈竞争中的突围。此外，唐山与其他滨海城市之间“差异定位、优势互补”依然实现困难。

总之，由于受开发起步晚、初期发展方向定位模糊、宣传不够、传统工业城市形象固化等因素影响，加上周边京津高端旅游业、秦承等地特色旅游业成熟带来的屏蔽作用，唐山虽然地处京津冀中心地带，联系周边旅游热门城市的交通便利，但仍存在着游客“迎进来，留不住”的问题。

### 三、唐山滨海旅游业自身优势分析

目前，我国滨海旅游处于观光旅游向休闲旅游的过渡阶段，度假旅游及生态旅游体现得少，受旅游政策、资金规模、市场消费需求和区域经济发展水平等多方面因素的制约，我国滨海旅游业发展水平与世界滨海旅游开发较早的国家相比有着很大差距，丰富的海岛旅游资源没有得到合理利用，旅游开发多处在资源驱动阶段。

唐山滨海旅游业起步较晚，但旅游资源相对丰富，开发重点也是以滨海旅游资源丰富的乐亭海岛度假区和曹妃甸滨海旅游区为重点。例如，乐亭海滨旅游区，其重点开发岛屿是菩提岛、月岛、祥云岛，这些岛屿独特的“荒”“野”特色是周围旅游城市无法比拟的，可满足游客猎奇、探险、亲近自然的需要。并且，乐亭海滨旅游区还开发了滨海浴场休闲功能，开拓沙滩使用面积，修建海滨乐园等娱乐设施，不仅能促进唐山滨海旅游业的发展，还能分流秦皇岛旅游旺季滨海浴场的游客。曹妃甸滨海旅游区重点开拓工业旅游市场与现代休闲滨海旅游，加快培育优秀的滨海旅游休闲度假产品，致力于发展“游海上钢城、赏金沙海景”的特色旅游路线，实现突破性发展。

唐山滨海旅游业面临得天独厚的发展机遇：

（1）旅游业相关基础设施日臻完善。随着京津冀协同发展的不断推进，唐山将不断扩大与优化内外交通网络、基础通信设施，充分建设饭店、宾馆以及旅行社等旅游服务设施。就交通方面而言，一方面京哈、大秦、京秦等铁路穿越辖区，京沈、唐港、唐津、沿海高速以及重要国道的铺设，再加上曹妃甸港口已经与国内外多个口岸实现通航，唐山交通网络可谓四通八达。这些基础设施客观上加快和优化了旅游设施的完善进程。

（2）交通枢纽中心位置初步显现，潜在客源充分。唐山西部临近北京与天津，又连接秦皇岛、承德两大旅游业发展较好城市，区位优越。重要高速公路、铁路贯穿全境，周边秦皇岛、承德等旅游城市客源丰富为唐山吸引周边旅游客源打下基础。目前，自驾游、短途游已经成为流行旅游方式，唐山完全具备吸引京津冀游客、发展旅游业的后发优势。此外，唐山本地经济发展水平较高，本地潜在客源充分。

（3）地理位置优越，政府政策支持。在《唐山市旅游业跨越式发展总体规划》中，唐山确立了建设成为国家知名旅游城市、中国北方商务休闲之都的战略定位。正是在此契机下，唐山滨海旅游将不断在建立沿海经济隆起带的过程中发挥重要作用。滨海旅游对于唐山沿海经济发展意义重大，是唐山实现战略转型的重要支撑点，它既是唐山旅游业发展的重要组成部分，也是唐山市旅游经济的增长点。随着滨海旅游业认识的深化，唐山市滨海旅游的发展逐步受到各级政府和旅游管理部门的极大重视，大力发展滨海旅游业势在必行。

### 四、唐山滨海旅游业自身劣势分析

虽然京津冀协同发展带来的机遇与前景巨大，但是唐山市要建设成为一个具备完善基础体系的滨海旅游城市尚且任重道远。长期以来，作为一个重要的传统工业城市，其政策体制、发展目标、形象宣传都与旅游城市的设定相去甚远，因此在旅游客源潜力巨大、具备诸多机遇的前提下，唐山滨海旅游业发展仍受诸多不利的自身因素影响。

1. 重开发轻环保，资源退化和环境污染时有发生

随着环保理念越来越深入人心，山清水秀、鸟语花香的环境会提升游客对于目的地的满意度，生态环境的好坏直接影响着游客对旅游地的感知。唐山市历来重视环境保护，不断加强工业结构调整，实现集约化、规模化生产，使得整体生态环境明显改善。然而，由于唐山是重工业城市，一些现存生态问题无法短期解决，可能损害唐山滨海旅游城市的形象。同时，对于滨海环境的过度开发和入海泥沙减少造成的海滩退化、浴场沙质粗化、海滩缩窄问题，各级政府和资源利用单位重视程度不够，尚未有效解决。此外，工业、养殖和生活污水排放造成浴场海水污染仍时有发生，京唐港等港口运营亦对滨海环境造成了一定的污染，对附近海滩浴场造成一定影响。

2. 旅游资源受到破坏，新业态不全

唐山部分景区（点）存在资源受损现象。例如，受盲目开垦增产粮食的急功近利思维的驱使，滦河口湿地的范围近年来明显缩小，诸多鸟类的栖息地缩小，河口湿生植物的群落也急剧减少。养虾池的盲目扩建，也挤占了不少滦河口湿地和七里海潟湖湖面的面积，使这里的自然环境、景观品质退化，动植物减少，风光受损。月坨人工海挡建设影响天然风光景致，使景观品位大打折扣。此外，滨海旅游以游、玩、吃、住为主，唐山旅游购物发展明显滞后，工业旅游亦尚未起步，旅游业态不全，这些问题都亟待解决。

3. 产品创新能力差，服务水平不高

唐山缺乏深度旅游开发所需的服务设施，如娱乐、购物等设施不能满足需要，深度体验旅游项目匮乏，游客驻留时间不充分且消费少。唐山尽管拥有类型众多的滨海旅游资源，也开发了十几个旅游景区，但分布散乱、精品较少。一方面，唐山在滨海旅游开发过程中，大多停留在一般性观光游览层面，虽建造了大量的主题公园，但与滨海旅游无直接关系，脱离了滨海旅游特色定位，

造成了资源的浪费。另一方面，唐山旅游产品在体验、娱乐等方面开发不足，缺乏较强的市场号召力，缺少社会影响力大的龙头旅游品牌，不能满足民众对休闲度假和专题旅游的需求，不能满足入境游客对文化旅游、生态旅游和健康旅游的需求，这是制约唐山滨海旅游提升知名度、提高核心竞争力的关键性因素。

此外，唐山滨海休闲旅游市场发展缓慢，从业人员整体水平不高，缺乏相关知识和技能培训，旅游业的管理水平和服务水平不高，这些情况都制约了唐山滨海精品旅游发展。

4. 众多可利用旅游资源未能有效整合

完备的滨海旅游业需要一个成熟的旅游都市体系作为市场支撑，美国东海岸的大西洋城、西海岸的旧金山，欧洲的地中海地区都是良好例证。而唐山本身具备众多可以深度挖掘的旅游资源，得到有效整合后不仅可以融入周边热门旅游城市的旅游路线，吸引游客，还有助于提升唐山滨海旅游的多元化体验维度。比如，唐山市有开发长城游、皇家游的特质，辖区内长城总长 220 公里，周边清东陵、汤泉皇室旅游度假区、景忠山、上关湖等景点与北京故宫、承德避暑山庄遥相呼应，完全可以吸引承接周边路线爱好此类旅游的游客。又如，唐山具有开发工业游和地震科普游的资质，开滦国家矿山公园、唐山陶瓷文化博览区、多处地震遗址及唐山抗震纪念馆都具备科学考察、旅游的价值，对此类资源有效整合开发，可以打造独特的旅游产品。当前，这些旅游资源并没有得到有效利用、深度挖掘与合理整合，没能成为助力唐山滨海旅游承接周边游客的有利因素。

5. 传统重工业结构羁绊较深

唐山素有中国工业发展的摇篮之称。唐山矿产、煤炭资源丰富，多年来第二产业发展迅速尤其是重工业占有较大比重，而第三产业尤其是服务业发展明显缓慢。唐山需要进行产业结构调整，构建现代产业体系，形成多元化、立体化的产业格局，才能推动更多业态发展，也为滨海旅游业注入新动能。

6. 休闲旅游意识不足

首先，政府相关部门尚未充分认识到滨海休闲旅游产业对于推动唐山经济发展的重要作用，旅游产业政策的制定相对落后。其次，人们对于休闲旅游在认识上存在一定偏差，旅游意识不足，认为旅游就是吃喝玩乐，没有深入认识旅游对于开阔视野、陶冶情操、理解国情民情的重要性。相对陈旧的观念会影响和阻碍旅游市场的健康发展。

7. 休闲资源整合效应差，缺少统一协调规划

唐山市滨海旅游资源具有分散性强等特点，由于缺少统一的指导理念，资源整合存在困难，各景区各自为战。这种情况造成的影响有：旅游产品趋同，产品缺少特色；相关配套设施不足，影响接待能力；规划调整不及时，景区基础设施建设落后。具体表现在，适合大众消费的旅游休闲场所太少，休闲、娱乐、购物环境档次较低，公共基础设施数量较少，配套设施陈旧落后，产品缺乏新意。这种情况导致唐山市休闲旅游产业发展动力不足。

## 本章小结

滨海旅游业是集多种产业部门于一体的综合性服务产业，具有综合性、动态性、持续性特征。滨海旅游业产业链条长，产业带动面广，其发展能拓展第一、第二产业的市场，也能够为其他的服务业部门带来积极的影响。据统计，旅游业每增加 1 元收入，可带动相关产业增加收入 4.3 元；每增加 1 名就业人员，能带动相关产业增加 5 个就业岗位。

同时，通过发展滨海旅游业，可以使游客通过和大自然的亲密接触，充分认识到地球对于人类命运和文明兴衰的重要性，理解生态文明建设的意义，从而保护环境、节约资源。

通过对河北滨海旅游的市场分析能够发现，河北滨海旅游市场供给能力有所欠缺，较先进地区存在着较大的差距。但是，这也表现出河北滨海旅游发展的潜在空间巨大。河北发展滨海旅游需要做到统一规划、提升服务、保护环境，从而才能实现高质量发展，助力中国式现代化河北场景建设。

# 第四章　国外滨海旅游开发存在的问题和成功经验

## 第一节　国外滨海旅游开发存在的问题

作为休闲旅游业的一大主流领域，滨海旅游业是世界公认的朝阳产业。不仅能促进区域经济发展，满足大众的休闲旅游需求，提升幸福感，而且能够推动经济绿色可持续发展，助力“碳达峰、碳中和”目标的实现。滨海旅游业对保障海洋经济健康快速发展具有不可替代的作用，也正在成为国民经济新的增长点，对海洋产业的发展起到了重要推动作用。尽管国外滨海旅游业蓬勃发展，市场规模不断扩大，取得了重要成就，但在开发过程中也存在一系列严重的问题，产生了负面效应。在生态环境方面，过度开发进一步加剧沿海地区的生态环境压力；在资源开发方面，造成滨海旅游资源的破坏、浪费以及开发利用不充分情况；在经济结构方面，过度依赖旅游业，使制造业以及农业生产水平大大下降，导致经济结构失衡。总体而言，国外滨海旅游业开发在生态、资源及经济结构等多方面普遍存在问题，具有较大的提升空间。

### 一、生态环境污染及破坏

自 20 世纪 80 年代开始，环境质量逐渐发展成为游客选择旅游地的重要因素。对同类旅游地做选择，往往是这项因素最终左右了旅游决策。选择旅游环境质量高的旅游地是旅游决策的一项基本原则。随着国民经济发展及居民生活水平的不断提高，舒适惬意的生态旅游逐渐受到人们的喜爱。相比于其他旅游地，沿海地区拥有海水、沙滩、海洋生物、岛礁、海洋文化等多元化的自然环境与人文社会资源，能够开展冲浪、帆板、赛艇、潜水、垂钓以及排球、足球等多种娱乐性、运动性、直接参与性强的水上及沙滩活动。同时，滨海地区具有丰富的海鲜类食品资源。因此，滨海旅游目的地成为越来越多人出行度假的首选之地。如西班牙的马洛卡岛、美国的夏威夷、墨西哥的坎昆、泰国的普吉岛等，都是世界著名的滨海度假旅游胜地，每年都吸引着世界各国的游客前去旅行。一方面滨海旅游开发给滨海旅游地的生态环境造成了巨大的压力。滨海旅游资源的过度开发以及大量旅游设施的建设会导致严重的环境问题。另一方面，面临更多的旅游出行选择，游客对旅游地的生态环境提出了更高的要求，游客、钓鱼者以及潜水者希望找到海水清澈、无污染、海洋生物又丰富的水域。

无论是自然资源还是社会资源，都有着一定的承载区间。生态环境对人类社会、经济活动的支持能力具有一定的限度。超出生态环境所能承载的限度，将会导致生态环境的恶化和资源的枯竭，生态系统会失衡，严重时会引起经济社会发展停滞。海洋与海岸带环境具有动态特征，任何对海洋与海岸带自然环境和生态系统的干涉都可能对其稳定性产生严重的影响。海洋与海岸带旅游开发力度的不断加强必然会对诸如地表水文资源、海洋生态、海岸线和土壤植被等带来巨大压力。

国际旅游组织的调查和统计数据显示，“3S”（空气、阳光、海水）优质旅游资源仍然吸引着当今世界七成以上的观光客。然而，调查还显示，世界著名的滨海浴场的海水质量急剧下降。

滨海旅游区中沿海水域的污染一般主要来自两个方面：一方面是生活污水和工业废水，另一方面是固体废弃物。旅游活动中产生的工业废水和生活污水，特别是在沿海地带修建的宾馆、饭店、度假村等建筑物中排放的生活污水直接或间接地进入海洋，造成污染和富营养化等问题。旅游船只对旅游水域的影响除废油渗漏污染外，其激起的波浪对海岸线也会造成冲刷破坏。此外，固体废弃物对于水域的污染同样值得重视。由于废弃物管理不善及游客的环保意识差，使得固体废弃物污染成为滨海旅游地区的普遍问题。每年有1亿人次的海泳者涌入地中海海滨，大量的海泳者随意丢弃的废弃物使得原本优良的海水浴场变得不适于游泳。欧盟因此而颁布了海水质量的最低标准和《浴场用水法》，地中海沿岸意大利的几十处游泳场所和法国10%的海滨度假地因不达标等原因不得不相继关闭。

珊瑚礁是地球上生物多样性最丰富的生态系统之一，被称为“海洋中的热带雨林”，对于提升海洋环境的自我调节能力有积极作用，具有减少海岸侵蚀、增加渔业产出、保护亚热带海岸线的潜力。围填海工程建设、过度捕捞、污染物入海排放、粗放式旅游开发活动等基础设施建设、项目开发及粗放管理对珊瑚礁系统产生大规模的影响，对滨海旅游的持续发展构成威胁。东南亚、印度洋热带海域国家已经发现滨海旅游对珊瑚礁生态系统的影响，尤其是珊瑚礁海域的潜水活动影响最大。1989至2004年间，埃及红海边的赫尔格达(Hurghada)海岸酒店床位从几百间增加到35 000间，进行海上浮潜的游船也大量增加。1989至2006年间，西奈半岛的沙姆沙伊赫附近的游船从23艘增加到350艘，赫尔格达同期游船从50艘增加到1200艘。渔船在珊瑚礁海域锚停，对珊瑚礁的破坏严重；人为投食吸引鱼类向玻璃船靠近，食物碎屑覆盖珊瑚礁；浮潜活动靠近珊瑚礁使珊瑚礁损毁，这些情况均对红海的珊瑚礁造成严重影响。加勒比海地区过去二三十年中，大量排放的污染物加剧了水体富营养化，对珊瑚礁产生了巨大的威胁。在过去的20多年里，受气候变化影响澳大利亚昆士兰著名的大堡礁附近海水升温，使珊瑚遭受了严重危害，共发生过5次大规模珊瑚白化事件。

海岸带作为海洋与陆地相互作用、衔接、过渡的地带，自然资源丰富，地形地貌和岛屿类型复杂多样，生态环境脆弱。海岸带漫长广阔，为经济和社会发展提供了生物资源，也容易受到人类活动和自然灾害的影响。例如，一些重要海湾、河口受到了过度和粗放开发的破坏和污染，近海陆地植被被大量砍伐，土壤直接遭受海洋风暴的侵蚀，自然岸线减少，红树林、海草床和珊瑚礁等典型生态系统受到威胁，滨海湿地退化，海岸形态因人工过度干预发生突变，种种情况导致海岸带生态系统平衡被打破，威胁到海洋生态环境和海洋经济的可持续发展。对滨海旅游而言，最大的直接影响是海岸侵蚀问题。

2022年10月，位于法国西南部的比达尔市海岸遭受侵蚀，给国家的经济带来了巨大的损失。有研究称，2100年因为海平面上升，美国加利福尼亚海岸后退速度将是目前的2倍。还有一项新研究显示，未来30年英国约30%的海岸和近20万个家庭和企业可能将被上升的海平面淹没。国内学者也对海平面上升对海岸侵蚀的影响开展了大量的研究，海岸侵蚀已成为我国严重的海岸带自然灾害，成为沿海可持续发展的重大挑战。此外，沿海的海岸侵蚀在风暴潮的影响下更加突出。热带气旋、台风以及温带气旋频繁影响的海域，沿海城市交通、海上运输、滨海旅游发展等会受到极大的影响，旅游海滩受到破坏会造成旅游目的地吸引力或竞争力减弱。

海岛地区过度开采地下水会导致地下水位下降、土地下沉、地下水质恶化、盐水入侵等情况。水资源短缺会严重影响当地居民生活和旅游业发展。旅游活动会对海洋生物活动产生不同程度的干扰，造成动植物栖息空间的改变，严重时甚至会危及它们的生存，从而对生物多样性造成威胁。许多滨海地区存在不合理的开发和建设，如沿海建筑物过高，遮挡视线；新建筑物与旧的风景区不协调，改变了特定的风景气氛；盲目开发造成旅游资源的破坏和旅游景观的消失；许多海滩由于过度采砂使得海滩严重陡化退缩。在热带和亚热带地区，海岛旅游过度开发还导致红树林被大量砍伐，河口湾被疏浚或填围，红树林生态系统和河口湾生态系统遭到严重破坏，土壤侵蚀、水土流失、水体富营养等现象日益严重。这些情况在澳大利亚、夏威夷、斐济、瓦努阿图等国家和地区尤为突出。

### 二、资源粗放利用

滨海旅游资源是指，存在于海岸线及向海和内陆两侧延伸一定范围（含海洋岛屿）内，经过合理开发和有效保护，对旅游者产生旅游吸引力、激发旅游者的旅游动机，并能为滨海旅游业所利用，以产生经济、社会和生态环境效益的有形及无形要素。因为滨海旅游资源大多集中于海岸带及海洋的广大空间，所以具有海、陆的双重属性。由于滨海旅游资源存在于特殊的空间范围内，所以除具备一般旅游资源多样性、地域性、不可移动性等共有属性外，还具有某些特有属性。

首先，滨海旅游资源具有海洋性。滨海旅游资源大多集中于海岸带及海洋区域，所以具有鲜明的海洋特色，其自然旅游资源和人文旅游资源发展及应用都会受到海洋的影响。其次，滨海旅游资源具有综合性，其空间范围既包括海洋部分，也包括陆地部分，具有海陆双重属性。此外，滨海旅游资源还包括环境状况、经济发展水平、交通条件等要素。因此，开发滨海旅游资源应具备整体眼光。最后，滨海旅游资源还具有可再生性与脆弱性。清新的空气、优良的水质、干净的沙滩以及独特的滨海生物景观是吸引游客的主要因素，也是滨海生态系统的主要组成部分。丰富的水资源、水生生物及微生物等大多属于可再生自然资源，可实现持续再生更新、繁衍增长、保持或扩大其储量。因此，滨海旅游资源具有可再生性。但可再生并不是指取之不尽、用之不竭，生态系统在特定时空尺度对于外界干扰具有敏感反应和自我恢复能力，一旦达到或超过承载力就会失去再生能力，因此滨海旅游具有脆弱性的特征。

近年来，人们对滨海旅游资源的重要性认识不够，滨海度假区普遍存在建设规模过大、开发强度过高的问题，使滨海生态环境日益恶化。片面地追求经济效益，忽视社会利益和环境效益，只顾眼前利益，忽视长远利益，只顾局部利益，忽视全局利益，使得在滨海旅游的开发过程中，存在过量、掠夺性开采滨海旅游资源的情况。沿海城镇化和旅游业发展对海岸带生态环境造成了不同程度的影响，景观碎片化导致区域生态风险不断提高，系统脆弱性增强。同时，旅游资源得不到统一保护和利用，造成滨海旅游资源的浪费。例如，近年来不合理占用海岸线现象时有发生，围墙连绵不断，烟囱、水塔林立，阻挡了观海视线，造成水域污染。虽然大多数滨海旅游资源具有可再生性，但是在受到严重破坏时，也会失去再生能力。因此，我们要深刻认识到滨海旅游资源的脆弱性，把握好滨海旅游资源的开发限度和采集利用方式，注意保护海洋资源，实现可持续利用。此外，由于滨海旅游资源具有海洋性、综合性等特征，因此对其有效保护有更高的要求。总的来说，提高滨海旅游地区的资源保护意识，对滨海旅游资源进行科学、有效保护是亟须开展的工作。然而，现在关于滨海旅游资源开发利用还存在许多问题。

一方面，许多滨海旅游目的地的相关政府和工作人员，对滨海旅游资源会消耗殆尽的危机意识、滨海旅游资源的保护意识还不够强，开发缺乏长远的规划；旅游经营者及企业过度采集和使用资源，对一些沿海景观不顾其本身环境容量的限制超规模接待游客，游人超载造成资源的过度使用和景区污染加重，降低了资源的可持续性。

另一方面，对滨海旅游资源的保护工作不到位也是影响滨海旅游高质量发展的关键因素。一是保护规划不详细。世界上很多滨海旅游景区的保护措施都还很不充分，政府部门未能充分进行滨海旅游资源和环境保护的规划，包括进行环境影响评价、环境容量测算等。目前，我国面对群众组织的旅游环境保护宣传教育较少，旅游执法工作人员也在一定程度上缺乏环境保护意识。二是旅游立法不健全、不完善。尽管滨海旅游在现有旅游市场中占较大比重，但是依旧没有形成健全、完善的相关法律法规，而且旅游业中某些领域甚至还存在真空现象，游客的很多旅游活动和旅游行为还需法律法规制约。三是旅游立法工作存在立法层次低的问题。我国对旅游过程颁布的多是一些规章制度，缺少权威性。四是法律法规对旅游管理职能分工没有明确规定。环境保护工作内容枯燥、过程烦琐，需要多个部门联合参与才能有效实施。即便国家的相关法律法规对旅游行业中的监管体制做出了明确规定，但只是少部分的法律对有关部门的关系和行为做出明确规范，旅游法自身存在的不足导致旅游环境保护和监管工作存在一些问题。

我国滨海旅游资源开发利用程度低。目前，我国滨海旅游开发仅限于对海水、阳光和沙滩的利用，陆域和水上娱乐活动不足，在空间布局上注重近岸水域和沙滩的利用，对海洋岛屿及陆域腹地的开发力度不够，造成旅游方式单

一、活动内容单调。旅游种类多以避暑度假和观光游览为主，由于资源及环境开发利用的局限性，使得夏季蜂拥而至的游客过于集中在海滩，而冬季旅游热度降低造成资源闲置的局面。

另外，对滨海旅游资源只重开发利用，忽视保护，也会带来一系列负面的影响。自然景观是人类的宝贵财富，是无法失而复得的。只重视开发利用，忽视保护，就会严重破坏自然景观，不仅会造成自然生态环境的破坏，还会使得滨海旅游城市失去其本来的面貌和滨海旅游价值。盲目扩大旅游区，乱建旅游设施，非法占用耕地、林地，导致自然和人文景观极不协调，使景区丧失了自然和淳朴本质，造成生态系统失调。此外，过量、掠夺性开采与旅游有关的野生生物资源和旅游地质资源，会导致一些濒临灭绝的生物物种加速灭绝。为满足游客对水产品和海洋生物的了解、食用需求，有些地区对水产资源过度捕捞和过度采集，致使某些水产资源受到破坏，生态平衡被严重干扰。联合国曾表示，全球有近九成渔场处于捕捞顶限或过度捕捞致使某些水产资源遭到破坏。例如，在肯尼亚沿海地区，由于过度捕捞、采集软体动物、虾、鱼、蟹及其他海洋生物卖给游客，已造成肯尼亚沿海的海洋生物种群减少。

### 三、经济结构失衡

David C. Bojanic 等学者通过研究指出，海岛经济过分依赖旅游业对经济发展具有一定的负面影响。具有较高经济发展水平且具有较大岛屿的国家，如澳大利亚、日本和新加坡相比于具有相同经济发展水平的非岛屿国家，有可能过度依赖旅游业，一定程度上造成对制造业和农业等其他产业的发展产生威胁。其中某些农业资源占优势的国家和地区，从事旅游服务的工资所得远远高于务农收入，大量劳动人员弃农而从事旅游业，致使当地农业劳动力不足，大片土地荒芜，最终导致产业结构失衡。在这种情况下，消费品和服务价格上涨，居民收入和消费占 GDP 的比重持续下降，长此以往会造成产业投资过度、产能过剩，严重时会导致经济衰退。

旅游业具有脆弱性和敏感性的特点，它不仅受旅游业内激烈竞争的影响，而且受到多种外在因素的影响。气候变化与气象灾害、战争冲突等不安全因素都会使国际旅游业受到巨大冲击，使旅游经济受到影响。此外，滨海旅游受季节影响较大，在旅游淡季，旅游季节性较强的国家和地区的设施设备和劳动力处于闲置状态，造成资源浪费的同时，还会出现严重的“季节性失业”的现象。

旅游需求在很大程度上取决于客源地居民的收入水平、闲暇时间和有关旅游度假的流行趋势，而这些都是旅游接待地所不能控制的。从供给方面看，旅游需求还会受到接待地区各种政治、经济、社会因素的影响。因此，一个国家或地区不宜主要依靠旅游业发展经济。因为一旦出现异常变故，旅游需求下降，旅游业及相关产业就会在相当长的时间内一蹶不振，会对国民经济产生严重的影响。

斯里兰卡是位于印度洋上的著名岛国，终年如夏，无四季之分，具有丰富的滨海旅游资源。近年来旅游业发展迅速，国家经济发展主要依赖旅游业（旅游业收入约占 GDP 总量的 10%），而工业发展相对落后，经济结构单一。斯里兰卡旅游业在 2018 年迎来巅峰时刻，当年斯里兰卡旅游业总收入为 43.8 亿美元，约占斯里兰卡当年 GDP 的 5%左右，是斯里兰卡外汇的重要来源。

但在 2019 年 4 月，斯里兰卡首都科伦坡市内及郊区多座酒店、教堂发生连环爆炸案，使本国旅游业的发展势头受到影响。在疫情后，斯里兰卡旅游业总收入暴跌，在 2021 年为 2.6 亿美元，国家经济遭受了巨大冲击。2022 年，国际疫情形势好转，但斯里兰卡的经济和社会危机阻碍了旅游业的恢复。俄乌冲突爆发后，世界粮食、石油、天然气价格上涨，斯里兰卡又不得不进口这些能源和粮食，引发经济危机和民生危机，国家负债累累，欠外债高达 510 亿美元，通货膨胀率达 40%，面临 70 年来最严重的经济危机。总体而言，斯里兰卡经济崩溃主要是长期经济结构失衡所致。

# 第二节　国外滨海旅游开发的成功经验

滨海旅游逐渐成为旅游业的热点之一。国外滨海旅游业历史悠久，发展水平较高，具有一定的国际吸引力和影响力。如澳大利亚的黄金海岸、希腊的圣托里尼、墨西哥的坎昆等都是世界著名的滨海度假旅游胜地。而我国旅游业整体起步较晚，受区域经济发展水平、开发政策和旅游需求等多方面因素的制约，我国的滨海旅游开发尚处于较低水平。进入21世纪，我国积极地开发滨海旅游、海岸带旅游、海洋旅游等活动，滨海旅游经济迅猛发展并迈入一个崭新阶段。从旅游业的分布区域来看，沿海地区，主要是滨海地区是最吸引游客的地区。然而，在滨海旅游开发的过程中存在着诸多制约其健康发展的痛点。因此，需要借鉴国外发展成熟的滨海旅游经验来促进我国滨海旅游健康快速发展。本节分别梳理澳大利亚、希腊及墨西哥3个国家滨海旅游开发的特点及独特成功经验，以期对我国滨海旅游发展提供一些参考。

## 一、澳大利亚黄金海岸旅游开发的成功经验

澳大利亚黄金海岸位于澳大利亚的东部沿海，地处昆士兰州布里斯班以南，是一处绵延42公里由数十个美丽沙滩组成的度假胜地。“黄金海岸”属亚热带海洋气候，终年阳光普照，空气湿润。“黄金海岸”是澳大利亚的假日游乐胜地，景色秀丽，气候宜人，有明媚的阳光、连绵的金色沙滩、湛蓝透明的海水、浪漫的棕榈林。这里旅游设施齐全，有多所游乐场、赌场、酒吧、海洋世界等娱乐场所，是昆士兰州重点旅游度假区。

澳大利亚黄金海岸除了自然景观之外，还有各种各样的主题公园，如著名的“华纳兄弟电影世界”“海洋世界”及“梦幻世界”等。游客可在“华纳兄弟电影世界”了解华纳电影的历史和电影摄制的流程及方法，包括电影特技、布景等。大型的室内剧《澳野奇观》带着游客去感受澳大利亚内陆野外景观；“海洋世界”让游客亲身近距离感受海洋的奇妙，在鲨鱼湾可以与鲨鱼面对面

接触；到“天堂农庄”可以感受最真实的澳式农庄生活，获得乡土文化体验。在农庄可以将考拉抱入怀中、给袋鼠喂食、观看剪羊毛示范、看牧羊犬赶羊表演、学习制作澳式糕点等。“可伦宾野生动物保护乐园”是接触大自然的好地方，游客在那里可以见到袋鼠、树袋熊、鳄鱼、鹤鸵、袋貂等野生动物；在“梦幻世界”可以见到全金色及全白色的孟加拉虎；而“黄金海岸”的捕蟹之旅可以让游客亲身体验澳大利亚式的捕蟹、钓鱼及船上享用现煮水产品等活动。澳大利亚黄金海岸已有近百年的发展历史，由于其独特的地理、气候条件，一年四季都适宜旅游，吸引了大量国内外游客。“黄金海岸”旅游发展的成功经验可分为以下三个方面：

1. 自然风光与人文景观相结合

澳大利亚黄金海岸的旅游资源开发以自然风光为重点，辅以冲浪沙滩、游艇码头、主题公园和海洋世界等休闲度假场所，同时兼顾“电影世界”“天堂农庄”等人文景点，使旅游景区项目丰富多彩。自然风光多以海滩为主，在“黄金海岸”任何地方，几乎都能找到适合冲浪的沙滩，尤其是在斯比特海滩、主海滩、狭颈海滩、棕海滩、布罗德海滩等海滩。大风和朝东的涌浪会在“黄金海岸”合力形成1～2英尺（0.3～0.6米）高的海浪，这种情形大约每周都会发生，其他时间也有形成舒展的海浪。每隔几个月，离岸飓风会带来神奇的4英尺（1.2米）高的巨浪，每当此时，三五成群的冲浪爱好者带着冲浪板和梦想涌向海滩。“黄金海岸”每年会举办许多海上运动赛事，如赛艇、帆板、滑水、皮划艇等，成为海上运动的胜地。

著名人文景区包括4个以梦幻海洋为主题的乐园，4个以澳大利亚农场、田园生活和野生动植物公园等为主题的澳大利亚风情旅游项目。其中，以“海洋世界”为代表的海洋旅游乐园汇集珍稀海洋动物、新奇大型演艺、顶级游乐设施，体现了滨海旅游的人文特色，是集观赏性、互动性、娱乐性、体验性、教育性于一体的家庭亲子游胜地。神秘的海底金字塔，美丽的海底隧道，多彩的水母、中华鲟、柠檬鲨、巨骨舌鱼、魔鬼鱼等万千生物汇聚海底世界，海狮剧场、美人鱼剧场每日轮番上演精彩剧目，为游客开启海洋奇妙之旅。以“天堂农庄”为代表的农场和动植物园等主题项目有效地开发利用了农业资源，集采摘体验、观赏餐饮、休闲健身等多功能于一体，促进农业和旅游业的合理结合，体现了当地的乡土风情。游客到此呼吸新鲜的空气，体验宁静的田园生活，通过与自然的互动交流和亲身实践，减少焦虑感，获得疗愈性体验，得到感情和情绪上的抚慰。总体而言，澳大利亚黄金海岸将自然风光与人文景观相结合，最大限度地整合了滨海旅游资源和生态旅游资源，体现了滨海旅游创新能力。

2. 配套设施建设不断完善

澳大利亚黄金海岸具有完善的配套设施，包括海洋与海岸带旅游开发配套设施（住宿业、餐饮业、食品业等产业）、旅游基础设施（旅游接待咨询服务点、港口、停车场等）以及所有基于海洋与海岸带的各种旅游、休闲和娱乐活动设施（不同形式的潜游、游泳、冲浪以及基于远洋的深海垂钓和游船旅游等活动设施）。澳大利亚黄金海岸互联交通设施完善，公共交通便利，有专线旅游车辆。机场为“黄金海岸”与世界各地搭建了桥梁，设有直达悉尼、墨尔本、日本、泰国等国家和地区的航班。澳大利亚黄金海岸服务设施健全。公共服务设施建设完备，咨询服务点、售票处、哺乳室、自助银行、手机充电站、医务室、更衣室、茶水间、影视厅、监控中心、停车场以及车辆调度室等服务设施一应俱全。景区高度重视游客的游玩体验，服务人性化。澳大利亚黄金海岸把完善旅游配套设施建设作为提升旅游服务质量的重要抓手，不断优化旅游基础设施，努力夯实旅游业发展基础，旅游服务水平和游客满意度得到显著提升。

3. 立体式的媒体宣传

澳大利亚对黄金海岸旅游进行形象与产品相结合的全媒体宣传，形象宣传主要宣传景区的滨海特色，提高景区的知名度和美誉度；产品宣传以当地滨海特色旅游产品为主，通过广告宣传和新闻宣传等多媒介宣传方式提高景区的吸引力。澳大利亚黄金海岸旅游产业相关部门还非常重视网络宣传，在各旅游网站和地方门户网站制作链接广告，为游客提供翔实的旅游资讯，并利用网络平台展示国际滨海旅游城市形象，提高国际影响力。

澳大利亚黄金海岸还通过举办各种大型活动来聚集人气及扩大影响力。“黄金海岸”于2018年获得了第21届英联邦运动会的举办权。举办国际盛会进一步提升了澳大利亚黄金海岸作为体育旅游目的地城市的竞争力和国际影响力，向世界各国展示了这座主办城市的年轻活力，提升了全球各地游客到访“黄金海岸”的人次，昆士兰州的经济发展也因此受益。“黄金海岸”通过英联邦运动会的举办向世界输出本国本民族的文化，塑造滨海旅游特色形象，使外国人加深了对澳大利亚历史文化的了解。此外，开展吸引媒体和游客的各种海洋特色活动，如职业冲浪赛、冲浪救生锦标赛、澳大利亚锦标赛和冬日摇滚复兴节等旅游活动也是澳大利亚黄金海岸塑造自身形象的有效途径。

## 二、希腊圣托里尼滨海旅游开发的成功经验

希腊以纯净的爱琴海、众多美丽岛屿、古代文明而著称，成为世界著名的滨海度假目的地。圣托里尼位于希腊大陆东南200公里的爱琴海上，岛屿面积为96平方公里，海岸线长69公里，人口约1.4万人，多为希腊人。圣托里尼岛由3个小岛组成，其中两个岛有人居住，中间的一个岛是沉睡的火山岛，历史上这里曾多次发生火山爆发。由于岛屿中心大面积塌陷，原来圆形的岛屿呈现了月牙状。随着邮轮旅游的蓬勃发展，圣托里尼岛作为邮轮旅游目的地也越来越受欢迎。圣托里尼是爱琴海中最璀璨的一颗明珠。在这里能看到世界上最美的日落场景、最壮阔的海景，这里是艺术家的聚集地，是摄影家的天堂，是蜜月旅行的圣地。圣托里尼之所以能够成为希腊最著名的度假地，主要原因有如下几点：

1. 依托特殊地势打造特色景观

圣托里尼岛经过了百年历史的冲刷洗礼，靠海的陡峭崖壁上遍布着密密麻麻的白色洞穴屋和悬崖酒店，这是圣托里尼岛的旅游核心吸引物。悬崖酒店不是一座酒店的名称，而是由数百家建在悬崖上的酒店组成。每家酒店都拥有自己独特的设计和配套设施，这些酒店矗立守望滨海，与自然共生。错落有序、

拾级而上、风格各异的白色房屋与碧蓝大海色彩交映，形成一幅美丽画面。圣托里尼岛依托其特殊的地势和发达的经济开发滨海旅游业，使游客在僻静的悬崖上可以观海景、赏日出，享受绚丽的视觉盛宴。

2. 突出人文风情与文化特色

圣托里尼岛充分利用灿烂的阳光、蔚蓝的大海、古老的乡镇等旅游资源，逐渐形成特色旅游小镇。其中大多是滨海旅游小镇，如伊亚镇、林都斯卫城和米科诺斯镇等。伊亚镇被认为是世界上观看日落最佳之地，每天都会有成千上万来自世界各地的游客聚集在这里欣赏日落美景。伊亚镇商店出售的商品也独具艺术感，这里的纪念品商店、艺廊、银饰精品店都表现出不俗的格调。伊亚镇旅游产品结构也经历了从单一到多元化的转化过程。在开发滨海旅游产品过程中，伊亚镇除了注重传统的滨海观光旅游产品的开发，还侧重文化艺术产品的开发，伊亚镇被称为“艺术家的村落”确实名不虚传。当地在旅游小镇建设方面，不搞大拆大建，完全保留古朴的乡村风貌、建筑风格和原住民风，保留当地的人文风情和文化特色，使旅游小镇具有地方特色。

希腊最著名的海滩酒吧坐落在米科诺斯岛的天堂海滩。沿天堂海滩一字排开有十几家海滩酒吧，从世界各地请来的歌手、模特每晚都奉上精彩表演。在观看完日落之后，天堂海滩就成为欢乐的“不夜城”。

圣托里尼岛独特的魅力感染着许许多多的艺术家。著名作曲家雅尼创作的乐曲《圣托里尼》曾被选为全美网球公开赛的主题曲，之后这首曲子在许多体育赛事上频频出现，成为运动盛会最钟爱的背景音乐之一。这些独特的人文资源不断孕育出当地的文化新产品，成为吸引游客的亮点。

3. 充分挖掘特色旅游产品，打造品牌

随着旅游业的不断发展，传统的旅游产品已经不能满足游客的多样化需求，因此挖掘特色旅游产品成了旅游业重要的发展方向。一方面，特色旅游产品能够满足游客对于个性化、深度游的需求，带给游客不同于传统旅游的体验感受。另一方面，特色旅游产品的开发和推广也能够带来品牌效应。独特的旅游品牌形象是吸引游客的重要因素之一，通过打造独特的旅游品牌形象，能够吸引更多游客。

圣托里尼在挖掘特色旅游产品、打造品牌方面所做出的努力是有目共睹的。圣托里尼通过深入挖掘本地的文化、历史、自然等特色资源，打造独特的旅游产品，吸引了国内外的大量游客，并使得地域品牌深入人心。

随着滨海旅游的发展，海岛旅游竞争愈加激烈，圣托里尼之所以能够脱颖而出，是因为它不一样的海岛景色无可替代。圣托里尼岛不仅大海蓝得醉人，而且蓝白色的建筑群是圣托里尼岛的标签。此外，圣托里尼岛的名字经常出现在很多神话小说里面，圣托里尼岛身上的有关希腊神话、奥林匹克的标签，吸引着人们去解读。因此，讲好文化故事，进行多种形式和渠道的宣传和推广，增强了圣托里尼品牌的影响力，也是圣托里尼闻名世界的重要原因。

### 三、墨西哥坎昆滨海旅游开发的成功经验

坎昆是墨西哥著名的国际旅游城市，位于加勒比海沿岸，是一座长 21 公里、宽仅 400 米的美丽岛屿，整个岛呈蛇形，西北端和西南端有大桥与尤卡坦半岛相连，隔尤卡坦海峡与古巴岛遥遥相对。该城市三面环海，风光旖旎，是集滨海度假、运动养生、旅游休闲、玛雅文化体验、国际会议举办于一体的度假胜地。这里海面平静、海水清澈，因海水深浅、海底生物情况和阳光照射等原因，海面呈现出白色、天蓝、深蓝、黑色等多种颜色。如今，坎昆已发展成为每年可接待 200 万游客的国际旅游胜地，有着“北美人的后花园”之称，被誉为世界级滨海旅游度假目的地。

坎昆市划分为国际机场、市区和旅馆区三部分，归金塔纳罗奥州华雷斯港管理。市区的各行各业都为旅游业服务，市内的旅馆建筑风格多种多样，色彩各异。其中，谢拉顿旅馆是一座 6 层楼的金字塔形建筑，因 1981 年“坎昆会议”曾在这里举行而闻名于世。海边有一片 20 公里长的白色沙滩，铺满了由珊瑚风化而成的细沙，柔如毯、白如玉。在海滩上还建有以棕榈叶为顶、石为柱的玛雅式凉亭和小屋，岛上还有体现玛雅文化的圣米盖里托古迹废墟等建筑。坎昆依托优质的滨海自然资源打造世界级旅游度假区，在注重生态环境可

持续性发展的同时挖掘玛雅文化，构建独一无二的竞争优势，吸引世界各地的游客前往坎昆。

1. 注重环境与生态保护

坎昆非常注重环境和生态保护。一个良好的生态系统能够起到净化城市空气、降低噪声、调节气候、改善城市空气的流通、减低城市热岛效应、预防水土流失的作用。坎昆以改善生态环境质量为核心，坚持专项攻坚与综合整治相结合、全面推进与重点突破相结合，精准服务、精准治污，有效改善环境质量。在这里，河道与红树林受严格保护，除了正常的护理外，没有任何人工破坏和砍伐的痕迹。坎昆大力实施人工造林绿化荒山工程，茂密的树林掩映道路和酒店等设施，很好地控制了度假酒店区的轮廓线和天际线。沿着20余公里海堤，绿化带设计随着路形的变化或宽或窄，沿路绿化将道路对生态环境的影响减至最小，这大大降低了人工开发对生态环境的不利影响。优美的环境成为吸引游客的重要因素。

2. 文化产业与度假旅游结合

文化产业和旅游产业已经成为经济增长的新动力、新引擎。文化产业与旅游产业的融合已成为集旅游、娱乐、文化、消费于一体的综合性商业产品。坎昆在开发度假旅游设施的同时，在保护的基础上，挖掘和整合当地的优秀传统文化（以玛雅文化为中心）旅游资源，实现文化和旅游产业深度融合，不仅提升了度假旅游产品质量和活力，而且为坎昆旅游发展提供持续动力，创造出长期的市场价值，促进了坎昆旅游业发展。

玛雅文化是世界重要的古典文化之一，是坎昆最为鲜明的文化符号。数据显示，30%的游客是受到玛雅文化的吸引来到坎昆。发掘和整合玛雅文化历史资源为旅游业带来了可持续发展的空间。墨西哥政府于20世纪70年代开始对坎昆进行规划，特别注重对玛雅历史区域的保护。现在墨西哥政府已制定“玛雅世界”旅游规划，游客中1/3以坎昆为中心到附近的尤卡坦半岛对玛雅古迹进行参观。从目前来看，玛雅文化的挖掘促进了旅游业持续发展。坎昆岛上有蕴含玛雅文化的圣米盖里托古迹废墟，距离坎昆130公里有一处反映玛雅文化的遗址——图伦遗址，那是墨西哥保存最好的一座玛雅人和托尔特克人的古城。坐落在坎昆酒店区的玛雅博物馆馆藏文物形象地描述了玛雅人的生活，能够帮助游客了解当地悠久的历史和文化，进而感受神秘古老的玛雅智慧。

3. 完善区域配套设施建设

坎昆滨海旅游度假区分成四大功能区：旅馆区、居住区、国际机场区和旅游保护区。旅馆区位置优越，具有与居住区、国际机场区和旅游区直通的公共交通设施。旅馆提供高品质、多样化的服务，如餐饮、游泳、健身、SPA（水疗美容与养生）等服务一应俱全，能够较好地满足游客的个性化需求。酒店提供一整套完善的线上预订、售后服务和解决方案。旅馆同时拓展周边业务，以人性化的服务提高游客的住宿体验，如提供定制化的旅游路线、安排景区直达的班车等服务。居住区满足了游客长期居住在度假区的需求，具有完善的水、电、网络及交通设施。国际机场区交通网络发达。旅游区内没有设置任何工业项目，保留大量原始植被的基础上合理提升景区绿地率和绿化覆盖率；控制度假酒店区内轮廓线和天际线；注重建设规范完善的交通系统，形成多节点、网格状、全覆盖的综合交通网络，对海滨旅游用地进行科学合理布局；海堤绿化带设计或宽或窄，将道路对生态环境的影响减至最小；始终保持原有的规划布局和传统的建筑风格；严格执行规划，围绕礁湖、考古区以及红树林敏感区域划定保护区；限制开发生态区和保护历史文化。

## 第三节　国外滨海旅游开发对河北省的启示

自 20 世纪 80 年代以来，滨海旅游日益成为旅游业发展的主体，成为国际主流旅游形式。河北省是我国的旅游大省，旅游资源十分丰富。2017 年，河北省政府印发了《河北省旅游业“十三五”发展规划》，强调要积极发展滨海度假、邮轮游艇、海洋运动等新业态，打造国际滨海度假旅游名城。2021 年 12 月，国务院印发《“十四五”旅游业发展规划》，指出大力发展休闲度假旅游对于推动国内旅游业实现高质量转型发展至关重要。河北省滨海旅游资源得天独厚，发展滨海旅游能够极大地带动滨海区域经济的发展。

世界著名的滨海旅游度假胜地的成功各有原因，但也有相似之处，即十分注重保护性开发滨海旅游资源，并力求实现优地优用，确保滨海公共活动空间和海岸带的可持续利用；完善旅游基础配套设施，全面提升旅游公共服务水平，建立人性化的管理体系；注重文旅结合，设计特色文旅产品，展现滨海景区魅力，打造国际品牌，提高国际影响力，实现滨海旅游多元化发展。

河北省应以国外滨海旅游开发经验为先导，学习和借鉴国外的成功经验和吸取失败教训，取其精华，去其糟粕，避免走弯路，才能实现跨越式发展。为了更好地开发河北省滨海旅游，实现旅游业可持续健康发展，对河北省滨海旅游进行综合了解和科学规划显得尤为重要。

## 一、制定滨海旅游发展战略，开发滨海旅游资源

河北省居于环渤海西岸中部，三市临海，滨海旅游资源丰富，滨海旅游发展迅速，滨海旅游业在河北省海洋经济中占有重要位置。河北省大陆海岸线全长约487公里，被天津分为南、北两段，滨海行政区划包括秦皇岛、唐山和沧州三市部分县、区。目前设有国家海洋自然保护区1处、省自然保护区2处，拥有秦皇岛（含新港）、京唐、曹妃甸、黄骅等海港。滨海旅游资源是河北省环渤海的优势资源之一，拥有观光型、度假型、科考型、产业型、会展型等多种旅游功能。河北省滨海旅游资源种类丰富，包括自然类旅游资源和人文类旅游资源两大类，其中自然类旅游资源包括地文景观类、水域风光类、气候气象类和生物景观类，人文类旅游资源包括历史遗址类、建筑与设施类、旅游商品类和人文活动类。

在滨海旅游业快速发展的情况下，维护滨海地区旅游资源的可持续利用，推动滨海旅游业可持续发展，成为河北省滨海旅游开发面临的一项重要任务。河北省滨海旅游的发展，需要充分挖掘河北省沿海地区丰富的自然和人文旅游资源，突出海洋生态和海洋文化特色，整合优势资源，发挥整体效益，形成各具特色、布局合理、现代化、国际化的旅游经济带。河北省应采取各种有效措

施保护旅游资源和提高环境质量。应严格贯彻执行一系列海洋环境保护法规，严禁工厂向海域直接排污；应控制旅游热点区域的游人数量，尤其是海滨浴场游人数量，不能过度饱和，不能超过其环境容量；昌黎黄金海岸沙丘有较高的科研价值，需要特别注意保护典型沙丘；要严格遵守保护区有关保护条例，正确引导滨海旅游消费行为和经营行为，按照旅游和环保专家的建议，采取更为积极主动的方法发展“绿色旅游”“生态旅游”。

河北省滨海旅游应以建设环渤海旅游度假区为目标，重点谋划和开发观光、休闲、度假相结合的旅游项目，提升滨海旅游观光的文化品位。河北省应积极开展赛艇、潜水、海上跳伞、滑沙、沙滩体育等参与性旅游项目；应开发高技术、精装备支持下的远海、深海旅游项目；应开发特色餐饮、歌舞表演、海上观光、海上农家渔乐等活动，形成特色浓郁的滨海游乐项目；应保障以秦皇岛休闲娱乐度假游、七里海渔港民俗游、盐田风光游、滨海湿地观鸟游等为主要内容的海岸生态旅游带建设；应大力建设渤海西部近岸长岛的海洋生态旅游体系；应加快发展以观光、垂钓、赶海、购物和体验渔家风情等为主要内容的休闲渔业旅游；应举办大型游艇展会和国际海事比赛，扩大滨海旅游业国际国内影响力；应打造帆船运动休闲旅游、航海夏令营、帆船拓展团建等相关旅游业态。

总体而言，国外成功的发展经验为河北省发展滨海旅游带来了启示。为实现河北省滨海旅游高质量发展，需要合理开发和利用河北省滨海旅游资源，打造滨海旅游地区特色；加强滨海环境保护，确保滨海旅游资源质量；树立滨海旅游的资源保护意识，注重资源可持续性开发，加强滨海旅游资源的保护工作。河北省滨海旅游健康、快速、持续发展，并极大地提高海洋经济效益，在不久的将来必定会成为一个新的经济亮点。

### 二、完善旅游基础设施、配套设施和服务体系

从前文我们可以看出，国外著名的滨海旅游地都非常注重基础设施建设，如澳大利亚、墨西哥等国，不断完善“食、住、行、游、购、娱”各要素，形

成配套的旅游经济体系和服务体系。旅游餐饮是滨海旅游业发展中不可或缺的一部分，纯天然的地域食品资源为旅游餐饮产品开发打下了坚实的基础，能够为游客带来独特的味觉盛宴。此外，还要考虑不同消费群体的饮食喜好，提供种类丰富的餐饮产品，满足多样化的消费需求。在住宿方面，旅馆要提供高品质、多样化的服务，以人性化的服务提高游客的住宿体验，满足游客的需求。在交通方面，空运、陆运和海运交通网络应齐备通达，大大缩短游客时间成本。在购物方面，独具特色的文化纪念产品能够为游客带来独特的购物体验。在娱乐方面，开发冲浪、赛艇、潜水、垂钓以及沙滩足球等多种水上及沙滩运动能够满足游客的娱乐需求。因此，河北省需要从中学习成功经验，并加以转化，找准定位并提出适合自身的发展策略。

河北省滨海旅游的开发需要注重基础设施、服务体系的完备性。澳大利亚黄金海岸的配套设施，包括住宿业、餐饮业、食品业、旅游接待咨询服务点、港口、停车场等以及基于海洋与海岸带的各种旅游、休闲和娱乐活动，能够给游客带来难忘的旅游体验。河北省在进行滨海旅游开发时，需要在基础设施建设方面向其学习。河北省滨海三市应增强城市的总体旅游功能，使滨海旅游与生态旅游等多种类型旅游相结合，提高旅游的综合性，逐步解决旅游淡季问题；开辟秦皇岛—京唐港—天津—黄骅港海上旅游航线，丰富滨海旅游内容，把现代化港口工程转化为旅游项目，加强全省海洋产品的关联组合作用，吸引更多的客源；推进交通运输一体化建设，完善客运枢纽、高速公路服务区，提升旅游服务质量和水平；引入数字交通技术，通过智能出行、智慧联网等方式，增强旅游交通的带动效应和串联作用，增强旅游服务的保障能力，促进旅游业转型升级。此外，河北省还应开发沉浸式互动体验、虚拟展示、智慧导览、云旅游等数字化体验产品，提高旅游消费场所通信网络覆盖水平和支付方式的便捷度。

完善的景区基础设施还意味着具有健全的、人性化的管理体系做支撑。优秀的管理体系具备长远的、发展的眼光，能够看到基础设施在景区的文化宣传、形象塑造、精神展示方面的作用，从而推动基础设施建设工作，促进旅游发展。河北省历史悠久，具有深厚的文化底蕴，因此更应进行文化宣传，在着力打造硬件设施的同时应提高文化软实力，发挥河北省滨海旅游文化优势，推动滨海旅游的高质量发展。

### 三、适应市场，开发具有本地特色的旅游产品

按照当地特色开发旅游项目，是各国追求的旅游业发展目标之一。国外的一些滨海旅游胜地已发展成为全球公认的特色旅游目的地。澳大利亚的布里斯班黄金海岸，有 170 多个免费的城市公园，以“主题公园之都”的形象而驰名全球；西班牙在“阳光下的高尔夫”战略指引下，在海滨旅游度假地集中建设了 250 多个高尔夫球场，塑造了滨海特色旅游形象；西班牙马略卡岛成立了 300 多家航海俱乐部，以海上运动为特色发展滨海旅游。这些滨海旅游胜地为我们提供了市场发展范例，河北省应因地制宜发展滨海旅游的特色产业，形成具有河北文化特色的滨海旅游产品。

滨海旅游作为旅游业的重要分支，在我国的旅游市场上一直占据着重要位置。从前文可知，澳大利亚黄金海岸、墨西哥坎昆、希腊圣托里尼等国际知名滨海旅游目的地都非常注重滨海旅游产品的开发，且取得了可观的成效。因此，河北省发展滨海旅游业应充分借鉴国外的成功经验，开发具有本地特色的滨海旅游产品和项目，打造“河北省滨海旅游”品牌，树立河北省特色文化形象，使滨海旅游业能够高质量发展。

此外，进一步分析河北省滨海旅游发展现状可知，秦皇岛、唐山、沧州作为河北省 3 个滨海旅游城市，在全国滨海旅游发展进程中起步较晚，发展水平差异较大，发展特点各不相同。因此，我们将逐一分析秦皇岛、唐山、沧州滨海旅游的资源禀赋、文化底蕴、发展现状，挖掘其滨海旅游开发的潜在能力，并针对性地提出发展建议，以期为河北省滨海旅游发展提供智力支持。

秦皇岛市作为河北省重点发展的旅游城市，旅游业发展水平排在河北省首位。秦皇岛市“海、城、山”组合优势明显，秦皇岛的北戴河区、海港区、山海关区、抚宁县被列为秦皇岛“十五”建设旅游强县（区），昌黎县、青龙满

族自治县被列为秦皇岛“十一五”建设旅游强县。

秦皇岛市文化底蕴深厚，资源禀赋独特，产业基础良好，发展文化旅游产业优势明显，旅游产品在国内有着较高的知名度。山海关、老龙头、北戴河、南戴河以及黄金海岸等旅游景点接待游客量约占全省游客量的90%。因此，秦皇岛开发滨海旅游应在现有旅游业发展的基础上，扩大滨海品牌效应。应大力发展滨海旅游和休闲度假项目，积极发展会展商务旅游，坚持生态型经营，全力培育特色旅游产业，把旅游业建设成为强力支柱产业。应重点培育以滨海度假、长城文化和生态观光为主的旅游产品体系。要高水平、高起点策划建设一批特色休闲度假旅游项目，如高尔夫球场、近海游船、水上游乐设施、海鲜城等。目前，我国一部分旅游开发早的滨海城市已经形成了自己独特的旅游品牌，在国内有着固定的游客群。秦皇岛具有“海滨避暑胜地”的特色品牌，下一步应该做的就是在此基础上，围绕地域旅游品牌特点开发旅游活动、设计旅游产品、深挖文化内涵。

秦皇岛市已推出“云游·秦皇岛”等智慧旅游活动，“一部手机游秦皇岛”便捷时尚，山海关景区、秦皇岛野生动物园、鸽子窝公园、集发农业梦想王国获得全省智慧景区示范点称号。秦皇岛还不断丰富文旅数字产品，山海关景区、祖山景区推出景区数字藏品，打造了《观·山海》长城情境光影秀。在资源开发方面，北戴河依托具有“海洋”“生态”特征的温泉资源，开发了北戴河新区帆船、航海、海钓、温泉、体育旅游体验线路，取得了不错成效。

唐山市滨海旅游开发程度在河北省居于中间水平，目前在国内也具有一定的知名度，但由于其资源类型和数量相比秦皇岛要略少一些，因此游客数量相对较少。唐山市滨海旅游发展应定位在进一步挖掘自身特色、打造相关品牌、扩大知名度等方面。唐山市曹妃甸区是我国知名的“河豚之乡”“河蟹之乡”“稻米之乡”和“红皮海蜇之乡”，农垦文化、渔盐文化底蕴深厚，农业旅游资源十分丰富。因此，结合曹妃甸打造独具特色的滨海乡村休闲旅游新高地应是唐山打造特色旅游品牌的重要方面。具体做法如下：首先，聚焦特色、活水育龙。以新项目夯实乡村旅游业基础，包括依托海淡水养殖资源打造特色小镇，依托古老渔村和妈祖文化打造妈祖特色文化旅游区。其次，坚持以节为媒打造亮点，促进文旅深度融合，打造美食文化品牌，举办农渔节会活动、体育旅游节庆活动等。最后，还应坚持多渠道联动发力，发挥媒体力量持续打造宣传热点。唐山应对滨海旅游品牌进行整体包装宣传，加大宣传投入，打造河北省另一个滨海旅游度假胜地。此外，唐山市应重点开发我国优秀传统文化、唐山工业文化和传统艺术等多类别创意手工艺品。以手工艺品为媒介，实现景区各业态的融合联动，打造以文创产品为驱动的消费链条，持续推动文旅产业消费升级和融合发展。同时，应进一步延伸产业链条，带动文创产业与文旅产业深度融合，让文创这个“大产业”发挥“大作用”。在突出地域特色、满足新消费、引领新需求的同时，提高文化内涵和文化品位。唐山还应充分挖掘利用非遗文化、特色文化、地域文化等资源，紧跟市场趋势不断优化文创产业布局，打造集实用性与观赏性于一体的文创产品体系，推动多平台、多产业联动发展。

由于沧州滨海旅游资源开发较晚，且缺少优势资源，因此沧州滨海旅游在国内还未被人们所熟知。沧州当前应该大力开发滨海旅游资源，凭借其地理位置及重要交通枢纽优势大力发展运河文化，以此丰富滨海旅游业态。古老的大运河承载着钱塘江、长江、淮河、黄河、海河五大水系的灵气。古老的文庙、水月寺、清真西寺，现代的胜利公园、南湖公园、狮城公园、名人植物园，都体现出沧州的独特文化。沧州应进行本地特色文化挖掘，开发潜在旅游市场。

沧州市滨海旅游景区以黄骅港休闲度假区和南大港湿地为主。黄骅港腹地广阔、交通便利，是冀、晋、豫、鲁、陕、蒙等地的便捷出海通道，是我国北方主要的煤炭装船港及“三西”煤炭外运第二通道的重要出海口。南大港湿地是一个由草甸、沼泽、水体、野生动植物等多种生态要素组成的湿地系统，有植物 237 种、昆虫 291 种、鸟类 268 种，是省级自然保护区和全国科普教育基地，素有“京津南花园天然大氧吧”的美誉。

沧州滨海旅游资源开发还可以组合区内的其他旅游资源。沧州历史悠久，是我国著名的“六乡”和“三水”。“六乡”是指杂技之乡、武术之乡、鸭梨之乡、金丝小枣之乡、铸造之乡、中国历史第一侨乡。“三水”是指沧州东临渤海，西靠白洋淀，京杭大运河在沧州境内穿行 220 公里。因此，沧州市应大力发展观光旅游和专题旅游产品，创造条件开发休闲度假旅游产品，积极培育千童镇和黄骅港联体项目，塑造“中国华侨祖根第一乡”的形象。沧州在开发滨海旅游项目时还可以将各种旅游资源进行科学组合，形成有竞争优势的旅游产品，为打造滨海旅游品牌奠定基础。

河北省历史悠久，具有深厚的文化底蕴。河北省在开发滨海旅游项目时应注重深度开发，将滨海旅游资源的文化底蕴挖掘出来，使河北省滨海旅游更具文化内涵。打造品牌和开创特色旅游产品，如进一步开发山海关访古、老龙头观海、北戴河避暑、黄金海岸滑沙等项目，提高管理和服务接待质量。另外，应注重滨海旅游区开发和创建新的名牌旅游产品。例如，唐山和沧州岸段利用大型盐场可开发“滨海盐场游”，乐亭海域月坨等沙岛是候鸟迁徙必经之地，可开展观鸟游。河北省海岸线一带文化特色突出，开发时注重体现文化元素有助于打造旅游文化品牌。此外，结合省域特色文化举办滨海旅游文化节，在吸引游客的同时，还可以提高河北省滨海旅游业的知名度和影响力。

此外，在进行河北省滨海旅游产品开发时，我们不仅需要分别对秦皇岛、唐山以及沧州独特的地域优势进行充分挖掘，提出针对性的旅游产品开发方案，还要统筹河北省各滨海旅游区域旅游产品，加强各城市之间紧密合作，明确区域分工和旅游产品定位，增强产品的可选择性，增加游客的游玩和滞留时间。据美国佛罗里达州旅游局统计，海外游客在佛罗里达州平均停留 11 个晚上，大多数游客停留 8 个晚上。而秦皇岛作为河北省滨海旅游最为发达的城市，其游客停留天数约为 2 天，远低于佛罗里达州的水平。这主要是因为河北省旅游产品类别较少，娱乐项目匮乏，产品重复建设严重、可替代性较强。比如，游客去看了秦皇岛的海之后，唐山的海滩就不再有吸引力，或者是游客去体验了秦皇岛的生态旅游，唐山、沧州的生态旅游就不具有吸引力了。很多游客进入河北之后都是去秦皇岛，在秦皇岛游玩之后，其他市县的旅游产品就不再有吸引力了。

最后，开发旅游产品不仅要因地制宜，还要在开发的过程中注重战略安排。一是科学规划。要将旅游商品的开发纳入旅游业的整体发展规划，使之与城市经济和社会发展紧密结合。二是加大扶持力度。要依托本地资源，着力培育旅游商品市场主体和旅游商品地方品牌。要由旅游部门牵头，各相关部门配合，对工艺美术师、能工巧匠进行调查登记，建立人才档案，组织旅游商品开发创业培训，鼓励企业开发旅游新产品，并对新建或改造项目建成投产后的企业给予奖励。三是建设旅游商品购物中心。要加大旅游商品的开发力度，同时将分散的土特产品、民族工艺品集中展销，建设旅游商品购物中心，形成集聚效应，促成规模销售，加快形成买方市场，吸引外地游客前来旅游消费。

总的来说，结合国外滨海旅游开发存在的问题和成功经验，并结合河北省滨海旅游发展的地域优势，我们对河北省发展滨海旅游提出的建议有：河北滨海旅游要以京津冀协同发展为契机，依托京津冀旅游度假市场，加强秦唐沧滨海旅游带的建设；要加强区域间旅游资源协同开发，实现旅游产品和旅游线路的有序联结，共同开拓市场打造河北滨海旅游品牌，形成滨海旅游一体化发展格局。同时，应注重对滨海旅游业相关产业的培育，增强河北海洋经济发展的活力和动力。此外，针对河北省 3 个滨海旅游城市（秦皇岛、唐山、沧州）的自然地理条件、历史文化特色、经济发展水平、旅游资源分布等情况，分别给出滨海旅游发展建议。例如，秦皇岛应以海上游乐和竞技项目为主，突出山海一色；唐山应以海湾、海岛游为主，突出长城、皇陵特色；沧州应以海港滨海休闲游为主，突出武术、杂技等历史文化特色。最后，总体提出三点建议，即制定滨海旅游发展战略，开发滨海旅游特色文化资源；完善旅游基础设施、配套设施和服务体系；适应市场，开发具有本地特色的旅游产品。

## 本章小结

本章主要介绍了国外滨海旅游开发存在的问题和成功经验，以及国外滨海旅游开发对河北省的启示。国外滨海旅游开发存在的问题主要包括生态环境污染、经济结构单一等。对于生态环境，人类为了发展经济对地球的生态环境造成了严重的破坏，造成了如海水质量急剧下降、水体富营养化、生物多样性面临威胁及海岸侵蚀等问题。对于资源持续发展，人们对地质旅游资源的重要性认识不够，忽视资源保护，片面地追求经济效益，使得在滨海旅游的开发过程中存在过量甚至掠夺性开采滨海旅游资源的问题，这也进一步造成了滨海旅游资源的脆弱性。对于经济结构，滨海资源丰富的岛国，有可能过度依赖旅游业，致使当地农业劳动力不足，大片土地荒芜，导致产业结构失衡。

国外滨海旅游开发存在许多值得学习的成功经验，如将自然风光与人文景观相结合、完善配套设施建设、注重媒体宣传以及打造地区文化特色产品等。国外滨海旅游开发的成功经验为河北省滨海旅游发展带来启示。河北省发展滨海旅游业，应在提高经济效益的同时，合理利用和开发滨海旅游资源，促进资源可持续发展；应完善旅游基础配套设施和服务体系，优化住宿业、餐饮业、食品业、旅游接待咨询服务点、港口及停车场等系统；应依据市场需求开发具有本地特色的滨海旅游产品，打造旅游文化品牌，建立地区文化体系，提高河北省滨海旅游的知名度。

# 第五章　基于百度指数的河北省滨海旅游网络关注度时空特征研究

## 第一节　研究设计

### 一、研究思路

本章基于“百度指数”平台收录的河北省滨海旅游关键词，以关键词的搜索量代表网络关注度，综合运用“直接取词法”和“范围取词法”来选取与河北省滨海旅游活动密切相关的关键词，由此获取河北省滨海旅游景区 2017 年 1 月 1 日至 2022 年 12 月 31 日的 PC 端（电脑端）和移动端的网络关注度数据。然后利用季节性集中指数、地理集中指数、变差异系数、首位度等对景区网络关注度的时空分布特征及演化情况、关注度来源地的空间分布特征进行分析，最后利用 UCINET 软件对河北省滨海旅游景区的关注度网络进行结构探究，从而提出有助于河北省滨海旅游发展的政策建议。

### 二、研究区域概况

河北省地处滨海旅游带内，有着丰富的滨海旅游资源和良好的区位优势，具备发展滨海旅游的绝好条件。河北环渤海区域是环渤海经济圈的一个重要组成部分，包括秦皇岛、唐山和沧州三市。此外，河北省有着多样的海岸类型，如老龙头到戴河口的岬角与海湾相间的基岩海岸，从戴河口到大清河口的沙质海岸，还有分布于唐山和沧州岸段的淤泥质海岸等。这些构成了丰富多彩、多种类型的滨海旅游资源。因此，利用好现有海岸资源和海洋文化资源，大力发展滨海旅游业是河北海洋经济发展的重点。

### 三、数据来源

由于网络技术的不断创新，学习、社交、消费等一系列活动在网络平台上得以实现。网络搜索指数在数据规模和数据准确性方面的研究价值也在不断地得到证明。我们主要以综合运用“直接取词法”和“范围取词法”选取的与河北省滨海旅游活动密切相关的关键词的百度搜索数据构建的网络关注度指数为分析数据。

1. 关键词选择

首先，以秦皇岛、唐山、沧州各旅游目的地城市为基本范围，以“目的地＋旅游”的直接取词方法确认第一批搜索关键词。其次，选择秦皇岛、唐山、沧州滨海景区或具有海洋特色的景区，将这些景区名称确认为第二批关键词。再次，在上述第一批和第二批搜索关键词的基础上，基于“范围取词法”基本原理，运用“站长工具”（https：//tool. chinaz. com）网站中的关键词推荐功能进一步挖掘与上述搜索关键词直接相关且在“百度指数”平台有收录的关键词，作为第三批关键词。最后，将上述三批关键词进行汇总处理，获得与秦皇岛、唐山、沧州旅游目的地城市旅游活动密切相关的关键词。如表 5-1 所示。

表 5-1　河北省滨海旅游景区搜索关键词

| 序号 | 城市 | 关键词 |
| --- | --- | --- |
| 1 | 秦皇岛 | 秦皇岛旅游　秦皇岛旅游攻略景点推荐　秦皇岛旅游景点　秦皇岛旅游攻略　秦皇岛旅游景点大全　鸽子窝　鸽子窝公园<br>秦皇岛鸽子窝公园　北戴河鸽子窝公园　乐岛　秦皇岛乐岛　渔岛　新澳海底世界　秦皇岛新澳海底世界　秦皇岛黄金海岸　北戴河黄金海岸<br>老龙头　秦皇岛老龙头　山海关老龙头　南戴河　南戴河住宿　南戴河国际娱乐中心　翡翠岛 |
| 2 | 唐山 | 唐山旅游　唐山旅游景点　月岛　金沙岛　曹妃甸　曹妃甸天气预报<br>曹妃甸潮汐表　曹妃甸区　曹妃甸港　唐山曹妃甸　唐山曹妃甸地图 |
| 3 | 沧州 | 沧州旅游　沧州旅游景点　古贝壳堤 |

2. 关键词筛选与合并

首先，将上述搜索关键词按照秦皇岛、唐山、沧州三市进行分类。其次，运用 Python 爬虫技术在“百度指数”平台上爬取 2017 年 1 月 1 日至 2022 年 12 月 31 日各关键词的逐日搜索量，其均值与总值作为研究的基础数据。

## 四、研究方法

1. 数据爬取法

利用 Python 软件编写程序，爬取“百度指数”平台河北滨海旅游景区 2017 年 1 月 1 日至 2022 年 12 月 31 日的全国整体日均值搜索指数、省际和河北城市的每日搜索指数，发挥爬取方式便捷、全面、准确的优势。然后对数据进行深入的人工校验、修正，确保数据的完备性和科学性，为接下来的实证研究奠定数据基础。

2. 时空特征分析法

（1）季节性强度指数。季节性强度指数又称季节性集中指数，用来衡量某一事物发生的时间集中分布程度。本书运用该指数反映河北滨海旅游网络关注度的集中程度，数值越大表明网络关注度集中于该时段；反之，数值越小则关注度分布较为均匀。计算公式为

$$R=\sqrt{\sum_{i=1}^{12}(x_i-8.33)^2/12} \qquad (公式 5-1)$$

式中，$R$ 为网络关注度的季节性强度指数。$R$ 值越大，说明网络关注度在年内每个月的分布差异越大，季节性越强，也即旅游淡旺季更为明显；$R$ 值越小，则相反。$x_i$ 表示该地区第 $i$ 月旅游网络关注度与全年旅游网络关注度的比值。

(2) 地理集中指数。地理集中指数反映了客源地对河北滨海旅游景区网络关注度在空间分布上的集中情况。计算公式为

$$G=100\times\sqrt{\sum_{i=1}^{n}\left(\frac{u_i}{T}\right)^2} \qquad (公式 5-2)$$

式中，$G$ 为景区网络关注度的地理集中指数，$n$ 为河北滨海旅游网络关注度来源地数量(31)，$u_i$ 为第 $i$ 个地区对河北滨海旅游的网络关注度，$T$ 为所有地区对河北滨海旅游的网络关注度总量。$G$ 值越接近 100，说明景区的网络关注度越集中于部分来源地，即分布不均衡；反之，$G$ 值越小说明网络关注度来源地越分散，集聚特征越不明显。

(3) 变异系数。变异系数反映了客源地对河北滨海旅游景区的网络关注度在空间分布上的集中程度。计算公式为

$$S=\sqrt{\frac{\sum_{i=1}^{n}(X_i-\overline{X})^2}{n}} \qquad (公式 5-3)$$

$$CV=\frac{S}{\overline{X}}$$

式中，$S$ 为标准差系数、$CV$ 为变异系数，$n$ 为河北滨海旅游网络关注度来源地数量(31)，$X_i$ 为第 $i$ 个地区对河北滨海旅游的网络关注度，$\overline{X}$ 为河北滨海旅游景区的网络关注度均值。$CV$ 值越高，说明网络关注度来源地分布越集中；反之，则越分散。

(4) 首位度。首位度在一定程度上反映了河北滨海旅游网络关注度在来源规模最大地区的集中程度。计算公式为

$$P = \frac{P_1}{P_2} \qquad \text{（公式 5-4）}$$

式中，$P$ 为首位度，$P_1$、$P_2$ 为规模最大和规模次之的网络关注度来源地区的网络关注度。$P$ 越大，则说明网络关注度越集中于规模最大的来源地区。

3. 复杂网络分析法

复杂网络分析法是研究网络关系数据而非节点属性数据的方法。本章利用UCINET 社会网络分析软件，对河北滨海旅游景区的关注度网络分别进行网络密度、中心性、块模型等分析。

（1）网络密度分析。网络密度反映了网络结构的紧密程度，是网络中实际存在的关系数量与理论上最多可能存在的关系总数的比值。网络密度的取值范围为［0，1］，网络密度越趋近于 1，说明关注度网络中景区之间的联系越紧密，网络对景区的影响程度越大。

（2）中心性分析。中心性分析是基于网络，从关系的角度对节点的地位和权力进行评价的量化研究。本书主要通过中心性分析来衡量旅游者对某一旅游景区的百度指数在整个区域网络中的重要性、优越性或特权性程度。而度数中心度指某一节点在网络中对其他节点的影响数量，衡量节点在网络中的重要程度，景区的度数中心度越大说明该景区连接的景区越多，即该景区的社会关系越复杂，在网络中的影响力越强。中介中心度是衡量某节点在网络中对其他节点控制和依赖程度的指数。景区的中介中心度越大说明该景区位于越多非相邻景区的最短路径上，即该景区对其他非直接联系的景区的控制和制约作用越强。

具体测算方式如下：

度数中心度反映的是个体在整体关联网络中的位置，度数中心度高表明该景区处于空间网络中心地位，与网络中其他景区的联系较多。计算公式为

$$C_D(n_i) = d(n_i) \qquad \text{（公式 5-5）}$$

式中，$C_D(n_i)$ 为点 $i$ 的绝对度数中心度，$d(n_i)$ 为点 $i$ 的中心度，$n$ 为网络中的节点数量。

由于规模的差异，网络中节点的绝对度数中心度无法直接比较，由此 Freeman 提出了相对度数中心度的概念。用公式表示为

$$C'_D(n_i)=\frac{C_D(n_i)}{n-1}=\frac{d(n_i)}{n-1} \qquad \text{（公式 5-6）}$$

式中，$C'_D(n_i)$ 为点 $i$ 的相对度数中心度，$n$ 为网络中的节点数量即网络规模。

中介中心度测度的是某一节点控制其他节点的程度。其计算公式为

$$C_B(n_i)=\sum_{j<k} g_{jk}(n_i)/g_{jk} \qquad \text{（公式 5-7）}$$

式中，$C_B(n_i)$ 代表点 $i$ 的中介中心度；$g_{jk}$ 表示网络中点 $j$ 到达点 $k$ 的捷径数，$g_{jk}(n_i)$ 表示点 $j$ 到达点 $k$ 的快捷方式上有点 $i$ 的路径数量。在此基础上计算出来的就是相对中介中心度，是一种标准化中介中心度。

如果一个网络包含了 $n$ 个节点，那么中介中心度的最大值能达到 $C_{B(\max)}=(n^2-3n+2)/2$，依照标准化规则得到相对中介中心度的计算公式：

$$C'_B(n_i)=\frac{C_B(n_i)}{C_{B(\max)}}=\frac{2C_B(n_i)}{n^2-3n+2} \qquad \text{（公式 5-8）}$$

（3）块模型分析。块模型分析最早由 White 等人（1976）提出，它是一种研究网络位置模型的方法，Snyder、Kick（1979）曾用此方法研究过世界经济体系。根据块模型理论，可以对各个位置（块）在区域经济增长中的角色进行分析。这里将河北省滨海旅游景区组合而成的板块在系统中所在的位置划分为四大类别（计算方法如表 5-2 所示）：类别一，孤立人位置，即该板块中的成员与网络中其他板块的成员没有关联；类别二，献媚人位置，即该板块中的成员与其他板块的成员之间的联系比与自己板块成员之间的关联多，并且没有接收多少外来的关联；类别三，经纪人位置，即该板块中的成员既发送也接收外部关联，而该板块内部成员之间的关联比较少；类别四，首属人位置，即该板块中的成员既接收来自外部成员的关联，也接收来自板块内部成员的关联。

表 5-2　块模型分析中的板块关联

| | | 位置接收的关联比例 | |
|---|---|---|---|
| | | ≈0 | >0 |
| 位置内部的关联比例 | $\geqslant (g_k-1)/(g-1)$ | 孤立人位置 | 首属人位置 |
| | $< (g_k-1)/(g-1)$ | 献媚人位置 | 经纪人位置 |

注：$g_k$ 为板块中成员的数量；$g$ 为总体网络中的行动者个数；$(g_k-1)/(g-1)$ 为期望关联比例。

# 第二节　河北省滨海旅游网络关注度的时间分布特征分析

## 一、网络关注度年际变化特征

将 2017—2022 年秦皇岛、唐山、沧州旅游目的地每日网络关注度分年相加并求总和，可得到秦皇岛、唐山、沧州、河北省滨海旅游的年度网络关注度的年际变化特征图（图 5-1）。

由图 5-1 可知，2017—2022 年河北省滨海旅游网络关注度整体呈逐年降低的趋势。2020 年，关键词搜索量最小，表示人们对河北滨海旅游的关注度处于低谷。2017 年，网络关注度达到最高峰。2017 年，“全域旅游”首次被写进政府工作报告，国家多次发布相关利好政策助力旅游行业的发展，因此在 2017 年我国旅游业整体发展较好，也带动了河北滨海旅游发展。根据文旅部相关统计资料显示，自 2018 年起，我国旅游业发展整体增速放缓，体现在城市旅游关注度上为下降，但是降低速度较慢。2019—2020 年，河北省滨海旅游网络关注度降低速度骤增，与其他年差距较大，并且 2020 年的关注度最低，这主要是受新冠疫情的影响。2020—2021 年，河北滨海旅游的网络关注度有了一定回升，但 2022 年又有下降。

具体而言，2017—2022年河北省3个沿海城市的网络关注度存在明显差异。2018—2020年各市网络关注度总体呈下降趋势，2020年各市的网络关注度最低，2020—2022年各市网络关注度变化幅度不大。总的来说，秦皇岛的网络关注度最高，唐山次之，沧州位列第三，但是近年来唐山与秦皇岛的差距逐渐变小，逐渐趋于一致。而沧州在2017—2022年这6年间关注度最低且没有明显变化。

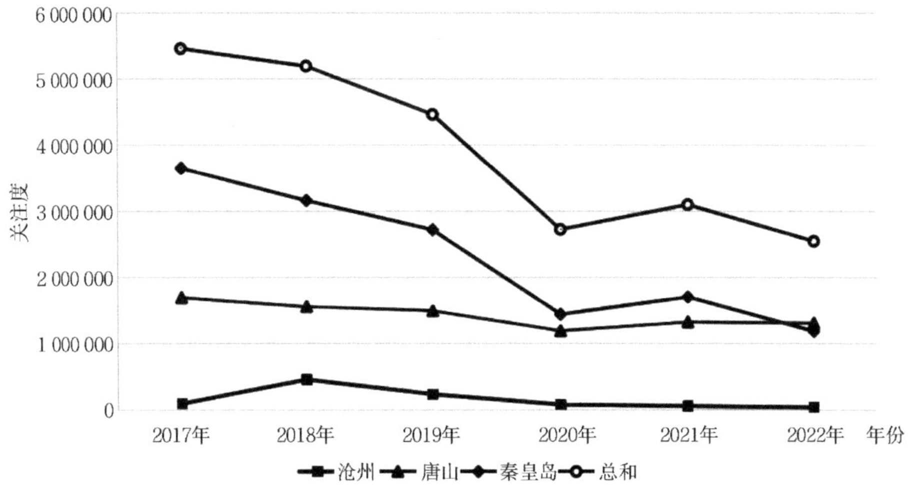


图5-1 2017—2022年河北省滨海旅游网络关注度年际变化特征

## 二、网络关注度季节性变化特征

将2017—2022年秦皇岛、唐山、沧州滨海旅游目的地的每日网络关注度分年按月相加求其每月总日均值，得到河北省滨海旅游网络关注度季节性变化特征图（图5-2）。可看出，其网络关注度季节性分布特征为：①近6年河北省滨海旅游的网络关注度月度变化趋势大体一致，总体呈“倒V、单峰、两低谷”型。这主要是因为河北滨海地区的四季气候差异明显，所以旅游关注度受季节变化影响较大。②每年用户网络关注趋势一致，关注度先上升后下降，且高峰值基本出现在 7 月和 8 月，1 月和 12 月关注度达到全年最低。冬季的网络关注度低，而夏季网络关注度高，说明秦皇岛、唐山、沧州冬季温度较低，游客的出游意愿会大幅降低，因此对景区的网络关注度也会下降；而夏季秦皇岛、唐山、沧州温度适宜、天气晴朗，游客更愿意在夏季来此旅游。河北滨海旅游总体呈现明显的淡、旺季特征。

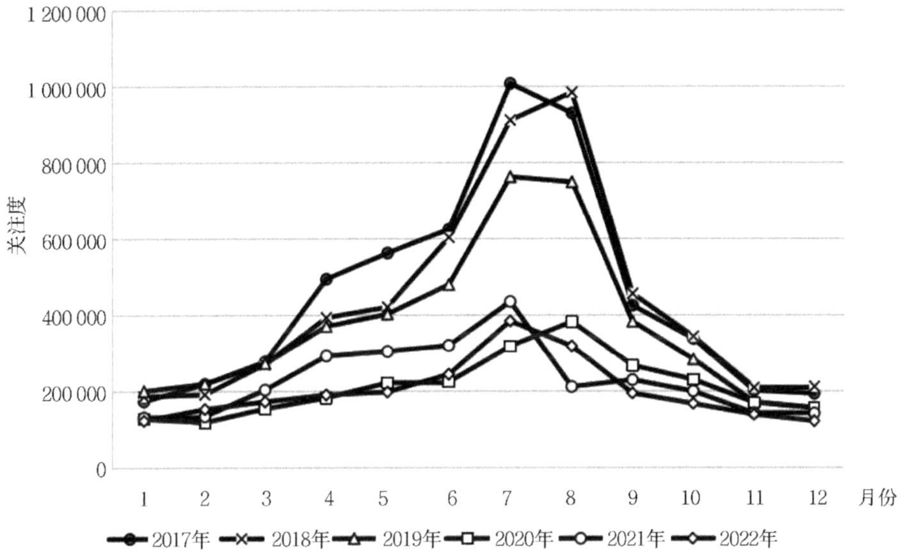


图 5-2　2017—2022 年河北省滨海旅游网络关注度网络关注度季节性变化特征

我们通过计算季节性集中指数来分析河北滨海旅游网络关注度的季节性变化情况。根据表 5-3 可以发现，2017—2022 年河北省滨海旅游网络关注度季节性集中指数均大于 8.24，说明其网络关注度季节性差异较大。

表 5-3 2017—2022 年河北省滨海旅游网络关注度季节性集中指数

| 年份 | 沧州 | 唐山 | 秦皇岛 |
|---|---|---|---|
| 2017 年 | 8.246681958 | 8.246722244 | 8.246895055 |
| 2018 年 | 8.246894968 | 8.246711151 | 8.246891750 |
| 2019 年 | 8.246723576 | 8.246705511 | 8.246872315 |
| 2020 年 | 8.246697311 | 8.246699515 | 8.246748912 |
| 2021 年 | 8.246736280 | 8.246692289 | 8.246793254 |
| 2022 年 | 8.246781993 | 8.246697078 | 8.246793158 |

## 三、网络关注度节假日变化特征

依据网络关注度的“前兆效应”，我们将节假日的时间序列分别往前和往后扩展了 3 天，按照假期前三天、假期和假期后三天的结构进行年度网络关注度累加，以此来分析河北滨海旅游的网络关注度节假日变化特征。

如图 5-3 所示，2017—2018 年“五一”假期，河北省滨海旅游的网络关注度呈现“倒 V”形变化趋势，且在 4 月 29 日达到峰值。2019 年的“五一”假期，关注度仍呈现“倒 V”形变化趋势，在假期前两天增长迅速并于 5 月 1 日达到峰值，之后慢慢下降。总体而言，2017—2019 年，“五一”假期对河北滨海旅游的影响较大，很大程度提升了其网络关注度。2020—2022 年，受新冠疫情的影响，人们的出行欲望迅速下降，相较于 2017—2019 年，河北滨海旅游的网络关注度呈现大幅度的下降；在“五一”假期前，河北滨海旅游的网络关注度有一定程度的上涨，但是总体变化趋势较平缓。2020—2022 年，“五一”假期对河北滨海旅游的影响较小。

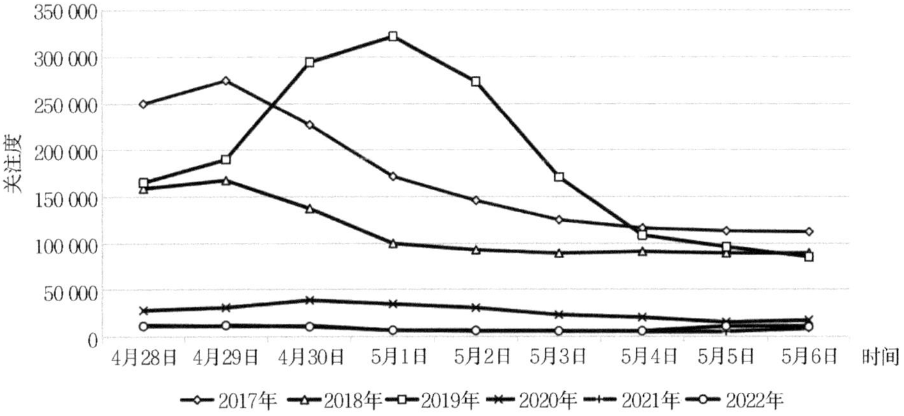


图 5-3　2017—2022 年河北省滨海旅游网络关注度“五一”期间变化特征

如图 5-4 所示，2017 年的国庆节期间，河北滨海旅游的网络关注度呈现“倒 V”形变化趋势，假期前三天关注度有明显上涨，假期第二天关注度达到峰值，之后开始缓慢下降。2018 年的国庆节期间，河北滨海旅游的网络关注度总体呈现出假期前一天和第四天的双峰结构，第四天后关注度逐渐下降且无明显反弹。2019—2022 年，受新冠疫情的影响，人们的出行欲望迅速下降，相较于 2017—2018 年河北滨海旅游的网络关注度呈现大幅度的下降。2019—2022 年的国庆节期间，河北滨海旅游的网络关注度有一定程度的上涨，并于 10 月 2 日达到峰值后逐渐下降趋于平缓，但是总体而言，国庆假期对河北滨海旅游的驱动影响较小。

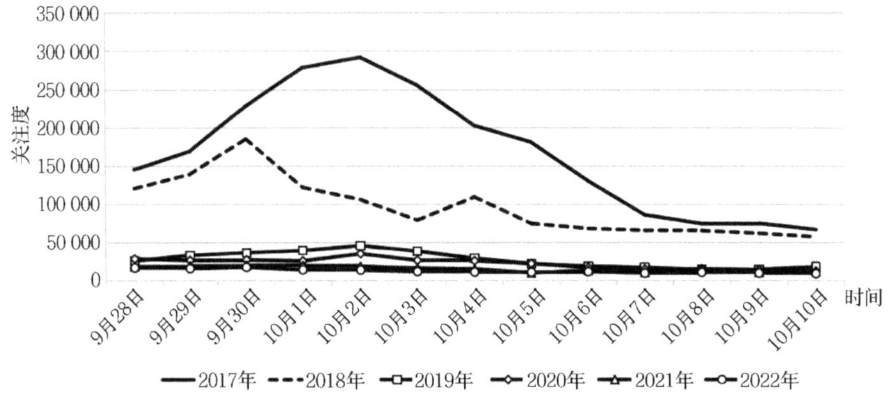


图 5-4　2017—2022 年河北省滨海旅游网络关注度国庆假期变化特征

# 第三节　河北省滨海旅游网络关注度的空间分布特征分析

## 一、滨海旅游目的地网络关注度的省内区域特征

我们从“百度指数”平台获得 2017—2022 年河北省内 11 个城市对河北滨海旅游的日均网络关注度。通过分析了解到，2017—2022 年河北滨海旅游网络关注度的省内区域分布情况如表 5-4 所示。根据表 5-4 可以看出，首先河北滨海旅游的网络关注度省内城市每年的次序基本上保持不变，具有一定的区域稳定性。其次省内网络关注度主要集中区域是唐山、秦皇岛、石家庄。唐山在河北省 11 个城市中经济发展水平居于前列，因此旅游需求更为旺盛，对于河北省较具特色的滨海旅游也更为关注。秦皇岛的 GDP 虽然在省内排名靠后，但是秦皇岛是河北滨海旅游发展最为先进的城市，因此秦皇岛对河北滨海旅游的关注度相对较高，在前三位。石家庄作为区域政治中心和经济中心，对滨海旅游发展同样关注，在 2017—2022 年间始终位于前三位。2017—2022 年 3 个城市对于河北滨海旅游的日均网络关注度都超过了 1500，与其他研究对照，

网络关注度处于较高的水平，说明省内对于河北滨海旅游的需求热度较高。此外，如图 5-5 所示，2017—2019 年唐山与秦皇岛的每日网络关注度在 3000～4500 范围内波动。在 2020 年之后，两地的每日网络关注度均下降，尤其是秦皇岛降至 2000 以下，这充分说明河北省滨海旅游热度受突发公共卫生事件等因素影响较大。最后，通过分析 2017—2022 年河北滨海旅游省内 11 个城市的网络关注度的日均值，运用地理集中指数、变差异系数和首位度进一步测算其网络关注度集中程度发现：如表 5-5 所示，近 6 年河北滨海旅游目的地的网络关注度地理集中指数逐年上升，表明其空间分布呈现集中趋势，说明河北省滨海旅游的需求日渐集中于唐山、秦皇岛、石家庄等城市。

表 5-4　2017—2022 年河北省滨海旅游省内城市网络关注度排名

| 名次 | 2017 年 | 2018 年 | 2019 年 | 2020 年 | 2021 年 | 2022 年 |
|---|---|---|---|---|---|---|
| 1 | 唐山 | 唐山 | 唐山 | 唐山 | 唐山 | 唐山 |
| 2 | 秦皇岛 | 秦皇岛 | 秦皇岛 | 秦皇岛 | 石家庄 | 石家庄 |
| 3 | 石家庄 | 石家庄 | 石家庄 | 石家庄 | 秦皇岛 | 秦皇岛 |
| 4 | 廊坊 | 保定 | 保定 | 保定 | 廊坊 | 保定 |
| 5 | 保定 | 廊坊 | 廊坊 | 廊坊 | 保定 | 廊坊 |
| 6 | 沧州 | 沧州 | 沧州 | 邯郸 | 沧州 | 沧州 |
| 7 | 邯郸 | 邯郸 | 邯郸 | 沧州 | 张家口 | 承德 |
| 8 | 邢台 | 邢台 | 承德 | 承德 | 承德 | 邯郸 |
| 9 | 承德 | 承德 | 邢台 | 张家口 | 邯郸 | 张家口 |
| 10 | 张家口 | 张家口 | 张家口 | 邢台 | 邢台 | 邢台 |
| 11 | 衡水 | 衡水 | 衡水 | 衡水 | 衡水 | 衡水 |

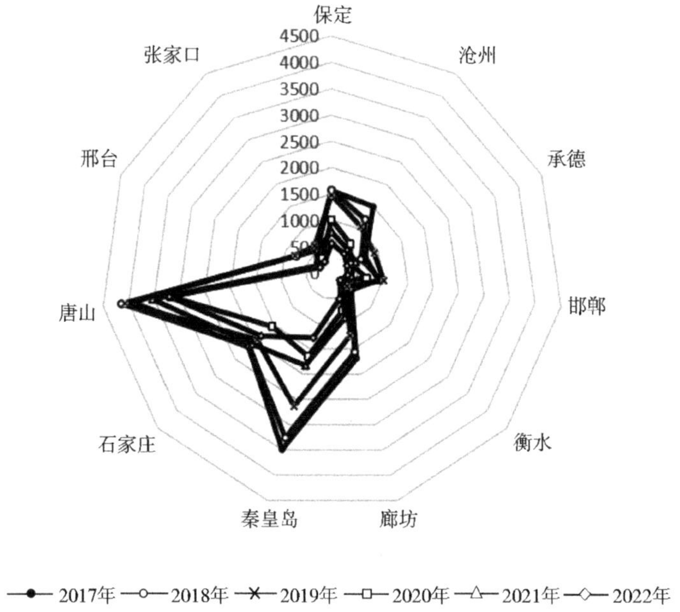


图 5-5 2017—2022 年河北省滨海旅游省内网络关注度日均值

表 5-5 2017—2022 年河北省滨海旅游省内网络关注度地理集中指数、变差异系数、首位度表

| 年份 | 地理集中指数 | 变差异系数 | 首位度 |
|---|---|---|---|
| 2017 年 | 36.5952 | 0.6878 | 1.1224 |
| 2018 年 | 37.2472 | 0.7253 | 1.2701 |
| 2019 年 | 36.7550 | 0.6972 | 1.5418 |
| 2020 年 | 39.5981 | 0.8514 | 1.9299 |
| 2021 年 | 40.9757 | 0.9203 | 1.7126 |
| 2022 年 | 44.1404 | 1.0692 | 1.7505 |

## 二、滨海旅游目的地网络关注度的全国区域特征

从省（区、市）的角度对 2017—2022 年河北省滨海旅游网络关注度的来源地进行分析，对排名前十的省（区、市）进行分析发现：2017—2022 年河北、北京一直榜上有名，且占据前两位；天津和辽宁前五年稳居三四名，但在

2022 年落至第四、第五名，而山东在 2022 年跃至第三名；江苏与广东在近几年对于河北滨海旅游的网络关注度一直较为稳定，位于第六、第七名；河南、山西、浙江这几年也排名靠前，均居于前十位。如表 5-6 所示。

表 5-6　2017—2022 年河北省滨海旅游网络关注度省际城市排名

| 排名 | 2017 年 | 2018 年 | 2019 年 | 2020 年 | 2021 年 | 2022 年 |
|---|---|---|---|---|---|---|
| 1 | 河北 | 河北 | 河北 | 河北 | 河北 | 河北 |
| 2 | 北京 | 北京 | 北京 | 北京 | 北京 | 北京 |
| 3 | 天津 | 天津 | 天津 | 天津 | 天津 | 山东 |
| 4 | 辽宁 | 辽宁 | 辽宁 | 辽宁 | 辽宁 | 天津 |
| 5 | 山东 | 山东 | 山东 | 山东 | 山东 | 辽宁 |
| 6 | 江苏 | 江苏 | 广东 | 广东 | 江苏 | 江苏 |
| 7 | 广东 | 广东 | 江苏 | 江苏 | 广东 | 广东 |
| 8 | 河南 | 河南 | 河南 | 浙江 | 河南 | 河南 |
| 9 | 山西 | 山西 | 山西 | 四川 | 浙江 | 浙江 |
| 10 | 吉林 | 浙江 | 浙江 | 河南 | 山西 | 山西 |

在“百度指数”平台获得 2017—2022 年全国 31 个省（自治区、直辖市）对河北滨海旅游的日均网络关注度。从图 5-6 可以看出，2017—2022 年，各个省（自治区、直辖市）网络关注度变化趋势基本保持一致，且地区间差异较大。同时发现，受新冠疫情的影响，2020—2022 年全国各省（自治区、直辖市）对河北滨海旅游的网络关注度持续下降，与实际游客量相符。研究发现：①网络关注度主要集中区域为京津冀地区，日均关注度都在 1000 以上。②网络关注度其次的是周边的辽宁、河南、山东、江苏、广东、四川、陕西等省份，网络关注度在 700 至 2800。③云南、贵州、甘肃、宁夏等偏远地区对河北滨海旅游的网络关注度不足 200，西藏、青海等地则不足 100，关注度极低。

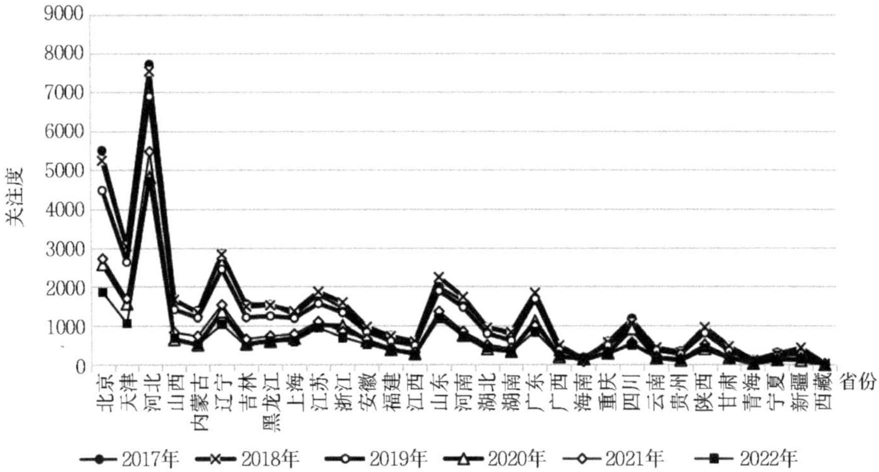


图 5-6 2017—2022 年河北省滨海旅游省际网络日均关注度

基于 2017—2022 年全国 31 省（自治区、直辖市）对河北滨海旅游网络关注度的空间分布特征，利用地理集中指数、变差异系数和首位度来分析 2017—2022 年河北省滨海旅游网络关注度的地理集中程度，结果见表 5-7。从表 5-7 可以看出，2017—2022 年，河北省滨海旅游网络关注度地理集中指数整体呈现上升趋势，说明河北省滨海旅游网络关注度地区分布越来越集中。其中，2017—2018 年呈现下降趋势，说明网络关注度的地区集中程度有所下降，但数据 2019 年迅速回升。同时，河北滨海旅游网络关注度变差异系数与地理集中指数变动一致，整体也是上升态势。

表 5-7 2017—2022 年河北省滨海旅游网络关注度地理集中程度

| 年份 | 地理集中指数 | 变差异系数 | 首位度 |
|---|---|---|---|
| 2017 年 | 26.6561 | 1.0967 | 1.4025 |
| 2018 年 | 26.1514 | 1.0583 | 1.4379 |
| 2019 年 | 26.6978 | 1.0998 | 1.5389 |
| 2020 年 | 28.3677 | 1.2226 | 1.8667 |
| 2021 年 | 28.7479 | 1.2498 | 2.0024 |
| 2022 年 | 29.2882 | 1.2881 | 2.5316 |

根据已有研究，基于2017—2022年河北省滨海旅游网络关注度空间分布特征，我们主要从地理距离、客源地经济发展水平和目的地景区知名度等方面分析网络关注度空间差异的原因。

（1）地理距离。地理距离是影响人们选择旅游目的地的重要因素之一。根据上述分析发现，不同省份对河北省滨海旅游的网络关注度有差异，在空间分布上基本满足“距离衰减”规律。从地理空间上看，距离旅游目的地越近，到景区旅游的游客越多，景区关注度越高，如北京、天津等地。西藏、青海、宁夏等西部省份，距离河北较远，相对的出游成本较高，河北旅游目的地对其吸引力较弱，相应的网络关注度较低。

（2）客源地经济发展水平。人们在做出游决策时，现实经济收入状况和出游经费往往是需要考虑的首要因素。经济发展水平高的地区，相应的居民人均收入也高，加之地区信息通达，人们的旅游意愿强，进而查询旅游目的地意愿强，旅游网络关注度高。例如，江苏、广东和浙江3个省对河北省滨海旅游的网络关注度日均值都较高。

（3）目的地景区知名度。景区的知名度在人们选择旅游目的地的过程中有重要影响作用。景区知名度越高，网上的信息资源越丰富，对游客的吸引力越强，进而网络关注度越高。上述分析发现，秦皇岛的滨海旅游业发展势头较好，景区知名度较高，其网络关注度远远高于唐山与沧州滨海景区。

## 第四节 河北省滨海旅游网络关注度的网络结构特征

社会网络分析最早由J. A. Barnes（2002）提出，是通过网络图来研究社会结构的方法。它根据节点（单个参与者，指人或网络中的事物）以及连接它们的纽带、边缘或链接（关联或相互作用）来表征网络结构（Fox W，2002）。社会网络是由节点和边构成的结构图，表现为节点和边的集合（Even S，2011）。关键词就是网络的节点，关键词之间的边的数量由两者之间的关联密度决定。本书采用 SPSS 软件，借鉴沈珊珊（2020）等学者的相关研究方法生成河北省滨海旅游景区文本数据的共词网络，从网络密度、中心性、块模型方面进行分析。

## 一、网络关注度的空间关联整体网络特征

根据前述关键词筛选原则和网络关注度计算公式，在“百度指数”平台借助 Python 爬取并计算河北省 12 个滨海旅游景区 2017 年 1 月 1 日至 2022 年 12 月 31 日的网络关注度。考虑到现实语境下游客在搜索景区信息时可能连带搜索其他同类型或距离相近的景区，因此对河北滨海旅游景区网络关注度进行两两之间相关性分析具有一定的现实意义。接下来利用 SPSS 软件对 12 个景区网络关注度数据进行正态检验，结果显示，在 Kolmogorov-Smimov 检验和 Shapiro-Wilk 检验下，所有景区的显著性均小于 0.05，说明在 95%的置信区间内，12 个景区的日关注度数据均不符合正态分布，因此采用 Spearman 相关性进行分析。由于相互作用存在一定门槛值，根据 Spearman 相关性分析结果，取结果矩阵每行均值作为该行临界值，若两个景区网络关注度的相关系数大于矩阵中该行的均值且在 0.05 水平上显著，则将之记为 1，否则记为 0，由此可以获得 12×12 的二值相关矩阵（表 5-8）。

接下来运用 UCINET 软件绘制河北省 12 个滨海旅游景区的网络关注度结构图。由图 5-7 可知，曹妃甸和古贝壳堤为孤立点，即游客在搜索景区时不会将其与其他景区连带搜索，除此之外的所有景区之间都有联系。整体网络密度为 0.568，标准差为 0.495，说明这些景区的网络复杂程度一般，景区网络关注度关联不够紧密，景区之间的关联提升空间较大，具有较大的整体效益提升潜力。

表 5-8　二值矩阵

| | 鸽子窝公园 | 乐岛 | 渔岛 | 新澳海底世界 | 黄金海岸 | 老龙头 | 南戴河国际娱乐中心 | 翡翠岛 | 月岛 | 金沙岛 | 曹妃甸 | 古贝壳堤 |
|---|---|---|---|---|---|---|---|---|---|---|---|---|
| 鸽子窝公园 | 0 | 1 | 1 | 1 | 1 | 1 | 1 | 0 | 1 | 0 | 0 | 0 |
| 乐岛 | 1 | 0 | 1 | 1 | 1 | 1 | 1 | 0 | 1 | 0 | 0 | 0 |
| 渔岛 | 1 | 1 | 0 | 1 | 0 | 1 | 1 | 0 | 1 | 0 | 0 | 0 |
| 新澳海底世界 | 1 | 1 | 1 | 0 | 0 | 1 | 1 | 1 | 1 | 1 | 0 | 0 |
| 黄金海岸 | 1 | 1 | 1 | 1 | 0 | 1 | 1 | 0 | 1 | 0 | 0 | 0 |
| 老龙头 | 1 | 1 | 1 | 1 | 0 | 0 | 1 | 0 | 1 | 0 | 0 | 0 |
| 南戴河国际娱乐中心 | 1 | 1 | 1 | 1 | 1 | 1 | 0 | 0 | 1 | 0 | 0 | 0 |
| 翡翠岛 | 0 | 0 | 1 | 1 | 0 | 0 | 1 | 0 | 1 | 1 | 0 | 0 |
| 月岛 | 1 | 1 | 1 | 1 | 0 | 1 | 1 | 1 | 0 | 1 | 0 | 0 |
| 金沙岛 | 0 | 0 | 1 | 1 | 0 | 0 | 1 | 1 | 1 | 0 | 0 | 0 |
| 曹妃甸 | 0 | 0 | 1 | 0 | 0 | 0 | 1 | 0 | 1 | 1 | 0 | 0 |
| 古贝壳堤 | 1 | 0 | 1 | 0 | 0 | 0 | 0 | 1 | 1 | 1 | 0 | 0 |

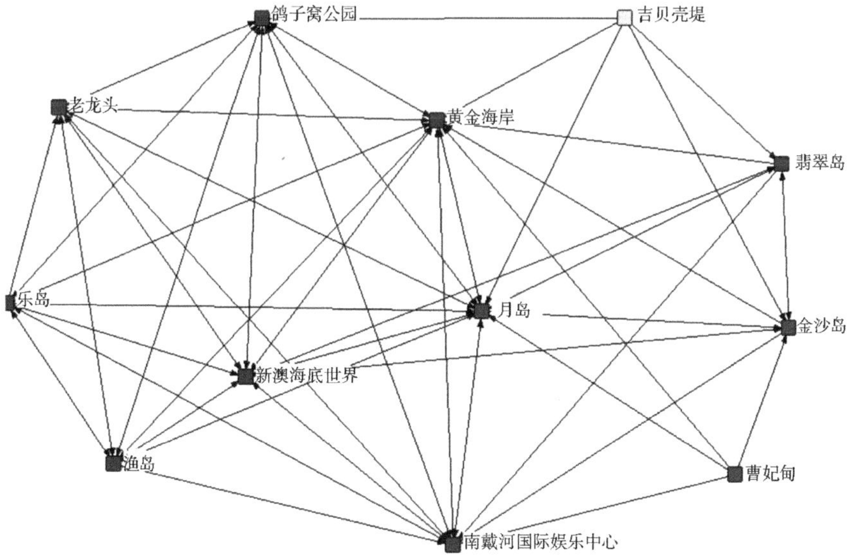


图 5-7　2017—2022 年河北省 12 个滨海旅游景区网络关注度相关性网络

## 二、网络关注度的空间关联个体网络特征

由于网络分析研究的是节点的关系数据而非属性数据，因此景区网络关注度数值的大小与网络分析结果中的度数中心度数值和中介中心度数值的大小无关，即景区的网络关注度大并不意味着其在网络中与其他景区的联系就强。有时网络关注度和知名度较高的景区由于自身实力较强，反而不容易受到其他景区发展的影响，与其他景区的联系较弱。由于河北省滨海旅游城市地理上聚集在一起，因此有必要对滨海旅游景区进行网络结构分析，挖掘景区的关联性，才能有针对性地提高河北省滨海旅游景区的关联程度，实现滨海旅游的相互带动发展。

本书通过经典中心性即度数中心度、相对度数中心度、中介中心度和相对中介中心度对河北省滨海旅游景区进行分析。其中，度数中心度表示一个节点与其他节点的连接数，度数中心度大的节点处于网络中的核心地位，是人们所关注的重要部分。当规模不同的时候，不同节点的度数中心度不可比较。为了弥补这个不足引入了相对度数中心度，即节点的度数中心度与最大可能理论度数之比。中介中心度是指一个节点位于其他节点之间关联捷径（最短路径）上的次数。处于其他节点之间的关联捷径上，意味着该节点能够控制网络中的其他节点之间的知识流（Chan J，2017）。因此，经过该节点的关联捷径越多，该节点中介中心度越大，即该节点在网络中控制能力越强。同时，为了比较不同规模网络的节点中介中心度，本书选择了标准化的中介中心度——相对中介中心度进行比较，相对中介中心度即中介中心度与网络中最大可能的中介中心度的比值。

结合网络搜索数据，运用中心度具体测量方法［公式（5-1）、公式（5-2）、公式（5-3）和公式（5-4）］得到2017—2022年河北省滨海旅游景区网络关注度的度数中心度（表5-9）。

1. 度数中心度

点出度表示滨海旅游景区某节点对其他节点的信息影响程度；点入度则表

示滨海旅游景区某节点受到其他节点的影响程度。

表 5-9　2017—2022 年河北省滨海旅游景区网络关注度度数中心度

| 序号 | 景点 | 绝对度数中心度 | 相对度数中心度/% | 点出度 | 点入度 | 中介中心度 | 相对中介中心度 |
|---|---|---|---|---|---|---|---|
| 1 | 鸽子窝公园 | 8 | 72.727 | 7 | 8 | 3.400 | 3.091 |
| 2 | 乐岛 | 7 | 63.636 | 7 | 3 | 0 | 0 |
| 3 | 渔岛 | 7 | 63.636 | 7 | 7 | 1.333 | 1.212 |
| 4 | 新澳海底世界 | 9 | 81.818 | 8 | 9 | 7.500 | 6.818 |
| 5 | 黄金海岸 | 11 | 100 | 6 | 11 | 3.817 | 3.470 |
| 6 | 老龙头 | 7 | 63.636 | 6 | 7 | 0 | 0 |
| 7 | 南戴河国际娱乐中心 | 10 | 90.909 | 7 | 10 | 7.083 | 6.439 |
| 8 | 翡翠岛 | 6 | 54.545 | 5 | 4 | 0.400 | 0.364 |
| 9 | 月岛 | 11 | 100 | 8 | 11 | 10.317 | 9.379 |
| 10 | 金沙岛 | 7 | 63.636 | 5 | 5 | 1.150 | 1.045 |
| 11 | 古贝壳堤 | 5 | 45.455 | 5 | 0 | 0 | 0 |
| 12 | 曹妃甸 | 4 | 36.364 | 4 | 0 | 0 | 0 |

（1）绝对度数中心度。从表 5-9 可知，黄金海岸和月岛在网络中的绝对度数中心度数值最高，为 11，相对度数中心度均为 100%，说明黄金海岸和月岛与网络中的其他节点之间都存在联系；南戴河国际娱乐中心、新澳海底世界、鸽子窝公园的绝对度数中心度数值分别为 10、9、8，相对度数中心度分别为 90.909%、81.818%、72.727%，说明这些景区在网络中的地位很重要，与其他景区的联系强，即游客在搜索其他景区时连带搜索这 3 个景区的频次高。古贝壳堤和曹妃甸的绝对度数中心度最低，分别为 5 和 4，相应的相对度数中心度分别为 45.455%和 36.364%，说明它们位于关注度网络的边缘，与其他景区的联系较弱、互惠程度较低。其中，古贝壳堤属沧州市，河北省内滨海三市中，沧州市的滨海旅游开发时间最短，其滨海旅游景区相对匮乏，从地域来说同地级市景区更容易形成带动联系，因此古贝壳堤难形成和其他景区的互惠联系。此外，曹妃甸景区与其他滨海旅游景区的合作互惠程度也不高。

（2）点出度。月岛和新澳海底世界的点出度最大，均为8，相对度数中心度分别为100%和81.818%，其次为鸽子窝、乐岛、渔岛、南戴河国际娱乐中心，点出度为7，相对度数中心度分别为72.727%、63.636%、63.636%和90.909%；翡翠岛、金沙岛、古贝壳堤、曹妃甸的点出度最低，分别为5、5、5、4。结合可视化网络图可看出，翡翠岛和金沙岛与网络内其他节点呈现出较低的信息内向收益关系，而古贝壳堤、曹妃甸与网络内其他节点之间不仅外向溢出关联较弱，且不存在内向收益关系。

（3）点入度。黄金海岸、月岛和南戴河国际娱乐中心的点入度最大，分别为11、11和10，相对度数中心度分别为100%、100%和90.909%；其次是新澳海底世界、鸽子窝公园、渔岛、老龙头，点入度分别为9、8、7、7，相对度数中心度分别为81.818%、72.727%、63.636%和63.636%。古贝壳堤和曹妃甸的点入度最低，点入度为0。结合可视化网络图可看出，乐岛的点出度为7，点入度为3，说明乐岛与网络中其他滨海旅游景区节点之间更多的是呈现信息外向溢出关系。

2. 中介中心度

从表5-9的第七列和第八列所显示节点的中介中心度和相对中介中心度的结果看，月岛、南戴河国际娱乐中心、新澳海底世界的中介中心度分别为10.317、7.083和7.500，远高于其他景区，说明这些景区在关注度网络中扮演的是中介桥梁角色，控制景区网络关注度传输信息的能力较强。乐岛、老龙头、古贝壳堤、曹妃甸的中介中心度为0，说明这些景区在关注度网络中缺乏资源控制能力，在景区的联结过程中没有扮演中介角色。总的来说，河北省滨海旅游景点之间缺乏有效的网络信息互动。

3. 基于点出度与点入度的滨海旅游景区网络关注度分类

根据上述点出度和点入度数据可知，河北省全部滨海旅游景区节点的点出度和点入度的平均值均为6.250。以点出度为横坐标，以点入度为纵坐标，并以（6.250，6.250）为原点，建立直角坐标系，可将河北省滨海旅游景区划分为4个类型（图5-8）。

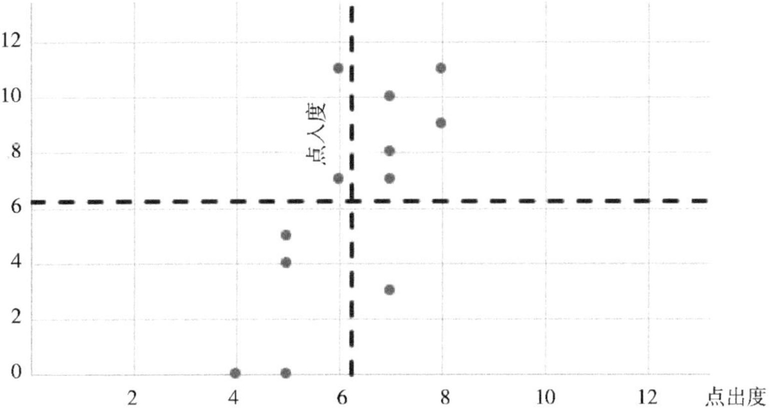


图 5-8　基于度数中心度的河北省滨海旅游景区的网络关注度分类

（1）Ⅰ型滨海旅游景区：高点出度、高点入度。Ⅰ型滨海旅游景区在旅游网络系统中与其他滨海旅游景区之间的信息交互较为活跃。由图 5-8 可知，南戴河国际娱乐中心、新澳海底世界、鸽子窝公园、渔岛、月岛的点入度与点出度均高于平均值（6.250，6.250），可以被归类到河北省Ⅰ型滨海旅游景区。一方面这类景区是网络信息的接收方，在整个旅游网络系统中受到较为广泛的网络关注。另一方面，这类景区也是网络信息的输出方。

（2）Ⅱ型滨海旅游景区：低点出度、高点入度。Ⅱ型滨海旅游景区的点出度较低，而点入度较高。由图 5-8 可知，黄金海岸和老龙头网络关注的点入度均高于平均值（6.250），而点出度均低于平均值（6.250），可以被归类到Ⅱ型滨海旅游景区。单就网络关注度而言，Ⅱ型滨海旅游景区基于自身的资源，在整个旅游网络系统中受到了广泛的网络关注；但是，这类滨海旅游景区在旅游网络系统中对其他滨海旅游景区不存在很高的网络信息溢出效应。

（3）Ⅲ型滨海旅游景区：低点出度、低点入度。Ⅲ型滨海旅游景区的点出度较低，点入度也不高。由图 5-8 可知，翡翠岛、金沙岛、古贝壳堤和曹妃甸网络关注的点入度和点出度均低于平均值（6.250，6.250），可以被归类为Ⅲ型滨海旅游景区。单就网络关注度而言，Ⅲ型滨海旅游景区因为种种原因，处于相对较为封闭的状态，与其他滨海旅游景区之间少有网络信息互换。

（4）Ⅳ型滨海旅游景区：高点出度、低点入度。Ⅳ型滨海旅游景区的点出度较高，而点入度较低。由图 5-8 可知，乐岛网络关注的点出度高于平均值（6.250），而点入度低于平均值（6.250），可以被归类为Ⅳ型滨海旅游景区。单就网络关注度而言，Ⅳ型滨海旅游景区属于网络信息的输出方，这类滨海旅游景区在旅游信息的接收方面表现平平。换言之，这类滨海旅游景区在河北省的旅游空间结构中更多是扮演着旅游信息流输出方的角色。

## 三、网络关注度的空间关联板块及其特征

为了进一步揭示河北滨海旅游景区空间网络的内部结构状态，本书按照最大分割深度 2、收敛标准 0.2，基于 CONCOR 方法把 12 个滨海旅游景区分为 4 个板块，如图 5-9 所示。第一个板块由鸽子窝公园、渔岛、南戴河国际娱乐中心、乐岛和老龙头总计 5 个节点构成；第二个板块由黄金海岸、新澳海底世界、月岛这 3 个节点构成；第三个板块由翡翠岛和金沙岛 2 个节点构成；第四个板块由曹妃甸和古贝壳堤 2 个节点构成。

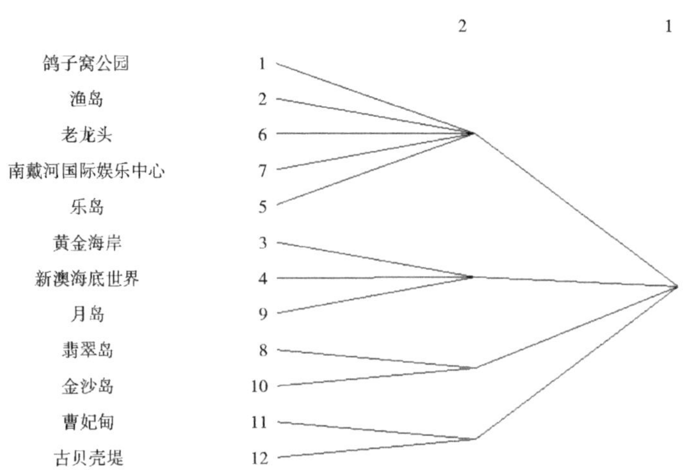


图 5-9　基于子群内外关系的空间关联

由图 5-9 可知，同一板块内的网络信息关注度具有较强的相似性。考虑旅游资源要素禀赋、交通区位和经济发展状况的差异，相关部门在规划时要注意围绕某中心的同层次板块在网络信息关注度结构和相互关系上的近似性，避免因板块中自身的近似凝固态而导致景区空间网络的多中心蔓延和旅游发展无序竞争。

由 Burt 的块模型分析方法可计算得出上述 4 个板块对河北旅游景区的网络关注度结构，然后采用 Wasserman 和 Faust 的划分方法确定各个板块的特性（表 5-10）。可知，板块内部的关系共计 27 条，板块之间的关系共计 81 条，这说明板块之间的联动性较强。R-squared 为 0.792，块模型分析的拟合程度好。

表 5-10　河北省滨海旅游景区的网络关注度空间关联板块溢出效应

| 板块 | 接收关系数 | | 发出关系数 | | 板块成员个数 | 期望内部关系比例/% | 实际内部关系比例/% | 板块特性 |
|---|---|---|---|---|---|---|---|---|
| | 板块内 | 板块外 | 板块内 | 板块外 | | | | |
| 板块一 | 19 | 16 | 19 | 15 | 5 | 36.3636 | 55.8824 | 首属人位置 |
| 板块二 | 6 | 16 | 6 | 10 | 3 | 18.1818 | 37.5000 | 经纪人位置 |
| 板块三 | 2 | 8 | 2 | 9 | 2 | 9.0909 | 20.0000 | 献媚人位置 |
| 板块四 | 0 | 0 | 0 | 7 | 2 | 9.0909 | 0 | 孤立人位置 |

板块一的期望内部关系比例为 36.363 6%，而该板块的实际内部关系比例为 55.882 4%，实际值高于期望值。该板块的板块外接收关系数值为 16，板块外发出关系数值为 15，由此可以判定，板块一位于“首属人”板块。板块二的期望内部关系比例为 18.181 8%，而该板块的实际内部关系比例为 37.500 0%，实际值高于期望值。该板块的总溢出数值为 16，总收益数值为 22，板块外接收关系数值为 16，板块外发出关系数值为 10。板块二既接收其他板块节点发出的联系，也向其他板块节点发出联系，但从总体上看，板块内部成员之间的联系相对偏少，因此判定为位于“经纪人”板块。板块三的期望内部关系比例为 9.090 9%，而该板块的实际内部关系比例为 20.000 0%，实

际值高于期望值。该板块的总溢出数值为 11，总收益数值为 10，板块外接收关系数值为 8，板块外发出关系数值为 9。板块三的节点既接收其他板块节点发出的联系，也向其他板块节点发出联系，但从总体上看，这一板块更多的时候是在向其他板块节点发出联系。可以判定，板块三位于“献媚人”板块。板块四的期望内部关系比例为 9.090 9%，而该板块的实际内部关系比例为 0，实际值低于期望值。该板块的总溢出数值为 7，总收益数值为 0，板块外接收关系数值为 0，板块外发出关系数值为 7。板块四既不接收来自其他板块节点发出的联系，向其他板块节点发出联系也较少，在整个网络中处于相对孤立的位置。

手动选择最大分割度为 2，根据以上数据得出板块间的密度矩阵，如表 5-11 所示，由此计算出河北省滨海旅游景区网络关注度的空间网络密度数值为 0.568。将矩阵中大于 0.568 的值设定为 1，否则设定为 0，以此得出如表 5-11 所示的四大板块间的像矩阵。总体而言，各板块的交流比较密切，各板块对板块内外节点皆具有一定的溢出效应，但是都对板块四节点未产生溢出效应，因此需要加强各板块对于板块四的溢出带动作用。由密度矩阵更容易看出板块间的空间关联性，板块一、二、三本身密度分别达到 0.950、1.000 和 1.000，显示了板块之间较高的自反性；所对应的像矩阵数值都为 1，揭示了板块内部成员的发展联系较为密切，具备一定的内部成员聚集特征。

表 5-11　河北省滨海旅游景区网络关注度四大板块的密度矩阵和像矩阵

| | 密度矩阵 | | | | 像矩阵 | | | |
|---|---|---|---|---|---|---|---|---|
| | 板块一 | 板块二 | 板块三 | 板块四 | 板块一 | 板块二 | 板块三 | 板块四 |
| 板块一 | 0.950 | 1.000 | 0 | 0 | 1 | 1 | 0 | 0 |
| 板块二 | 0.800 | 1.000 | 0.667 | 0 | 1 | 1 | 1 | 0 |
| 板块三 | 0.200 | 1.000 | 1.000 | 0 | 0 | 1 | 1 | 0 |
| 板块四 | 0.200 | 0.667 | 0.750 | 0 | 0 | 1 | 1 | 0 |

# 本章小结

在本章，我们借助“百度指数”平台和“百度百科”平台数据，改进了关键词选取原则及网络关注度的计算方式，综合运用“直接取词法”和“范围取词法”选取与河北省滨海旅游活动本身密切相关的关键词，并由此获取2017年1月1日至2022年12月31日河北省滨海旅游景区在PC端和移动端的网络关注度，进而利用季节性集中指数、地理集中指数、变差异系数、首位度等对景区网络关注度的时空分布特征及演化情况、关注度来源地的空间分布特征进行了分析，最后利用UCINET软件对河北省滨海旅游景区的关注度网络进行结构探究，从而提出有助于景区合作发展的建议。研究结论如下：

（1）本节中选择了年际、季节以及节假日时段等3个不同的时间尺度来分析河北省沿海3个城市滨海旅游网络关注度的时间分布特征：从年际变化来看，2017—2022年河北省滨海三市网络关注度整体呈下降趋势。其中，秦皇岛市的滨海旅游网络关注度下降幅度最大，唐山市与沧州市上下浮动小，较为平稳。2020年是网络关注度变化的转折点，反映出受新冠疫情影响人们对河北滨海旅游的网络关注度显著降低。从季节性变化来看，2017—2022年河北省滨海三市的滨海旅游网络关注度具有较为明显的季节性差异特征，总体呈“倒V、单峰、两低谷”型，其中高峰值所在的月份多为7月、8月，低谷多在1月和2月，这可能与气候条件、法定节假日分布有关。总体上来看，河北省滨海旅游网络关注度的峰值集中在夏季，即6月、7月、8月。由节假日分布特征可以看出，节假日对河北沿海城市旅游网络关注度具有“前兆效应”，假期未开始时关注度逐渐上升，随着时间的推移关注度日渐下降，整体呈“倒V”趋势。同时还可以发现，2020年之后，河北省滨海旅游网络关注度明显减少，也说明河北省滨海旅游在一定程度上受到了新冠疫情的影响。

（2）本书为分析河北滨海旅游网络关注度，选择了省内城市以及全国两个不同范围来分析其空间分布特征：首先通过相关数据分析得出河北省滨海旅游网络关注度省内城市空间分布的特征，即 2017—2022 年，河北省滨海旅游省内网络关注度地理集中指数呈现增长的总体趋势，其中唐山、秦皇岛与石家庄网络关注度较高。其次分析在全国不同区域的空间分布特征。分析可知，河北滨海旅游关注度在空间上主要集中于京津冀区域。辽宁、山东、河南等在地域上靠近河北省，对河北省滨海旅游的网络关注度较高，江苏、浙江、广东等经济较为发达的省（市）对河北省滨海旅游也具有较高的关注度，这也验证了滨海旅游网络关注度的空间递减规律和消费需求效应。

（3）河北省滨海旅游景区的网络关注度存在密切关联性。通过河北省滨海旅游景区的网络关注度相关性网络结构图分析可知，河北省滨海旅游景区之间的网络关注度呈现出相对完整的网络关系，其中黄金海岸、月岛与其他景区的网络信息互动最强，其相对度数中心度达到了 100%，但是曹妃甸和古贝壳堤与其他滨海旅游景区之间网络信息互动较少。河北滨海旅游景区的网络关注度的关联网络可以划分为 4 个板块：板块一位于“首属人”板块，板块二位于“经纪人”位置，板块三位于“献媚人”位置，而板块四则位于“孤立人”位置。其中，板块四的节点既很少向其他板块溢出滨海旅游景区的网络关注信息，也甚少接收来自其他板块的溢出信息；翡翠岛和金沙岛位于“献媚人”板块，这一板块的节点虽然也向其他板块的节点发出信息，但是相对而言，这一板块接收来自其他板块节点的信息溢出的比例更大一些；鸽子窝公园、渔岛、南戴河国际娱乐中心、乐岛和老龙头这 5 个节点位于“首属人”板块，更多的是接收其他板块溢出的关于滨海旅游景区的网络关注信息；黄金海岸、新澳海底世界、月岛节点位于“经纪人”板块，在整个网络中充当“桥梁”的作用，这一板块既接收其他板块中关于网络关注信息的溢出，也对其他板块发出信息。

根据本章的研究，所得到的启示为：

（1）应借助网络营销手段提升旅游景区推广的联动效应。由滨海旅游景区的网络关注度构成的网络结构中心性分析结果可以看出，河北滨海旅游景区在关注度联合互动方面存在较大的差距。强化河北滨海旅游景区的市场营销力度，尤其是提高滨海旅游网络营销的整合水平，可以有效提高河北滨海旅游景区的网络关注度的联动效应。一方面，河北省应推动“互联网+”战略实施，采用网络营销为主的整合营销方式，强化滨海旅游景区之间的网络联系，促进河北省各滨海旅游景区之间的信息互动。另一方面，河北省应尝试从技术层面扩大河北滨海旅游景区的数字化运营广度和深度，从而进一步提高河北省滨海旅游的知名度。

（2）应加速旅游产品年轻化、品质化发展。河北省应发挥滨海旅游的资源优势，加大旅游项目创新力度，积极推动项目精细化、年轻化、品质化发展，丰富游客旅游体验，提高游客满意度，扩大消费人群，加深旅游产品市场化程度。

（3）应深入挖掘滨海旅游资源，开发特色滨海旅游项目。河北沿海三市应根据各自的自然地理条件、历史文化特色、经济发展水平等情况，发展各具特色的旅游项目。例如，秦皇岛可以海上游乐和竞技项目为主，突出山海一色开发旅游项目；唐山可以海湾、海岛游为主，突出长城、皇陵特色开发旅游项目；沧州可以海港休闲游为主，突出武术、杂技等历史文化特色开发旅游项目。

（4）应构建滨海旅游一体化格局，促进滨海旅游业快速发展。河北省应促进滨海旅游景区之间的游客、旅游信息等要素的自由流动，逐步形成多中心、多网络协同发展的旅游空间格局，促进滨海旅游业快速发展。同时，应注重对滨海旅游业相关产业的培育，增强河北海洋经济发展的活力和动力。

# 第六章　基于在线评论的河北省滨海旅游游客满意度评价

## 第一节　引言

河北省临海的秦皇岛市、唐山市、沧州市，滨海旅游资源非常丰富。近年来随着经济的迅速发展，旅游人数迅速增加，河北省滨海旅游项目吸引了全国各地众多的旅游爱好者。本章以在线评论为基础信息对景区满意度调查数据进行分析，首先运用网络爬虫技术获取有关河北滨海旅游的在线评论文本数据，并使用高频词云图做初步探索和分析；其次运用隐含狄利克雷分布（Latent Dirichlet Allocation，LDA）主题模型提取文本评论的主题，通过情感词典对文本数据进行量化；最后通过 IPA 模型进行分类分析，从分析结果中总结出河北省滨海旅游发展的优势与不足之处，为河北省滨海旅游发展的完善与改进提供参考建议。

近年来，我国致力于开发海洋资源，制定了相应的滨海旅游发展计划，向国际滨海旅游市场发起挑战，并宣传我国的海洋文化特色。我国的滨海旅游业在城市化的推动下，已经得到了迅速的发展，并在一定程度上带动了经济增长。同时，滨海旅游也是海洋经济的一个重要组成部分。河北省有 3 个城市临海，分别是秦皇岛市、唐山市和沧州市，滨海旅游业在河北经济中占据重要地位，具有良好的发展前景。随着我国经济的快速发展和居民生活水平的提高，游客的需求也在不断扩大。旅游产业作为国民经济和社会发展的战略性支柱产业之一和第三产业中最具活力、发展速度最快、关联度最高、带动性最强的新兴产业之一，对于改善民生、拉动内需、促进就业的作用日益显现。旅游业成为国民经济新的增长点和国民经济体系中不可缺少的重要组成部分。

滨海旅游业的迅速发展为河北省经济增长做出了巨大的贡献，作为一项能够带动经济增长的热门产业，其产业长期发展的可持续性及稳定性显得尤为重要。游客满意度调查是收集游客反馈信息的重要手段，而智能设备的发展为在线评论提供了良好平台，因此分析在线评论获取游客满意度信息成了一种重要方式。在线评论因其反馈信息的便捷性和游客表达感受的真实性等特点，迅速成为游客反馈自身旅游体验的主要方式。

本书通过 Python 编程软件对“携程”“马蜂窝”“同程”“去哪儿”4 个旅游网站中关于秦皇岛市、唐山市和沧州市 16 个景区（点）的在线评论数据进行爬取。由于存在很多与旅游体验无关的评论或自动生成的评论，因此需要对收集到的评论信息进行预处理，删除一些无用信息后总共收集到 10 160 条相关数据。

过程中的信息预处理共分为三个阶段，即数据清洗、文本分词和停用词处理。数据清洗的方式为删除重复、无效信息，修改错误词句，规范文字和语言，这一过程需要人工处理；文本分词是通过 Python 软件中的 Jieba 库对评论信息进行分词标注；停用词处理是通过 Python 对评论信息中频繁出现但是对文本分析意义很小甚至没有意义的词语进行删除处理，如对“的”“等”“有的”等词进行处理。

## 第二节 模型的构建

### 一、构建 LDA 主题模型

主题模型是在机器学习和自然语言处理等领域用来在一系列文本中发现抽象主题的一种统计模型。如果一个文本有多个主题，则一些特定的可代表不同主题的词语会反复出现。此时，运用主题模型能够发现文本中使用词语的规律，并且把规律相似的文本联系到一起，以寻求非结构化的文本集中的有用信息。

LDA 模型是由 Blei 等人于 2003 年提出的无监督的生成式主题模型。该模型在众多评论中以一定的概率分布挑选一个主题，基于该主题又以一定的概率分布生成某一个词语，然后继续从评论中以一定的概率分布挑选一个主题，如此循环往复，直到生成的主题达到预期数量为止。LDA 模型包含文本、主题、词三层结构，能够有效地对文本进行建模。LDA 模型和传统的空间向量模型（VSM）相比，增加了对概率信息的处理。文本生成主题属于多项式分布，主题生成词语也属于多项式分布。通过 LDA 模型可以采用词袋模型将每一个文本视为一个词频向量，从而将文本信息转化为易于建模的数学信息。LDA 主题模型能够挖掘数据集中的潜在主题，进而分析数据集的中心词及其相关特征词。LDA 模型的终极目标就是找到主题集合，把词-文本概率分布变成主题-文本概率分布和词-主题概率分布。

LDA 模型的算法步骤：①对文本集合中的每篇文本 $d$ 做分词处理，并过滤掉无意义词，得到语料集合 $\boldsymbol{W}=\{w_1, w_2, \cdots, w_x\}$。②对这些词做统计，得到概率 $p(w_i \mid d)$。③为语料集合 $\boldsymbol{W}$ 中的每个 $w_i$ 随机指定一个主题 $t$ 作为初始主题。④对初始主题进行重新采样，确定每个 $w_i$ 的所属主题 $t$，并在语料集合中更新直到主题结果收敛。收敛以后得到词-主题的概率矩阵（LDA 矩阵）和主题-文本的概率分布。

LDA 主题模型能够较为准确地提取在线评论中所涉及的主题，在文本聚类、主题挖掘、相似度计算等方面都有广泛的应用。相对于其他主题模型，其引入了狄利克雷先验理论，因此模型的泛化能力较强，能够合理规避传统主题模型容易出现的过拟合问题，从而利于研究人员把握研究方向和探寻新兴主题。此外，LDA 主题模型是一种无监督的模式，只需要提供训练文本，它就可以自动训练出各种有关主题词的概率，用来快速提取、归纳主题词，无须任何人工标注过程，节省大量人力及时间。

## 二、满意度量化分析

本书通过文本情感分析，将游客的文本评论进行量化，把河北省滨海旅游在线评论的文本数据转化为数值数据，从而了解到游客对当地景区的情感感受，即积极情感、中性情感和消极情感，进而得到游客对景区的满意度信息。旅游服务平台上大量的评论中蕴含着游客对景区的观点、情感、态度，一般分为好评、中评和差评等，但我们只从这三类评价的表面信息中很难挖掘到有效信息。因此，对文本评论进行深度探究及分析至关重要。我们可以通过游客的文本评论分析出游客多元的主观感受及其产生的原因，将文本评论量化得到游客的情感态度信息并进一步获得游客对景区的整体满意度信息，最终得出改善的建议。

文本情感分析是大数据时代常用的一种情感挖掘方法，涉及统计学、语言学、人工智能等多个专业的研究内容，是当前自然语言处理领域的研究热点。通过文本数据对用户的情感态度进行分类，通常是将评论的情感态度分成三类，分别是正向、中性、负向。常见的情感分析方法分为三类，分别是基于情感词典的情感分析方法、基于机器学习的情感分析方法、基于深度学习的情感分析方法。

基于情感词典的情感分析方法是比较传统的一种情感分析方法，它的主要思想是将文本与情感词典进行匹配，汇总文本情感评分，最后得到文本的情感倾向。具体来说是，对于待分词的文本数据，找出其中的情感词、否定词以及程度副词，然后判断每个情感词之前是否有否定词或程度副词，将它之前的否定词和程度副词划分为一个组，如果有否定词就将情感词的情感权值乘－1，如果有程度副词就乘相应的程度值，最后所有组的得分进行线性求和，大于0的归于正向情感，小于0的归于负向情感。最终分类效果取决于情感词库的完善性。

基于机器学习的情感分析方法是选出一部分积极情感的文本与消极情感的文本，之后用机器学习方法进行训练，得出情感分类器，再通过这个情感分类器对所有文本进行积极与消极的二元分类。机器学习方法的优点是，机器学习对情感分析会更为精准，深度神经网络可以很好地分辨出一些反讽语气的句子，这些句子的情感不是通过简单的表面词汇分析可以理解的。最终分类效果取决于训练文本的选择以及正确的情感标注。应用机器学习的方法，大多数情况都是需要对数据进行人工标注的，人工标注非常耗时耗力。另外，对于特定领域，判断情感不仅需要人工参与，还需要很多的专业知识，需要人工参与。

基于深度学习的情感分析方法主要利用深度学习模型自动捕捉文本的重要表达特征，提高分类的效率，充分挖掘语意文本情感信息。常用的深度学习模型有递归神经网络模型、深度信念网络模型、领域-对抗网络模型和长短期记忆模型等。应用该类方法的主要步骤为：第一步，输入原始文本，深度学习模型自主学习得到文本特征的分布信息。第二步，将分布式向量特征作为深度学习模型的输入信息。第三步，针对不同的应用需求，使用不同的深度学习模型，并有监督地训练并确定网络权重。深度学习模型具有强大的学习性能，但它高度依赖数据，数据量越大，它的表现就越好。同时，应用深度学习模型需要较高的并行编程技巧和较好的硬件支持才能更好地实现算法。

在本章中，我们使用基于情感词典的情感分析方法对网络评价进行分析。根据不同情感词典所提供的情感词的情感极性来判断文本的情感极性，情感词典内包含不同的情感词及相应的情感得分值，一般赋予积极正向的词汇正数值，赋予负向的词汇负数值。绝对值越大，则表示情感程度越深。首先，将待分析的词汇与词典进行匹配，分析并计算每个词的褒贬词性及情感的分值，再以词汇为单位对它们的情感分值进行加权求和等操作，获得整个句子或整个篇章的情感极性。基于情感词典的情感分析方法应用流程图如图 6-1 所示。

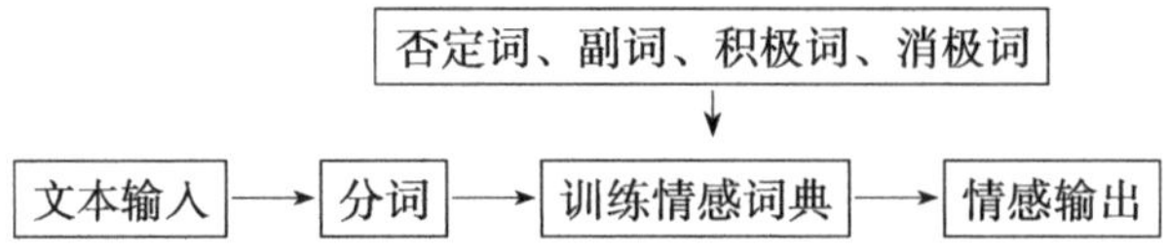


图 6-1　情感词典的分析方法应用流程图

在线文本评论中，除了带有情感倾向的词，如“喜欢”“不错”“生气”等直接表示情绪感受的词之外，还有一些词如否定词和副词等同样可以表达情感。本章中使用的情感词典包括 BosonNLP 的情感词典、否定词词典和副词词典。

1. BosonNLP

文本情感分析中常用的情感词典如表 6-1 所示，各情感词典分别具有不同的特点。本章中使用 BosonNLP 的情感词典，BosonNLP 的情感词典是通过“微博”、论坛等平台的上百万篇情感标注数据自动构建的情感极性词典。因为包括“微博”数据，所以该词典囊括了很多网络用语及非正式简称，对非规范文本也有较高的覆盖率。

在 BosonNLP 的情感词典中，文本采用 UTF-8 进行编码，每行为一个情感词及其对应的情感分值，以空格分隔，共包括 114 767 个词语。其中，负数分值代表偏负面的词语，非负数代表偏正面的词语，情感的程度可以由数值的绝对值大小反映出来。

表 6-1 情感词典及其介绍

| 情感词典 | 介绍 |
|---|---|
| SentiWordNet | 包含正、负、中性三种情感分类 |
| CNKI | 包含 9142 个英文评价词语和 9193 个中文评价词语，有正、负两种情感分类 |
| WordNet | 包含名词、动词、形容词、副词和虚词 5 种分类 |
| BosonNLP | 包含 114 767 个词语，有正、负两种情感分类 |

2. 否定词词典

若文本中出现否定词，如不、没、无、非、勿等，则原语句会变为相反的意思。在文本评论中常常存在“否定之否定”类的词汇，因此在情感分析的过程中使用否定词词典非常重要。本章中使用的否定词词典如表 6-2 所示，对各否定词均赋予－1 的情感值。

表 6-2 否定词词典

| 否定词 | 情感值 |
| --- | --- |
| 不大、不丁点儿、不甚、不怎么、无聊、没怎么、不可以、怎么不、几乎不、从来不、从不、不用、不曾、不该、不必、不会、不好、不能、很少、极少、没有、不是、难以、放下、扼杀、终止、停止、放弃、反对、缺乏、缺少、不、甭、勿、别、未、反、没、否、木有、非、无、请勿、无须、并非、毫无、决不、休想、永不、不要、未尝、未曾、毋、莫、从未、从未有过、尚未、一无、并未、尚无、从没、绝非、远非、切莫、绝不、毫不、禁止、忌、拒绝、杜绝、弗 | −1 |

3. 副词词典

副词常用来修饰动词或形容词，起到加强语气的作用。不同的副词表达的情感程度往往不同，有些是带有肯定语气的，如“极其”“绝对”“超级”和“最”等词，而有些词语如“更加”“有些”“很”和“进一步”等词的语气较为委婉。我们分别将这两类副词赋予 1.5 和 1.2 的情感值。本章中所分析的网络评论涉及的具体的副词词汇如表 6-3 所示。

表 6-3 副词词典

| 副词 | 情感值 |
| --- | --- |
| 没错、超、超级、倍加、绝顶、绝对、无比、何等、最、最为、顶、极、极其、极端、极度、极为、极力、格外、分外、忒、较、比较、较为、尽、多、大、强、太、特、特别、尤其、尤为、蛮、非常、十分、十足、更、更加、更其、更为、越、越发、越加、越来越、越是、这般、这样、足、足足、过于、完全、甚为、颇、挺、仍然、仍旧、愈、一点也、一点都、百分之百 | 1.5 |
| 更加、尤其、很、有些、有点、稍、不算、还、还是、还好、略微、相当、愈加、愈来愈、愈益、远远、进一步 | 1.2 |

## 三、构建 IPA 分析模型

IPA 即重要性-表现程度分析法，由学者 Martilla 和 James 于 1977 年提出，是一种常用的满意度评价方法，主要用于研究用户对各类评价对象的期望和实际感受，并以此来衡量用户满意度。若实际感受大于期望，用户会有较高的满意度，反之会有较低的满意度。在 IPA 模型中，用户的期望以“重要性”这一指标来衡量，用户往往会对认为重要的事情给予期望。用户的实际感受以“满意度”这一指标来衡量，若用户实际感到满足，会产生较高的满意度。IPA 模型从重要性和满意度两个维度来衡量用户对某一研究对象感知的满意程度，广泛应用于各个服务领域，如酒店住宿、餐饮、旅游景点及网络服务等。IPA 模型常常应用在满意度分析、市场营销分析及用户体验分析中，目的是通过分析用户对事物的期望和实际感受，以简单直观的方式了解项目的优、劣势，找到当前需要重点改进的领域，进而不断提高服务质量和用户的满意度。

重要性和满意度是构建 IPA 模型的两个重要指标。现有文献关于重要性的确定方法主要有两种：一是基于问卷调查方法直接确定重要性这一属性的取值，该方法受调查样本的限制，具有较大的主观性。二是基于机器学习等方法建立预测模型来确定各评估指标的权重，以此来确定各指标的重要性。相比于问卷调查法，该方法不受调查样本的限制，更具客观性。满意度的度量方法也有两种：一是基于文本评论进行情感分析，获得情感倾向值，并以情感倾向值作为满意度的衡量指标。依据情感倾向值可以将情感倾向分为三种类型，情感倾向值大于 1 的视为正向情感，0～1 视为中性情感，小于 0 的视为负向情感。情感倾向值越高，表明用户对研究对象的满意度越高。二是通过问卷调查直接了解用户的满意度，该方法实现简单，易于操作。

IPA 模型以重要性和满意度分别作为横、纵坐标轴，以二者的平均值作为交叉原点，由此将二维空间划分为 4 个象限，不同象限代表着不同的类别和含义，IPA 象限图如图 6-2 所示。对于第一象限，是用户认为重要且实际感受较好的区域，因此该区域的对象在各方面表现较好，应该继续保持优良特征。第一象限是该项目的优势区。对于第二象限，是用户认为并不重要，但实际感受较好的区域，是该项目的保持区。对于第三象限，是用户认为不重要且实际感受未能达到期望的区域，该区域有着较大的发展进步空间，是该项目的机会区。对于第四象限，是用户认为重要，但实际未能达到期望的区域，该区域的对象应该重点关注评价反馈信息并采取相应的措施以改进和完善服务，从而提高用户的满意度。第四象限是该项目的改进区。由 IPA 的 4 个象限可以清楚地看出用户对产品的需求和满意程度，以及产品的优势属性和劣势属性。通过 IPA 分析，产品相关人员能够更直观地了解需要优先改进的地方，从而聚焦服务短板，合理分配现有资源，制订有效的改进措施，提高用户的满意度。

IPA 分析法的优点在于其模型直观、形象、清晰、易于读者理解，不足之处在于重要性和满意度这两个指标表示受访者强烈的主观感受，但二者具有较强的关联性，因此在实际调查的过程中不易获取有效的数据。

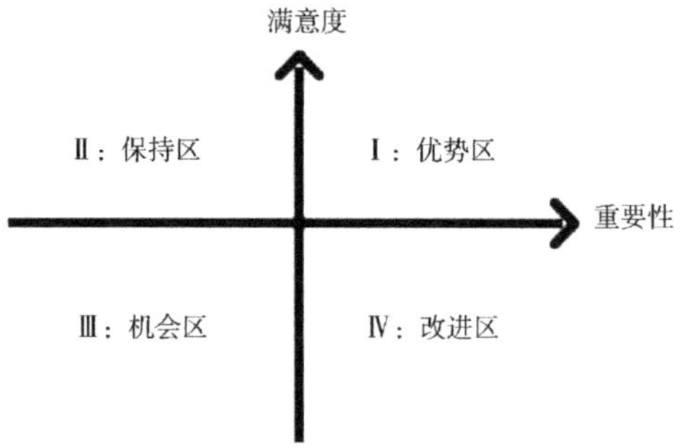


图 6-2 IPA 象限图

## 第三节 实验及结果分析

### 一、高频词处理

本节中通过高频词对游客文本评论进行满意度分析。通过高频词分析可以找到游客的关注热点，能够挖掘出文本评论中隐藏的信息。我们从旅游六要素的“吃、住、行、游、购、娱”角度进行词频分析，这六要素全面具体地概括了影响游客满意度的因素。

第一，“吃”在旅游六要素中排在首位，体现了当地旅游景区的饮食特色。

民以食为天，饮食文化是中华传统文化之一，地方特色美食在很大程度上吸引着游客到旅游景区观光消费。滨海景区水利条件优越，海鲜产品丰富多样，能够吸引大量游客前来旅游消费。随着经济水平的不断提高，人们在旅游时不仅要求吃得饱、吃得好，还要求吃得安心、干净和卫生。

我们在所有的文本分词结果中找出与吃相关的前20个高频词，如表6-4所示。我们可以看到“干净”词频为375次，位于首位，表明饮食环境和菜品等方面干净卫生，游客才能较为满意。除此之外，表中的“螃蟹”“皮皮虾”“寄居蟹”等海鲜产品相关词体现了当地的饮食特色。“酒吧”“烧烤”“自助”“冰棍”也在某种程度上反映出游客对当地特色美食的喜爱。“好吃”与“难吃”从正、反两个角度体现了游客对景区食品的评价。统计数据显示，“好吃”的词频为42，“难吃”的词频为27，好评数量多于差评数量。在食品价格方面，不少游客反映价格有些贵。总体来说，表中数据显示，所分析的景区海鲜、烧烤、酒类等食品干净卫生，受到游客欢迎；游客对景区的食品评价不一，好评多于差评；景区食品价格略贵。

表6-4　高频词表——吃

| 序号 | 高频词 | 词频 | 序号 | 高频词 | 词频 |
|---|---|---|---|---|---|
| 1 | 干净 | 375 | 11 | 寄居蟹 | 27 |
| 2 | 螃蟹 | 225 | 12 | 餐厅 | 21 |
| 3 | 酒吧 | 134 | 13 | 食物 | 18 |
| 4 | 小吃 | 80 | 14 | 啤酒 | 15 |
| 5 | 皮皮虾 | 63 | 15 | 小吃街 | 14 |
| 6 | 好吃 | 42 | 16 | 吃海鲜 | 14 |
| 7 | 餐饮 | 31 | 17 | 烧烤 | 12 |
| 8 | 小贵 | 28 | 18 | 冰棍 | 10 |
| 9 | 自助 | 28 | 19 | 鱿鱼 | 7 |
| 10 | 难吃 | 27 | 20 | 喝啤酒 | 3 |

第二，若游客选择中长期旅行，住宿必不可少。在外旅游期间，良好的住宿条件不仅能愉悦游客的心情，同时还能使游客减轻疲惫感，释放压力。本节

以与“住”相关的前 20 个高频词进行分析。如表 6-5 所示，在游客住宿体验方面，“方便”一词的词频最高，为 200。其次为“酒店”“住宿”“不错”和“热情”，表现为游客满意住宿条件。在住宿类型方面，游客选择最多的为“酒店”，其次为“民宿”“海景房”和“宾馆”等。在价格方面，虽然部分游客认为价格有些贵，但认为住宿条件与体验都不错。总体来说，游客对景区的住宿评价是积极正向的。

表 6-5 高频词表——住

| 序号 | 高频词 | 词频 | 序号 | 高频词 | 词频 |
|---|---|---|---|---|---|
| 1 | 方便 | 200 | 11 | 民宿 | 12 |
| 2 | 酒店 | 121 | 12 | 海景房 | 11 |
| 3 | 住宿 | 54 | 13 | 温馨 | 9 |
| 4 | 不错 | 41 | 14 | 宾馆 | 9 |
| 5 | 热情 | 38 | 15 | 五星级 | 9 |
| 6 | 舒适 | 36 | 16 | 小木屋 | 9 |
| 7 | 整洁 | 30 | 17 | 租住 | 6 |
| 8 | 小贵 | 28 | 18 | 不住 | 6 |
| 9 | 便利 | 25 | 19 | 假日酒店 | 2 |
| 10 | 入住 | 15 | 20 | 能住 | 1 |

第三，在出行方面人们可以选择的交通工具越来越多，出行越来越便利。本节以与“出行”相关的前 20 个高频词进行分析。如表 6-6 所示，在文本评论中提到次数较多的交通方式为海上交通工具——“游船”和“游艇”，而陆上交通工具相关词出现频率由高到低分别为“开车”“火车”“公交车”等。景区内的交通工具包括“电瓶车”“观光车”“自行车”和“大巴车”等。丰富多样的交通方式给游客的出行带来极大的便利。

表 6-6　高频词表——行

| 序号 | 高频词 | 词频 | 序号 | 高频词 | 词频 |
|---|---|---|---|---|---|
| 1 | 坐船 | 111 | 11 | 观光车 | 25 |
| 2 | 游船 | 82 | 12 | 自行车 | 19 |
| 3 | 好去处 | 73 | 13 | 车位 | 19 |
| 4 | 游艇 | 57 | 14 | 出租车 | 16 |
| 5 | 开车 | 52 | 15 | 堵车 | 12 |
| 6 | 电瓶车 | 42 | 16 | 渔船 | 11 |
| 7 | 火车 | 42 | 17 | 包车 | 7 |
| 8 | 打车 | 42 | 18 | 大巴车 | 6 |
| 9 | 公交车 | 27 | 19 | 摩托艇 | 6 |
| 10 | 行程 | 26 | 20 | 骑行 | 4 |

第四，游玩这一要素涉及的高频词更易体现出游客的主观体验感，游玩体验是影响游客满意度的重要因素之一。从表 6-7 来看，对于游客的游玩偏好来说，“公园”“海边”“鸽子”“沙滩”和“日出”等词出现次数较多，表明游客对这些景观的关注度较高；从游客的景区偏好来看，“老龙头”和“北戴河”这两个景区的热度很高；从游客的情感评价来看，“不错”“值得”“推荐”和“开心”等评价表现出游客对景区的满意度较高。其中，“不错”位于高频词表的首位，词频为 2279，表明游客的整体游玩体验是不错的。

表 6-7　高频词表——游

| 序号 | 高频词 | 词频 | 序号 | 高频词 | 词频 |
|---|---|---|---|---|---|
| 1 | 不错 | 2279 | 11 | 岛上 | 413 |
| 2 | 值得 | 1194 | 12 | 海水 | 343 |
| 3 | 公园 | 967 | 13 | 表演 | 337 |
| 4 | 海边 | 746 | 14 | 开心 | 314 |
| 5 | 鸽子 | 687 | 15 | 海风 | 224 |
| 6 | 沙滩 | 682 | 16 | 游乐 | 142 |
| 7 | 老龙头 | 575 | 17 | 赶海 | 140 |
| 8 | 北戴河 | 557 | 18 | 美丽 | 108 |
| 9 | 日出 | 542 | 19 | 玩水 | 89 |
| 10 | 推荐 | 420 | 20 | 景色宜人 | 82 |

第五，除了购买景区门票，游客在欣赏景色的同时，还常常伴有购物需求。购物不仅能带给游客更美好的回忆和体验，还能带动当地经济的发展。表 6-8 高频词中居于首位的是“排队”一词，词频高达 371，表明在景区排队购票是游客关心在意的热点问题。在购物价格方面，“便宜”和“太贵”的词频分别为 187 和 59，“便宜”“优惠”主要描述的是在各大旅游网站进行线上购票会有优惠和折扣，而“太贵”主要描述旅游景区的纪念品和其他产品服务费用太高。在游客感知方面，“满意”“方便快捷”和“节省时间”描述了线上购票带给游客不错的体验感。

表 6-8 高频词表——购

| 序号 | 高频词 | 词频 | 序号 | 高频词 | 词频 |
|---|---|---|---|---|---|
| 1 | 排队 | 371 | 11 | 不贵 | 51 |
| 2 | 便宜 | 187 | 12 | 消费 | 44 |
| 3 | 收费 | 187 | 13 | 方便快捷 | 42 |
| 4 | 买票 | 159 | 14 | 购买 | 33 |
| 5 | 取票 | 99 | 15 | 小贵 | 28 |
| 6 | 满意 | 84 | 16 | 团购 | 8 |
| 7 | 订票 | 75 | 17 | 购物 | 8 |
| 8 | 优惠 | 60 | 18 | 价格便宜 | 4 |
| 9 | 太贵 | 59 | 19 | 节省时间 | 2 |
| 10 | 套票 | 51 | 20 | 全票 | 2 |

第六，游客选择滨海旅游景区主要以娱乐为目的，景区带来的娱乐体验在很大程度上影响着游客的满意度。表 6-9 中，“景色”出现的频率最高，为 1236 次，说明游客对景色的关注度很高。对于娱乐项目，“缆车”“温泉”“索道”和“篝火”等特色项目出现的频率较高，表明其深受游客欢迎。对于娱乐项目的评价，“好玩”“喜欢”“壮观”和“景色宜人”体现了景区带给游客不错的休闲娱乐体验感。

表 6-9　高频词表——娱

| 序号 | 高频词 | 词频 | 序号 | 高频词 | 词频 |
|---|---|---|---|---|---|
| 1 | 景色 | 1236 | 11 | 索道 | 222 |
| 2 | 公园 | 967 | 12 | 篝火 | 146 |
| 3 | 景区 | 853 | 13 | 特色 | 141 |
| 4 | 拍照 | 536 | 14 | 游泳 | 127 |
| 5 | 好玩 | 505 | 15 | 壮观 | 127 |
| 6 | 喜欢 | 442 | 16 | 坐船 | 111 |
| 7 | 游玩 | 345 | 17 | 游览 | 110 |
| 8 | 海水 | 343 | 18 | 蹦极 | 88 |
| 9 | 缆车 | 270 | 19 | 景色宜人 | 82 |
| 10 | 温泉 | 245 | 20 | 度假 | 72 |

## 二、LDA 主题模型分析

1. 确定主题数量

本节利用 Python 的 Sklearn 机器学习库对河北省滨海旅游网络评价展开 LDA 主题模型分析。通过对 LDA 模型的反复训练，不断调整最大主题数量，最终将主题数量的最大数值设置为 10 个，并对此数值进行了一致性与困惑度的计算，以备进行主题模型分析。通过图 6-3 的结果可以看出，在主题数量为 6 个时一致性最高，而困惑度也处在低位，所以最终将最优主题数量确定为 6 个。使用 Python 软件的 pyLDAvis 函数进行可视化分析，结果如图 6-4 所示。图中每一个圆圈代表一个主题，从可视化图中可以看出圆圈之间存在重合的部分较少，表示 6 个主题间的重复性较低，证明了最优主题数量的合理性。由于后面还要进行特征词归纳分类处理，在这里我们将主题词所对应的关键词设置为 30 个（n _ top _ words＝30）。

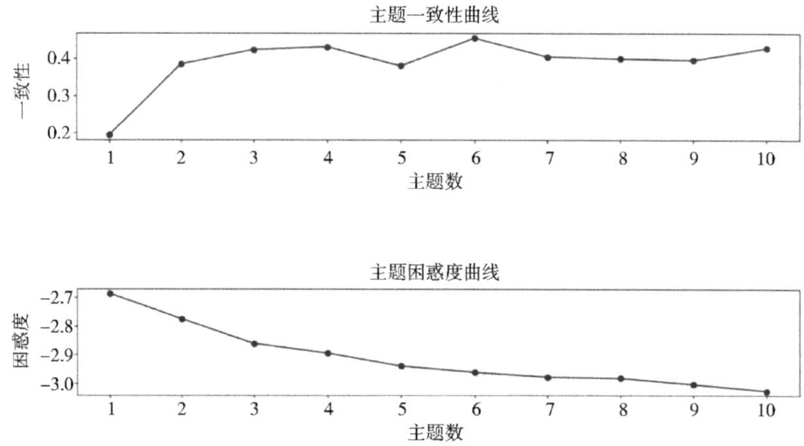


图 6-3　在线评论主题一致性与困惑度曲线

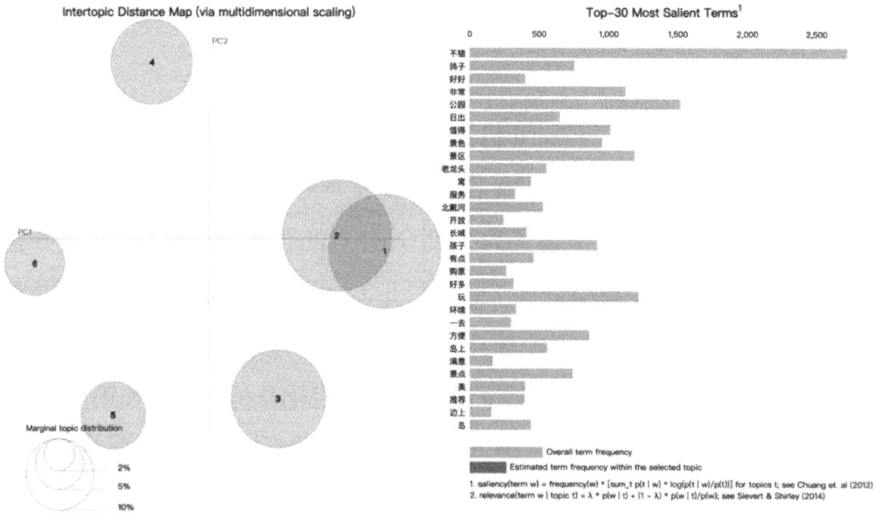


图 6-4　在线评论主题 pyLDAvis 可视化

2. 旅游评论文本主题分类

本节将主题数量确定为 6 个，每个模型的主题特征词为 30 个，但是通过 pyLDAvis 可视化图发现主题模型中有一些与本节所需数据相关性不强的主题特征词，因此我们对主题特征词又进行了一遍筛选，去除了相关性不强的特征词后，为每个主题选择出了最具代表性的10个特征词。通过LDA主题模型分析，我们把河北省滨海旅游的在线评论内容归纳为6个主题，分别是旅游感受、旅游项目、旅游消费、景区选择、景区服务、推荐态度。表6-10是对特征词的展示。

表6-10 LDA主题对应特征词

| 主题 | 特征词 | | | | | | | | | |
|---|---|---|---|---|---|---|---|---|---|---|
| 旅游感受 | 不错 | 感觉 | 特别 | 喜欢 | 好玩 | 比较 | 很多 | 没有 | 适合 | 开心 |
| 旅游项目 | 岛上 | 游泳 | 沙滩 | 索道 | 碧螺 | 表演 | 演出 | 门票 | 缆车 | 地方 |
| 旅游消费 | 值得 | 购买 | 购物 | 起点 | 进入 | 便宜 | 价格 | 租车 | 游艇 | 线路 |
| 景区选择 | 北戴河 | 公园 | 鸟类 | 海滩 | 入园 | 岛屿 | 海边 | 鸽子 | 日出 | 海风 |
| 景区服务 | 服务 | 开放 | 便捷 | 好评 | 环境 | 活动 | 体验 | 安全 | 态度 | 一般 |
| 推荐态度 | 性价比 | 很值 | 满意 | 推荐 | 希望 | 真的 | 很好 | 美丽 | 喜欢 | 漂亮 |

## 三、游客满意度文本数据量化

本书利用Python软件，将文本评论数据进行量化处理，将游客对景区的主观感受转为数值型数据，便于统计分析。首先，将文本评论分词后与3个词典的每个词汇进行匹配，从而得到每个词汇的情感得分。其次，将所有属于该条评论的分词所得分值进行加权，得到每条评论的情感得分。最后，将情感得分大于0的视为积极情绪，将得分小于0的视为消极情绪。对所有文本评论的情感分布进行汇总，如表6-11所示，在所有的文本评论中，带有积极情绪的评论数量为9476条，占比为94.78%，说明游客对景区在整体上是满意的。

在线旅游服务网站得到的评论具有交互性，即商家及游客都可以看到用户的评论，差评对二者的影响都极为重要。因此，商家会把更多的精力和时间放在解决游客差评体验所反映的问题上。

因此，我们进一步对游客的消极情绪进行分析。消极情绪分段统计结果如

表 6-12 所示，情感得分在－10～0 的一般消极评论数据有 653 条，占所有评论数据的比重为 4.99%；得分在－20～－10 的中度消极评论有 27 条，占所有评论数据的比重为 0.21%；得分在－20 以下的为 0 条。景区给游客带来消极情绪不可避免，但通过具体问题具体分析，对症解决问题，可以有效提高游客的满意度。

表 6-11　情感分布统计

| 情感倾向 | 频数 | 占比/% |
|---|---|---|
| 积极情绪 | 9476 | 94.78 |
| 消极情绪 | 680 | 5.22 |

表 6-12　消极情绪分段统计

| 情感倾向 | 频数 | 占所有评论比重/% |
|---|---|---|
| 一般（－10～0） | 653 | 4.99 |
| 中度（－20～－10） | 27 | 0.21 |
| 高度（－20 以下） | 0 | 0 |

下面以主题为研究对象，分析各主题对应评论的情感倾向，并计算各主题的平均情感得分，用来表示游客对该主题的满意度。在前面的 LDA 主题分析中已经将文本评论中各主题提取出来，现在需要判断每条评论属于哪一个主题，从而得到每一主题的平均情感得分。

依据最大似然原理，概率最大的事件最有可能发生。通过计算每一条文本评论属于每一主题的概率，得出的概率最大的主题即为该条评论所属的主题。通过 Python 软件实现这一过程，得到每一评论所属的主题，并计算情感得分，结果如表 6-13 所示。

表 6-13　各主题情感分析结果统计

| 主题 | 主题下评论数量 | 积极情感评论数量 | 消极情感评论数量 | 情感得分均值 |
|---|---|---|---|---|
| 主题 1：旅游感受 | 2067 | 1891 | 176 | 8.64 |
| 主题 2：旅游项目 | 1354 | 1225 | 129 | 6.27 |
| 主题 3：旅游消费 | 1873 | 1741 | 132 | 7.48 |
| 主题 4：景区选择 | 1029 | 942 | 87 | 5.94 |
| 主题 5：景区服务 | 2123 | 2022 | 101 | 6.39 |
| 主题 6：推荐态度 | 1712 | 1655 | 57 | 7.93 |

## 四、IPA 模型分析

IPA 模型分析是评价游客满意度的一种常见方法，本节将利用该模型对得到的六大主题进行满意度评价，对六大主题进行优劣势分析，找到目前景区需要改进的地方，从而提出有针对性的改进建议。在构建 IPA 模型之前，首先需要建立象限区间并确定横、纵坐标值。由于各主题在所有的文本评论中出现的频率不同，反映出游客对不同主题的关注程度不同，出现频率越高的主题其重要程度越高。因此，可以将各主题出现的次数占所有主题的比例作为滨海旅游游客满意度评价体系中重要性这一指标。对于纵坐标——满意度这一指标，可以将游客满意度文本数据量化得到的情感得分均值作为满意度值。情感得分均值是通过游客的文本评论分析游客对各主题的情感倾向得到的，可以有效地表示游客的满意度，情感得分越高，其满意度越高。

该模型具体分析流程如下：①确定重要性和满意度的取值，以重要性为横坐标、满意度为纵坐标，计算二者的平均值作为原点，由此形成 4 个象限。②将各主题对应的重要性和满意度得分进行汇总，输入到 SPSS 软件进行可视化展示。③将各主题的横、纵坐标值在 4 个象限内进行标注，即建立 IPA 模型。

重要性以各主题在所有的主题中出现的频率来表示，频率越高表明游客的关注度越高，其重要程度也就越高。对各主题及出现的频率进行分类和汇总，得到的结果如表 6-14 所示。其中，“旅游消费”这一主题所占比重最大，为 0.20，表明消费是游客高度关注的领域。

表 6-14　重要性度量

| 序号 | 主题 | 频数 | 重要性 |
|---|---|---|---|
| 1 | 旅游感受 | 1972 | 0.19 |
| 2 | 旅游项目 | 1245 | 0.12 |
| 3 | 旅游消费 | 2075 | 0.20 |
| 4 | 景区选择 | 1660 | 0.16 |
| 5 | 景区服务 | 1868 | 0.18 |
| 6 | 推荐态度 | 1338 | 0.15 |

前面已将文本数据量化，即将文本数据转化为数值型数据，挖掘出文本评论的情感倾向，对积极情感的评论赋予正值，对消极情感的评论赋予负值。将游客的情感倾向转化为游客的满意度，情感值得分越高表明游客对景区的满意度越高。对各主题的情感得分均值进行分类汇总，得到的结果如表 6-15 所示。其中，“旅游感受”这一主题的满意度最高，表明景区注重游客的游玩体验，使游客获得较好的游玩体验感。

表 6-15　满意度度量

| 序号 | 主题 | 满意度 |
|---|---|---|
| 1 | 旅游感受 | 8.64 |
| 2 | 旅游项目 | 6.27 |
| 3 | 旅游消费 | 7.48 |
| 4 | 景区选择 | 5.94 |
| 5 | 景区服务 | 6.39 |
| 6 | 推荐态度 | 7.93 |

将表 6-14 和表 6-15 的重要性和满意度数据导入 SPSS 软件中，对六大主

题进行象限可视化展示，以重要性为横轴，以其平均值 0.17 为分界线；以满意度为纵轴，以其平均值 7.11 为分界线，以二者的交点作为原点，绘制出 IPA 四象限图如图 6-5 所示。六大主题依据其横纵坐标值分布在 4 个象限中，第一到第四象限分别是：优势区、保持区、机会区和改进区，从各区域中可以清楚地看到滨海旅游景区的优势属性和劣势属性。

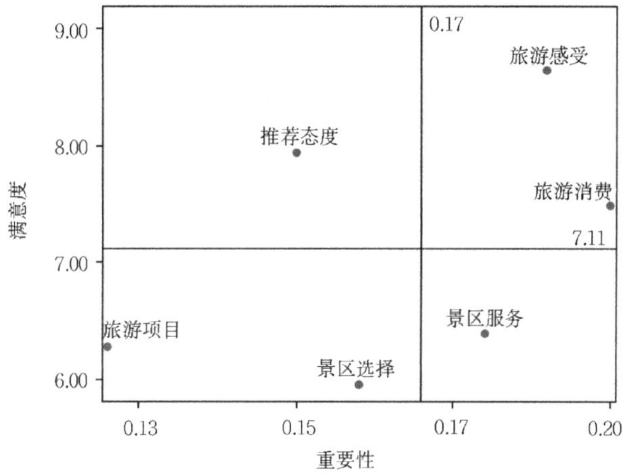


图 6-5 IPA 四象限图

第一象限为优势区，该区域中的节点重要性和满意度均大于平均值。该象限有“旅游感受”和“旅游消费”两个主题，表明游客对河北省滨海旅游有着较高的关注度和期待，同时也获得了较满意的体验感，这体现出旅游景区对消费者旅游感受及消费体验的重视。旅游感受和旅游消费两个优势属性可以作为景区的重点宣传内容。旅游感受这一主题在所有的文本评论中出现的频率为 1972 次，重要性为 0.19，满意度为 8.64，这一主题的特征词主要包括“不错”“特别”“喜欢”“好玩”等，这些特征词表达了游客游玩之后的心理感受。旅游消费这一主题的特征词在所有的文本评论中出现的频率为 2075 次，重要性为 0.20，满意度为 7.48，旅游消费的特征词包括“值得”“购买”“购物”“便宜”“价格”等。这些词体现了游客在游玩过程中的消费体验感，由于本章分析的是在线文本评论信息，获取的是在线上购票游客的评价信息，且线上购票往往会有一定的折扣，因此游客普遍认为景区价格便宜且值得消费。总体上来说，河北滨海旅游景区给游客的体验感是不错的，游客觉得项目娱乐性很强且物超所值。

第二象限为机会区，该区域的满意度高于平均值而重要性低于平均值，即游客对此没有较多的关注，实际上却获得较高的满意度。该象限中有“推荐态度”一个主题，这表明对游客来说，在景区游玩时并未特别关注推荐态度，而在实际游玩体验后获得了一种较高的推荐意愿。推荐态度这一主题在所有的文本评论中出现的频率为 1338 次，重要性为 0.15，满意度为 7.93。推荐态度这一主题的特征词主要包括“性价比”“很值”“满意”“推荐”“很好”等，这些特征词表达了游客对景区的感知及忠诚度。由特征词的词性可以看出游客对河北省滨海旅游景区的体验感不错，并有着较高的推荐意愿。

第三象限为保持区，该区域中的重要性和满意度均低于平均值，即游客对此主题没有较多关注且实际游玩过程中未获得较好的体验感。该象限有“旅游项目”和“景区选择”两个主题，这表明旅游项目和景区选择对游客游玩体验的影响较小。该区的满意度较低，关注度不高，因此有着改进空间。在将第四象限进行改进后，在资源充足充沛的条件下可继续对机会区进行改进，因此第三象限可评为次级改进区。旅游项目这一主题的特征词在所有的文本评论中出现的频率为 1245 次，重要性为 0.12，满意度为 6.27，特征词主要包括“岛上”“游泳”“沙滩”“索道”“碧螺”“表演”“缆车”等，这些特征词展示了滨海旅游的特色娱乐项目。景区选择这一主题在所有的文本评论中出现的频率为 1660 次，重要性为 0.16，满意度为 5.94。景区选择这一主题的特征词主要包括“北戴河”“公园”“海滩”“岛屿”“鸽子”“日出”“海风”等，这些特征词体现了滨海旅游景区的特色。

第四象限为改进区，有景区服务一个主题。该区有着较高的重要性和较低的满意度，即游客认为重要，但在游玩过程中未获得较好的体验，因此景区服务需要重点改进。景区服务这一主题的特征词在所有的文本评论中出现的频率为 1868 次，重要性为 0.18，满意度为 6.39，特征词主要包括“服务”“开放”“便捷”“环境”“体验”“景区”“一般”等。由这些特征词可以看出游客在游玩的过程中很看重服务体验，因为好的服务体验能让人感到轻松愉悦，增加游玩的乐趣。在今后的发展中，河北滨海旅游景区要增强对游客的服务意识，注重满足游客体验需求，带给游客最优质的服务，更好地展示景区形象。

观察文本评论，关于服务方面存在以下几个问题：①捆绑消费：“捆绑消费，硬把门票和午餐票放到一起捆绑销售，去看日出还要等一顿午餐。”②食品质量差：“2010 年夏天去的，附近大排档缺斤少两，买爆米花当着你面放甜蜜素，景色一般，名气大点。总之，特意去一趟有点不值当。”③工作人员态度差：“一般般，游客数量适中，老龙头修复得很好，园内售货亭服务人员素质有待提高。”“老龙头景区的服务真是一般般，停车后没有任何指示怎么去票务处，有游客还向我们问询。有一个出口连工作人员都没有，导航又倒回来。哎！自己猜吧！去售票处询问取票的事，工作人员态度，呵呵。”“工作人员服务态度差，入园程序烦琐，园区环境一般。”“很差，服务也不好，设备落后，体验不好。”景区要加强对内部工作人员的管理，增强服务意识，针对游客反映的消费、饮食、服务态度等问题，应提出详尽的解决方案和改进措施，提高游客的满意度。

## 本章小结

近年来河北省滨海旅游取得了很大的发展，对河北省的经济发展起到了一定的促进作用。但滨海旅游快速发展的过程中也遇到了很多问题，这些问题如果得不到重视将会制约其发展。因此，本章从在线评论这一方向入手，通过 LDA 模型和 IPA 模型对河北省几个具有代表性的滨海旅游景区进行了分析，归纳了游客对河北省滨海旅游的评论，并对游客的反馈进行了总结，其结果对于相关部门改善与完善滨海旅游景区服务提供了参考。

本章通过 Python 软件对“携程”“马蜂窝”“同程”“去哪儿”4 个旅游服

务网站中关于秦皇岛市、唐山市和沧州市 16 个景区的在线评论信息进行爬取。为了让调查结果更具有代表性和说服力，本章针对收集到的信息进行处理，删除了与本次调查无关的信息。对于清洗好的数据信息进行高频词分析，提取出具有代表性的高频词。高频词可以直观地反映出游客对于河北滨海旅游景区的情感，大大缩小了数据处理的范围，提升了本次调查的效率。接下来我们对高频词进行 LDA 主题模型分析，将零散的高频词进行了主题归类，利用 Python 的 Sklearn 机器学习库对数据反复训练，不断调整最大主题数量，最终将主题数量的最大数值设置为 6 个，同时筛选出了每个主题下的 10 个特征词，并采用图表的形式展现了出来。通过对特征词的提取，我们初步掌握了游客对河北省滨海旅游的基本态度，但是这些数据具有较强的主观性，说服力明显不足。因此，我们针对提取出来的特征词进行了量化分析，在情感量化分析阶段，使用了 BosonNLP 词典和 BosonNLP 情感词典对数据进行了情感标注，按正、负、中性三种情感类别进行区分。此外，还运用否定词典和副词词典对数据进行赋值，得到具有说服性的数值型数据。之后对以上得到的数据进行 IPA 分析，通过 IPA 模型直观得出数据分布在哪个象限，再针对不同的象限划分出优势区、保持区、机会区和改进区。通过分析我们得出的结论是："旅游感受"和"旅游消费"是景区的优势发展指标；"推荐态度"在本次分析中处于保持区的位置，说明对此项指标仍然需要加强重视，以使其发展为优势指标；"旅游项目"和"景区选择"这两项指标处于机会区的位置，游客对其具有较低的关注度和满意度，说明这两项指标容易受到游客的忽视；"景区服务"在本次分析中处于改进区的位置，说明游客对景区服务高度重视，当前满意度较低。景区服务是今后发展重点改进的方向。本次分析为河北省滨海旅游发展探寻出重点方向，可供参考。此外，本书针对发展中突出的问题进行研究，提出了一些改进建议。提出的改进建议如下。

(1) 针对"消费捆绑"问题，建立规范的消费制度。通过梳理发现，游客认为旅游消费最为重要。"消费捆绑"把游客不愿意消费的项目与愿意消费的项目进行强行绑定，降低了游客旅游体验感。针对此问题应建立规范合理的消费制度，通过规章制度杜绝此问题的发生。在旅游的过程中，并不是每一位游客对于所有消费环节都会感兴趣，因此取消消费绑定，让游客把预算花在自己想体验的项目上，能极大地提升游客的满意度。针对游客有意愿消费的项目，景区应该考虑如何改善消费环节、提高服务质量，满足游客需求。

（2）针对食品质量问题，建立食品安全监督机制。食品安全无论在哪里都是重中之重。民以食为天，食品安全直接关系到人们的身体健康，是一个不可忽视的领域。本次调查显示，游客对于景区食品质量不满意，这反映出景区对于食品安全监管方面还存在不足，应该给予足够的重视。应建立健全食品安全监督机制，让游客可以通过线上渠道对某一家或某一地区的食品进行投诉和打分，极大地调动游客的参与度。传统的电话反馈相对落后，而且简单的电话反馈也无法做到真正的公开透明，因此采用线上公开透明的反馈形式，也使所有的游客都可以通过线上的渠道提前了解某一家所销售食品的情况，既帮助游客“避雷”，又可以起到对商家督促的效果。

（3）针对景区服务意识淡薄问题，建立员工服务考核制度。服务人员的服务态度是最直观影响游客旅游体验的因素，很多时候游客都是心情愉快地游玩，体验感非常好，但是因为服务人员不经意间未做到表情管理，或者服务态度稍差，游客的体验就会瞬间变差，这一转变是非常快的。服务人员态度的好坏会直接影响到游客的心情。在这方面，应该建立相应的奖惩制度，可以定期评选服务明星，设立标兵岗位，对每期的获奖人员进行奖励，同时也公开负面典型，通过批评教育等形式进行惩罚。影响服务人员服务态度的因素是多方面的，有些人员可能根本没有意识到自己的服务态度已经严重影响到了游客的旅游体验，因此应当定期增加员工的服务培训，设定行业内的行为准则，让员工检视自身的行为和态度还有哪些欠缺。只有主动与被动的方式相结合才能最大程度激发员工的积极性，以此来提升服务质量。

通过在线评论对满意度进行调查是一种新兴的调查方式，这种方式也是基于互联网的充分发展逐渐兴起的。科技的进步带动互联网的发展，而互联网的快速发展也为调查研究提供了各种各样新颖的方式。传统的调查方式已经不足以满足现代行业的发展要求，得益于科技的进步、方法的革新，通过新方法能够更加高效、高质量地对问题进行分析。本书正是运用新的调查方法分析河北省滨海旅游的发展状况，找出存在的问题，提出发展建议。

# 第七章　基于在线评论的河北省滨海旅游影响因素分析

## 第一节　研究设计

本章的首要目的是，通过游客对河北省滨海旅游景区的在线评论，分析游客进行滨海旅游消费决策时的影响因素。我们从旅游在线服务网站等网络平台获取相应的评论数据。当前，国内现有的在线评论方式大致有以下几种类型。第一类，短视频平台的用户对于相应景区的评论。第二类，用户在相应的旅游服务网站上发表的评论，这类网站如“去哪儿”等。第三类，用户在“微博”“小红书”等社交平台上的评论。综合考虑上述平台对于本研究的相关性以及数据获取的难易程度，我们选择使用专业旅游服务网站的评论数据作为数据来源。因此，需要使用数据挖掘方法从网站中获取游客对河北省滨海旅游景区的评论数据。

### 一、数据挖掘方法

1. 网络爬虫

网络爬虫是近年来新兴的一种获取数据资料的手段，其基本的工作方法是：按照事先设计好的规则，由计算机来模拟人的操作自动获取网络信息。这种操作是数据挖掘分析过程中的第一步，为后续的分析提供数据。本章采用 Python 爬虫手段进行旅游服务网站（主要包括“去哪儿”“携程”“同程”和“马蜂窝”）在线评论数据的搜集，为后续河北滨海旅游景点评论和消费者决策的分析提供文本数据。

2. 文本挖掘

文本挖掘是数据挖掘的一种，只不过文本挖掘的对象是文本数据，与数值型数据是有一定区别的。正是由于这种区别，使得传统的数据挖掘手段不能直接应用到文本数据挖掘中，但是文本数据中所隐含的巨大信息不容人们忽视，这就促使了文本挖掘技术的不断崛起并迅速发展成为一种挖掘数据信息的专用方法。本章使用的文本挖掘分析方法有高频词分析、词云图分析、语义网分析、LDA主题模型分析、知识图谱及文本聚类分析，主要用于对爬取的河北省滨海旅游景区的文本数据进行深度分析，得出影响河北滨海旅游业发展的影响因素。

## 二、模型构建

为了确保对于河北省滨海旅游业发展影响因素分析的准确性和有效性，本章在分析初步获取的文本评论的基础之上，进行文本挖掘，主要利用 LDA 模型进行主题分析，提炼出主题，在提炼出的主题基础之上分析影响河北省滨海旅游业发展的影响因素。主要是根据游客给出的评价，分析影响因素的背后成因以及内生逻辑，并根据这些影响因素给出对策建议。

## 三、技术路线

基于在线评论的河北省滨海旅游影响因素、技术路线分析如图 7-1 所示。

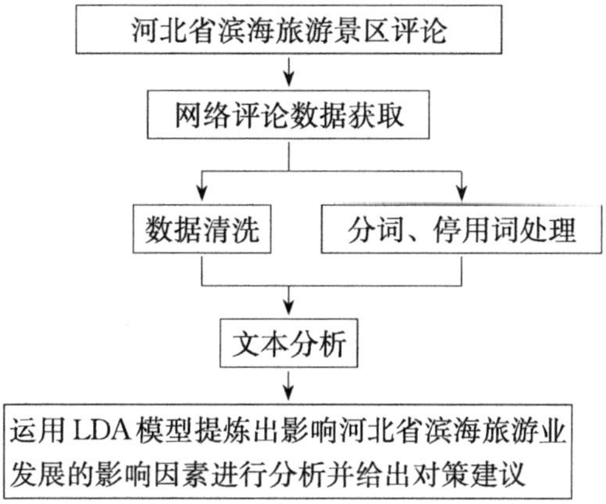


图 7-1　技术路线

# 第二节　数据采集及处理

## 一、河北省滨海旅游景区筛选

在筛选河北省滨海旅游景区之前，对河北滨海旅游资源和研究范围进行简要介绍。

河北省省辖秦皇岛、唐山、沧州 3 个沿海城市，海岸线长度共 487 公里。沿海地区拥有着非常丰富的自然、人文景观。并且，沿海地区拥有着面积较为庞大的湿地，形成了独特的自然生物景观。同时，唐山、秦皇岛一线处于地质活动带，拥有着较为丰富的地热资源。近年来，伴随着人民生活水平的不断提升，唐山、秦皇岛还打造了温泉世界等诸多现代人造商业景点。

具体来讲，河北省滨海旅游景区可以分为如下几个类型。地文景观类，主要是指自然旅游地、地质地貌过程形迹和岛礁等，具体有秦皇岛的黄金海岸景区、仙螺岛景区、老虎石景区和鸽子窝景区等。水域景观类主要包括天然湖泊与池沼、泉、河口与海域，具体有南大港湿地、北戴河东海水浴场等。康养娱乐休闲基地类，主要包括唐山湾国际旅游岛等。

在综合分析河北省目前拥有的滨海旅游资源类型后，还需要对各种类型滨海旅游景区通盘考虑，既考虑地文和水域景观类景区，也考虑康养娱乐休闲基地类景区。通过筛选，为保证分析数据来源的有效性和准确性，我们主要选择的是河北省沿海地级市中秦皇岛、唐山、沧州三地的沿海典型景区。通过搜索旅游服务网站上的景区名录可以发现上述三地的滨海景区主要如下：

秦皇岛：鸽子窝公园、北戴河东海水浴场、碧螺塔海上酒吧公园、老虎石海上公园、乐岛海洋王国、渔岛海洋温泉景区、新澳海底世界、黄金海岸、老龙头景区、南戴河仙螺岛。

唐山：唐山湾国际旅游岛、龙岛、金沙岛、曹妃甸湿地景区。

沧州：沧州南大港湿地。

同时，根据搜索可以发现，唐山湾国际旅游岛分为菩提岛、月岛以及祥云岛，针对唐山湾国际旅游岛分为 3 个具体岛屿的特点，具体分析时需获取 3 个岛的景区评论数据。

## 二、数据来源及获取

以往的对于河北省旅游业发展的评价基本都是选择使用统计年鉴的数据或者是使用问卷调查数据进行分析，本书选择使用网络在线评论数据作为一手材料进行分析。这样做的优点在于，能够较为直接获得消费者的消费体验数据，分析全面。具体到网络评论层面，不同于传统的调查问卷是以调查者设计好的内容来收集调查对象对调查问题的看法，网络评论的获取可以直接获得用户的体验数据。同时，互联网拥有着较为庞大的网站资源可作为数据来源。比如，对于搜索量的数据可通过“百度指数”和“谷歌指数”平台获取，对于商品和商家的评论可通过“大众点评”和“美团”网查询。但是，这些网站的数据并不能直接用于本研究。例如，“百度指数”和“谷歌指数”只能反映搜索量而无法反映出消费者对于某景区的具体看法，“大众点评”和“美团”又存在着诸如点评换取优惠的问题。为了保证数据搜索质量，参考 2020 年我国在线旅游业竞争格局（图 7-2），本章选择使用“去哪儿”“携程”“同程”“马蜂窝”4

个旅游服务网站的在线评论作为河北省滨海旅游评价的数据来源。同时，我们将在线评论的时间范围选定在了 2018 年 1 月 1 日—2022 年 12 月 31 日，确定了研究期。

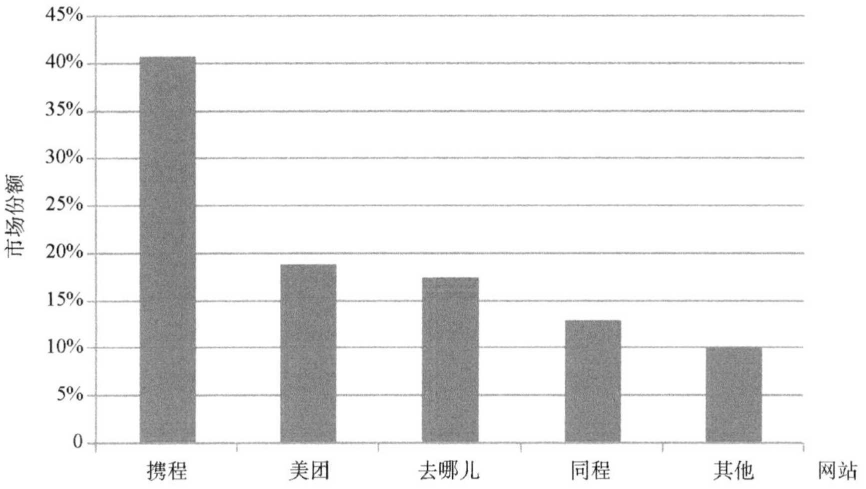


图 7-2　2020 年我国在线旅游业竞争格局

本章使用 Python 软件对网站评论数据进行爬取，用到的 Python 软件工具包包括 BeautifulSoup、pandas、json、requests、time 库。以“去哪儿”网为例，在进行数据的爬取时需要注意到具体网站的评论结构，需要找到正确的“ulr”请求接口，再将网页源代码中的“User-Agent”更改为运用爬取数据的计算机的“User-Agent”即可。

在进行上述网站的评论数据爬取时能够发现，4 个网站的数据获取方式具有比较大的不同。比如，“携程”网站景区的评论获取步骤稍烦琐。由于“携程”属于动态网站，需要查看网页的审查元素，然后切换到“Network”查看所传输的内容，找到“getcomment”然后相应更换“ulr”接口和相对应的“poiid”。

表 7-1 为以“去哪儿”网站为例介绍评论概况。

表 7-1 “去哪儿”网评论示例

| 用户名 | 时间 | 内容 |
|---|---|---|
| “去哪儿”用户 | 2018-05-09 | 景区挺干净，特别值得一赞的是停车位免费。可能淡季吧 |

## 三、数据处理

1. 数据清洗

数据清洗工作主要是将在4个网站中初步获得的关于河北省滨海旅游景区的文本评论进行处理，本节主要是手动处理，包括将全部评论内容进行时间上的筛选，删除掉不符合时间范围要求的评论内容，即将不在2018年1月1日至2022年12月31日范围内的评论内容删除掉。在此基础之上，再删除掉重复、无效评论，修改错误词句，规范文字和语言，特别是要对繁体字、表情、符号、英文、网络流行词进行相应处理。在完成这项工作后，我们得到了共计10 160条评论。

2. 文本分词

文本分词指的是将一个汉字序列切分成一个个单独的词。分词就是将连续的字序列按照一定的规范重新组合成词序列的过程。分词的意义在于，实现词语的重新组合，找出高频词汇，为后续分析奠定基础。我们主要是利用Python中的jieba库来完成这项工作。

3. 过滤停用词

过滤停用词是展开分析前必不可少的一个步骤，这个步骤的目的主要是将逗号、句号、顿号、省略号等标点符号和“了”“的”等一系列没有实际意义的词去掉，来提升分析的精度。这些词往往没有多少实际的意义或者说对于分析没有太多的作用，但是会频繁出现，因此我们选择将其去掉。常用的停用词库有哈工大停用词表、四川大学机器智能实验室停用词库、百度停用词表和中文停用词库4个停用词词库。

4. 高频词统计

在过滤掉停用词之后，开始进行高频词统计。我们应用 Python 中的 Collection 包中的 Counter 计数器做词频的统计。通过进行高频词的统计，能够快速了解游客对河北滨海旅游最关注的方面，在此基础之上分析得出游客对于河北滨海旅游的满意度，进而可以分析出河北省滨海旅游的影响因素，为文本挖掘提供依据。在对高频词初始统计之后得到了 13 173 条高频词。由于大多数评论高频词重复程度较低，我们选择前 100 条高频词进行描述性统计分析和词云图的制作。前 100 条高频词见表 7-2。

表 7-2　前 100 条高频词统计表

| 高频词 | 词频 | 高频词 | 词频 | 高频词 | 词频 | 高频词 | 词频 |
|---|---|---|---|---|---|---|---|
| 不错 | 2279 | 方便 | 429 | 看看 | 252 | 大家 | 158 |
| 可以 | 1296 | 推荐 | 420 | 温泉 | 245 | 漂亮 | 154 |
| 景色 | 1236 | 晚上 | 414 | 看到 | 243 | 入海 | 153 |
| 值得 | 1194 | 岛上 | 413 | 打卡 | 228 | 超级 | 153 |
| 公园 | 967 | 长城 | 404 | 螃蟹 | 225 | 好看 | 152 |
| 地方 | 926 | 干净 | 375 | 海风 | 224 | 水上 | 152 |
| 非常 | 861 | 排队 | 371 | 有趣 | 224 | 很漂亮 | 148 |
| 景区 | 853 | 性价比 | 365 | 时间 | 223 | 历史 | 147 |
| 孩子 | 796 | 海滩 | 349 | 索道 | 222 | 网红 | 146 |
| 景点 | 770 | 游玩 | 345 | 山海关 | 219 | 篝火 | 146 |
| 海边 | 746 | 海水 | 343 | 碧螺 | 217 | 白天 | 144 |
| 鸽子 | 687 | 表演 | 337 | 好多 | 212 | 娱乐 | 143 |
| 很多 | 686 | 开心 | 314 | 免费 | 204 | 游乐 | 142 |
| 沙滩 | 682 | 环境 | 309 | 一次 | 203 | 特色 | 141 |
| 门票 | 665 | 设施 | 289 | 很大 | 189 | 赶海 | 140 |
| 老龙头 | 575 | 一般 | 288 | 游客 | 189 | 人多 | 137 |
| 北戴河 | 557 | 大海 | 286 | 便宜 | 187 | 起点 | 135 |
| 日出 | 542 | 海上 | 278 | 收费 | 187 | 服务 | 135 |
| 拍照 | 536 | 缆车 | 270 | 携程 | 182 | 万里长城 | 134 |
| 还是 | 534 | 时候 | 264 | 湿地 | 171 | 酒吧 | 134 |
| 好玩 | 505 | 演出 | 263 | 旅游 | 170 | 小朋友 | 132 |
| 感觉 | 489 | 沙子 | 259 | 夏天 | 170 | 老虎 | 129 |
| 风景 | 452 | 秦皇岛 | 257 | 天气 | 167 | 一天 | 129 |
| 体验 | 448 | 总体 | 254 | 需要 | 161 | 壮观 | 127 |
| 喜欢 | 442 | 项目 | 254 | 买票 | 159 | 除了 | 127 |

表 7-2 是对河北滨海旅游高频词的直接展示。为了更加清晰地展现游客对河北滨海旅游关注度较高的内容，本章还进行了词云图的制作。制作词云图是将文本中关键信息进行可视化处理。首先对文本进行分词、增添自定义词典、去除停用词和单字、提取关键词等预处理，其次利用 imread 函数加载图片作为词云图背景，最后加载 Python 软件中 wordcloud 模块的 WordCloud 包对经过预处理后的文本进行分析，生成词云图。词云图是目前文本挖掘分析过程中最常用的可视化工具之一，其主要作用是突出文本关键词语，提高文本分析效率。

图 7-3 是对应表 7-2 的河北省滨海旅游高频词的词云图。

图 7-3　前 100 条高频词词云图

高频词分析可以直接展现出游客对于河北省滨海旅游的满意度。游客会围绕“吃、住、行、游、购、娱”六个方面来进行旅游消费。这六个方面体现了游客在旅行时需求的转变，被称为旅游六要素。这六要素基本体现了游客旅行时所感知的各个方面，是形成评价的基础。其中，“游”是六要素的中心部分，所有其他的要素都围绕着这个主题来展开，“食”“住”“行”这几个要素主要是满足基本的生活方面的需求，“娱”“购”主要是满足心理需求。下面，我们依托旅游六要素来对河北省滨海旅游高频词进行分析。

第一，关于“吃”的要素。“螃蟹”“酒吧”都与“吃”有关，频率分别达到了 225 次和 134 次，这反映了河北滨海旅游的一大特色产品是以螃蟹为代表的海鲜类食品。

第二，关于“住”的要素。与住相关的高频词较少，只有“温泉”这个词算是体现了居住方面的词汇。“温泉”出现的频率有 245 次。说明大家在河北进行滨海旅游时较少关注居住方面的需求。并且，根据前文对于河北省滨海旅游景区网络关注度的分析可以看出，大部分游客还是来自河北省，或者是京津地区，游客以一日游为多，对于河北省滨海旅游的居住方面要求较低。

第三，关于“行”的要素。“排队”算是“行”这一要素的具体展现。尽管在河北滨海旅游高频词中没有太多传统的关于交通方面的词汇，但是“排队”也说明了河北滨海旅游景区需要做到合理安排、统筹规划。结合前文对河北滨海旅游景区网络关注度的分析可知，在全国范围来说，河北省排在首位，也就是说河北省的游客往往是河北滨海旅游景区的主要消费群体。因此，游客对于河北滨海旅游景区的交通问题关注度较低。

第四，关于“游”的要素。从“游”的方面可以看出，关于游玩方面的高频词较多，游客对于河北滨海旅游景区的关注度较高。比如，“景区”作为高频词，其频率达到了 853 次。具体来讲，这些高频词可以分为两类。从游客的偏好上来讲，游客更加喜欢“海边”“沙滩”“老龙头”“北戴河”等旅游景区或者是特定类型的景点。从游客的满意度上面来讲，“不错”“可以”词频分别达到了 2279 次和 1296 次，说明游客对于河北滨海旅游景区的实际感受较为良好。

第五，关于“购”的要素。“门票”“性价比”“便宜”“收费”等词语出现频率都较高，分别达到了 665 次、365 次、187 次、187 次，可以看出消费者对于河北滨海旅游景区“购”方面关注度较高。

第六，关于“娱”的要素。“娱”的方面涉及的关键词较多。比如，“景色”“好玩”“打卡”等词语都是，这些词语分别出现了 1236 次、505 次和 228 次，能够从这些词语中感受出来大部分游客对于河北省滨海旅游景区较为满意，给出基本都是正向且积极的评价。

5. 河北省滨海旅游社会语义网络分析

前文高频词分析主要是针对游客对于河北省滨海旅游景区的基本感受进行分析，社会语义网络图不仅能够清晰地展现出高频词内部的逻辑关系，还能够显示出游客偏好间的影响关系，即能够更加定量地展现出河北滨海旅游高频词中的内生影响关系。本书利用 ROST 系列人文社科研究大数据计算工具来进行社会语义网络图的分析，将河北省滨海旅游评论中的词语影响关系可视化，更加清晰地展现高频词汇。河北省滨海旅游社会语义网络图如图 7-4 所示。

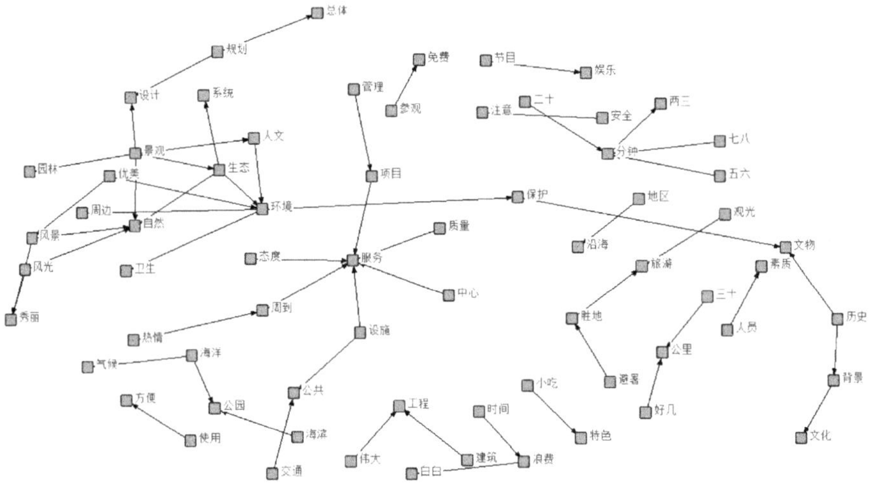


图 7-4 河北省滨海旅游社会语义网络图

社会语义网络图是由节点和边组成的。节点代表高频词语，边代表关系。节点的关键词连接的边越多，说明高频词出现的频率越高，其是游客最关注的方面。

从社会语义网络图中还可以看出，整个社会语义网络图由核心圈词汇—中间次核心圈词汇—边缘层词汇结构所组成。“自然”“环境”“生态”“服务”等词语位于整个社会语义网络图的中心位置，这几个词语都有大量的边与其相连，说明这些词语背后代表的含义或者说实际的产品和服务是游客最为关心的方面。而在边缘层词汇中，消费者更加关注“时间”“公里”“节目”“娱乐”等更多涉及具体消费感受的因素，说明影响消费者的因素中最关键的还是滨海旅游景区的自然环境基础以及能够提供的商业服务。

综上，根据河北滨海景区高频词的社会语义网络图分析，能够得到基本的高频词之间的内在关联。但是，由此无法得到游客对于河北滨海景区的具体感受，因此还需要通过 LDA 主题模型进一步分析评论主题等内容。

# 第三节　河北省滨海旅游影响因素研究

## 一、基于 LDA 主题模型的影响因素研究

### 1. LDA 主题模型介绍

LDA 主题模型主要用于研究文本的主题分布，可以将文本集中每个文本的主题以概率分布的形式展示出来，并根据主题进行主题聚类或文本分类。LDA 主题模型不关心文本中单词的顺序，通常使用词袋特征（bag-of-word feature）来代表文本。同时，LDA 主题模型建立基于几个假设：①整个文本集合中存在 $k$ 个互相独立的主题。②每一个主题是词的多项分布。③每一个文本由 $k$ 个主题随机混合组成。④每一个文本是 $k$ 个主题的多项分布。⑤每一个文本的主题概率分布的先验分布是狄利克雷分布。⑥每一个主题中词的概率分布的先验分布是狄利克雷分布。

在 LDA 模型中，一个文本生成的方式为：①从狄利克雷分布 $\alpha$ 中取样生成文本 $\iota$ 的主题分布 $\theta$。②从主题的多项式分布 $\theta_i$ 中取样生成文本 $i$ 第 $j$ 个词的主题 $Z_{i,j}$。③从狄利克雷分布 $\beta$ 中取样生成主题 $Z_{i,j}$ 对应的词语分布 $\phi Z_{i,j}$。④从词语的多项式分布 $\phi Z_{i,j}$ 中采样最终生成词语 $\omega_{i,j}$。

2. 主题模型分析

本节对全部评论数据建立 LDA 主题模型，设定 6 个主题，每个主题下面 10 个词语，结果如表 7-3 所示。

表 7-3 LDA 主题模型所生成主题的对应词语汇总表

| 主题一 | 主题二 | 主题三 | 主题四 | 主题五 | 主题六 |
|---|---|---|---|---|---|
| 孩子 | 景色 | 感觉 | 好玩 | 适合 | 岛上 |
| 喜欢 | 风景 | 海边 | 环境 | 拍照 | 缆车 |
| 开心 | 公园 | 夏天 | 景色 | 北戴河 | 索道 |
| 螃蟹 | 好玩 | 门票 | 下次 | 老虎石 | 海上 |
| 鸽子 | 门票 | 老龙头 | 总体 | 公园 | 淡季 |
| 沙滩 | 温泉 | 长城 | 特别 | 门票 | 真的 |
| 海底 | 人太多 | 休闲 | 海水 | 婚纱照 | 项目 |
| 挺好玩 | 海豚 | 表演 | 沙滩 | 游玩 | 好好 |
| 一般般 | 海边 | 北戴河 | 满意 | 方便快捷 | 世界 |
| 推荐 | 孩子 | 特别 | 推荐 | 体验 | 特色 |

由表 7-3 可知，主题一中的高频词主要是孩子、喜欢、开心、螃蟹、鸽子，主要体现了孩子们喜欢在海边玩，可以捉螃蟹、喂鸽子等。主题二中的高频词主要是景色、风景、公园等，体现了景色很好，尤其是许多海边公园景色很好，如老虎石、鸽子窝公园等。主题三中的高频词是感觉、海边、夏天、门票、老龙头、长城等，体现了游客在夏天去海边玩时也愿意去一些需购票的海边景区游览，如老龙头、长城等景区。主题四的高频词是好玩、环境、景色、下次等，体现了游客觉得这里很好玩，认为环境不错，愿意下次再来玩。主题五的高频词是适合、拍照、北戴河等，体现了海边很适合拍照，尤其是北戴河

的海边风景适合拍照。主题六的高频词是岛上、缆车、索道等，体现了一些岛上的缆车、索道很吸引游客。

综合分析所有主题及其中的高频特征词我们认为，大部分游客对河北滨海旅游是满意的，同时愿意下次再来，评价好。总结得出，河北省滨海旅游发展应注重以下几个方面：要有孩子们喜欢玩的项目，要风景优美，要有具历史特色的景区，要适合拍照，等等。

同时，研究生成了LDA主题模型的可视化图，图的左边展示了各主题的聚类效果，右边展示了主题五的关键词。由图7-5的可视化图我们可以发现，本研究主题的选取比较合适。圆圈代表了各个主题的聚类情况，我们可以发现，主题二、三、五、六的区分十分明显，主题一和主题四虽然有重叠的部分，但是也有所不同，证明本研究对LDA主题模型选取的主题比较有代表性，可以用于对影响因素的研究。

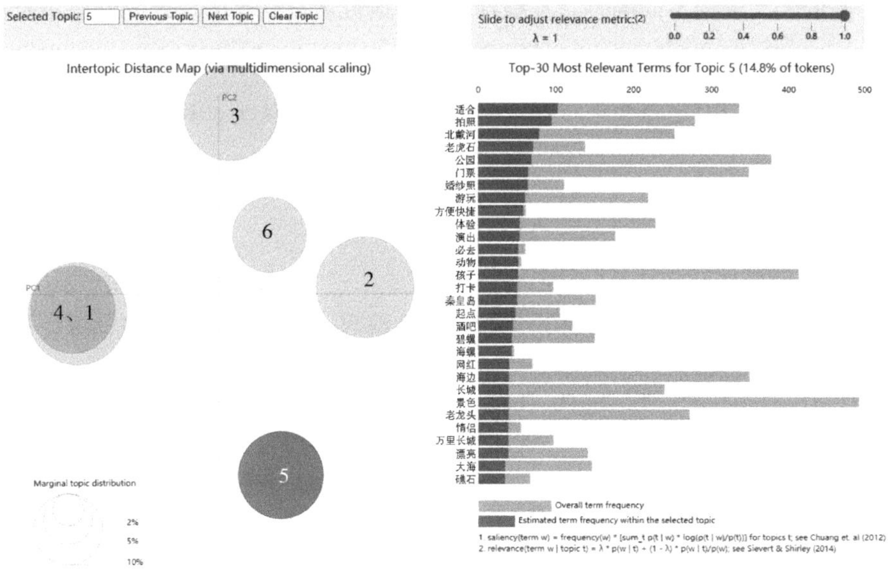


图7-5 LDA主题模型可视化图

但同时我们也会发现，LDA 主题模型具有较大的不确定性，每次运算都会产生不同的结果。另外，模型还存在主题归纳问题，如果选取的主题数较少，并不能覆盖全部数据；如果主题选取较多，又会出现各主题内的词语重复。即使是主题数为最合适的个数，所归纳的主题也不能涵盖游客评论的方方面面，因此还需对滨海旅游影响因素进行更全面的研究。

## 二、基于扎根理论的滨海旅游影响因素研究

通过 LDA 主题模型分析，我们对河北省滨海旅游景区的评价进行了初步的影响因素研究，但是通过分析主题模型得出的影响因素并不全面，于是接下来我们利用扎根理论对相关评论实施编码，构建影响因素的分析模型。

1. 扎根理论

扎根理论强调从资料中提炼理论，认为只有通过对资料进行深入分析才能逐步形成理论框架。这是一个归纳的过程，从下往上将资料不断地进行浓缩。与一般的宏大理论不同的是，扎根理论不对研究者自己事先设定的假设进行逻辑推演，而是从资料入手进行归纳分析。这样产生的理论一定有可以追溯的原始资料，有经验事实作为依据。这是因为，扎根理论认为，只有从资料中产生的理论才具有生命力。如果理论与资料相吻合，理论便具有了实际的用途，可以被用来指导人们具体的生活实践。

2. 滨海旅游评论开放性编码

我们对河北省滨海旅游评论进行开放性编码，对评论进行详细分析，找出多次提出、比较重要的初始概念，一共得到 27 个初始概念：名气、历史文化、家庭状况、以前体验、网络推荐、自然风景、名胜古迹、娱乐设施、节目互动、拍照体验、缆车索道、服务态度、秩序安排、配套设施、卫生状况、购票验票、门票费用、交通费用、住宿费用、餐饮费用、物价、趣味性、性价比、天气、人数、食宿质量、交通便利，这些初始概念也是影响滨海旅游最基础的因素。

3. 主轴式编码

主轴式编码是在开放性编码的前提下，重新阅读原始句子，然后进行不断地比较分析，再进行归纳。最终将初始概念归纳为五个方面：出游前提、景区体验、服务水平、旅游费用、游客关注，具体关系如表 7-4 所示。

表 7-4　初始概念关系表

| 主概念 | 初始概念 |
| --- | --- |
| 出游前提 | 名气、历史文化、家庭状况、以前体验、网络推荐 |
| 景区体验 | 自然风景、名胜古迹、娱乐设施、节目互动、拍照体验、缆车索道 |
| 服务水平 | 服务态度、秩序安排、配套设施、卫生状况、购票验票 |
| 旅游费用 | 门票费用、交通费用、住宿费用、餐饮费用、物价 |
| 游客关注 | 趣味性、性价比、天气、人数、食宿质量、交通便利 |

在 5 个初始概念的主概念里，出游前提属于不好改变的因素，是先天的影响因素，而其他因素则是可以做出改变的因素。首先，城市及景区需要重点关注的因素是游客关注和旅游费用这两个方面，其中的趣味性、性价比、住宿费用等因素是评论中被反复提及的方面，它们会决定游客是否会有重游的意愿，对旅游的未来发展有着重要影响。所以景区不仅要考虑游客的游玩需求，还要时刻监督调控物价，让游客觉得来当地旅游是值得的。其次，景区体验和服务水平这两个方面是一个景区的发展基础，这两个方面反映的情况提示着景区要加强管理，不断创新发展才能吸引游客。

# 第四节　河北省滨海旅游影响因素中体现的问题和解决措施

## 一、中性及负面情感中的问题

在爬取评论数据时，未得到好评、差评区分后的数据，并且游客的好评、差评有些可能是和所表达的文字意思是完全相反的，因此本节利用 ROST CM6 软件的情感分析工具，将前文所爬取的所有评论分为了三类，即正面情感、中性情感、负面情感。表 7-5 展示了三种情感下的典型评论，我们可以发现正面情感的评论多是表达喜悦、舒畅的心情，而中性情感和负面情感评论中体现的许多问题都与前文通过扎根理论得到的滨海旅游影响因素一致。因此，本节重点分析中性情感和负面情感评论，以寻找其中所体现的问题，这些问题是景区需要重点关注和改善的方面。

表 7-5　三种情感的典型评论

| 正面情感 | 中性情感 | 负面情感 |
|---|---|---|
| 优美的自然环境和人文精神结合起来让每一个人都心情舒畅，努力构建更美好的生活 | “五一”去的，哪都是人，也没啥景，就一块石头 | 一上岛全都是骗钱的，千万不要来，来了之后各种套路骗你钱。再说这岛上什么都没有不说，还全是海蟑螂，特别脏 |
| 好美的岛屿，环境整洁干净、优美大方，家人都喜欢 | 一般般，后修的，看着蛮新的，和山海关在一起 | 公园很小，有一小片沙滩和海，很多拍婚纱照的人，所有拍照都是给拍婚纱照准备的，有的地方游客不让进不让拍，让拍的还得先让着婚纱照拍 |
| 鸥鸟柔歌，海风轻拂，风景如画。漫步其中，享受着人与自然的和谐，享受着全身心的放松，心旷神怡四字，想来描述的就是这般吧 | 可以赶海，但是感觉没什么可捞的。可能被卖的人捞完了，景色一般，拍照还凑合 | 八元入场价格真心不贵，但水质真的太差了，而且水中水母经常出现。第一天去还没下水就遇到一个爸爸抱着孩子紧急去医院处理蜇伤，五天就下了一次水，担心老人和孩子被蜇伤 |

通过分析得出河北省滨海旅游主要存在的问题有：

(1) 景区的更新改造水平落后，与游客需求不匹配。在评论中人们表达的最多的不满是：只能看看海，没什么意思。因此，景区不能再单纯依靠自然景观吸引游客，在设计时应该将自然景观和基础设施相结合，充分考虑游客的心理和喜好对景区进行改造优化。另外，需要注意的一点是滨海旅游以家庭出游为主，景区应考虑到各年龄层次人群的旅游体验需求，应考虑到老人行动不便的问题、孩子没有娱乐设施的问题和大人需要照顾孩子的问题。

(2) 海洋污染严重，景色失去吸引力。在差评中，我们可以看到如下评论：风景不好，水太脏。不少游客觉得河北的海不如南方的好，不如南方的干净，虽说有一定的地理环境因素影响，但更多的是当地政府对环境保护工作不到位造成的。滨海景区的初心是展示海洋风光，依靠天然的环境发展旅游事业，如果海洋景色没有使人耳目一新，就会使游客丧失兴趣，不利于景区的后续发展。

(3) 景区经营策略存在问题，服务缺失。从评论中可以了解到，河北滨海旅游景区存在票价高、停车费高，但服务差，还隐含着捆绑消费的情况。总结为评论中频繁出现的 4 个字就是：性价比差。游客既然有旅游的意愿，那么势必会对旅游景区的高物价有所准备，但是在花费了这么多钱的同时却没有得到相应的服务，或服务质量较差，那么游客必然会对景区印象大打折扣。

## 二、解决措施

针对河北省滨海旅游景区现存的问题，我们给出的解决措施如下：

(1) 景区需升级改造，提升人们的游玩兴趣。景区发展不仅要考虑利用和维护自然景观，还应该考虑满足游客的游玩体验需求，可以通过增加相关设施与修改景区设计来提升人们的游玩兴趣。可依托日益发达的互联网技术，如虚拟现实技术（VR）、元宇宙技术等，拓展河北滨海旅游景区的消费场景、服务场景、应用场景，这样可以突破时间限制、空间限制更好地为游客服务。同时，对传统的旅游消费场景进行如下改善：设置充足的天然浴场，增加娱乐设施，设计娱乐活动等。例如，增加儿童海上交通工具，增加可欣赏临海风景的摩天轮、旋转木马等；配置一些临海咖啡馆、茶屋；举办挖贝壳、堆沙堡比赛；设计虚拟与现实相结合的互动表演节目；等等。

(2) 景区要努力修复、改善自然环境，防止资源被过度消耗。景区需要加强日常巡逻与保洁，管理人员有序进出，防止海滩过度使用。需建立相应的处罚制度，防止游客随意乱扔垃圾对海洋和沙滩造成污染。考虑到北方海洋如沧州等地不是沙地而是泥地的情况，可以运来沙子，丰富游玩项目。

(3) 景区要稳定物价，提升服务能力，使游客觉得物有所值。通过资料我们可以发现，河北滨海旅游游客主要以本省和周边省市居多，主要选择自驾游形式。因此，停车收费贵、停车难问题会削弱游客的兴趣，所以可以适当降低或取消停车费吸引游客前来观光。景区还要不断加强对工作人员的培训，提升接待水平，升级购票与进园的设施与渠道，做好统计与预测，调控好景区的接待人数，对于排队时间较长的缆车等设施可以设计相应 APP（应用软件）为游客提供实时排队人数与时长的数据，让游客可以进行预约排号。此外，应取消套票购票制，并提供充足的交通设施方便游客游玩。

(4) 既要保护当地居民利益，也要维护游客权益。当地政府可以颁布相应旅游条例，规范市场秩序，对扰乱物价的市场行为进行处罚，设定海鲜价格的标准范围，对饭店的卫生水平和资质加强监督。公平公正的保障各方权益，营造出公平、公开、公正、合理的景区营商生态，才能最终打造游客放心、业主用心、公众爱心的河北滨海旅游新形象，为建设“经济强省、美丽河北”贡献出河北滨海旅游业的新场景。

## 本章小结

地球上的海洋是太阳系的最大“奇迹”。没有海洋，将不会孕育出任何生物，人类热爱海洋、崇拜海洋、敬畏海洋。从最原始的捕捞业到现代的滨海旅游，海洋哺育着人类，从未停歇。今天，滨海旅游吸引着一批一批的游客。随着通信网络设施日益完善、智能手机制造水平的提高及成本的下降，移动互联网用户规模持续增长，互联网对人们的影响也是方方面面的。当今社会，游客通过参考网络信息选择旅游目的地，旅游服务网站上的评论成了他们的重要依据。

本章通过现代数据挖掘手段，批量化地获取了在线旅游服务网站中游客对于河北滨海旅游景区的评价数据，并在此基础之上进行了文本挖掘和实证分析。同时，本章还对挖掘信息进行了高频词的可视化，了解了游客在河北滨海旅游景区进行消费时比较关心的问题和不满意的情况，并利用滨海旅游语义网络图分析了高频词之间的影响关系。相比单纯的高频词统计而言，滨海旅游语义网络图更加具有说服力，它使得高频词之间的影响关系可视化了。在此基础之上，本章进行了 LDA 主题模型的研究，得出了有关河北滨海旅游景区发展的影响因素，之后进行了更全面的基于扎根理论的滨海旅游影响因素模型的研究，得到了更加深刻的结论，并在影响因素的基础之上提出了河北滨海旅游景区可持续化发展的对策建议。

# 第八章　河北省滨海旅游发展规划

京津冀协同发展是一项重大国家战略，京津冀协同发展通过“功能互补、区域联动、轴向集聚、节点支撑”的布局方式，致力于逐步疏散北京的部分功能，现已明确出“一核、双城、三轴、四区、多节点”的骨架，以重要城市为疏散节点，进行交通干线为纽带的空间格局建设。不管是京唐秦产业发展带和城镇聚集轴还是东部滨海发展区，河北省是京津冀协同发展布局中举足轻重的一环。同时，着力发展新型、环保、绿色产业的需求也促使旅游、文化等产业成为京津冀今后发展的重点产业。因此，京津冀协同发展既是河北滨海旅游发展难得的机会，同时也给河北经济发展带来了新的挑战。为了使河北滨海旅游在这场深刻的经济社会改革中获得持续发展，科学规划尤为重要。

## 第一节　河北省滨海旅游业开发环境与优势分析

### 一、环境与气候优势

河北省滨海地区地处中纬度欧亚大陆东岸，属于暖温带半湿润大陆性季风气候，其中北戴河全年平均只有六七天气温高于 30 ℃。就全省海岸带最高气温而言，7 月份，秦皇岛到唐山南堡一带大部分气温为 28.1 ℃～29.5 ℃，其他南部岸段为 31.4 ℃～31.6 ℃。就平均气温而言，以 7 月为例，秦皇岛—乐亭一带的平均气温在 24.8 ℃～25.4 ℃。由于海洋影响，越接近海岸边平均气温越低，因此秦皇岛夏季能达到 24.8 ℃。而河北省的其他岸段大多在 26.2 ℃～26.7 ℃。

在炎热的夏季，人的皮肤对 2 ℃的差异感受非常明显。尤其是一早一晚，在夏季的北戴河，很少感受到湿热带来的黏腻感，风都是爽利的。

### 二、地理位置优势

河北省位于环渤海核心地带，是我国滨海重要省份之一，也是环渤海经济圈的重要组成部分。沿海城市有秦皇岛、唐山和沧州，管辖海域 7000 多平方公里，其地理区位优越，有着比较完善的交通、通信等基础设施，构成了较完备的海陆空立体交通网络。京津冀协同发展带来的交通发展将使京津市民和到京津旅游的游客来河北省旅游更加便捷，将提高河北省旅游地区的可进入性，进而增加河北省旅游接待人次，扩大河北省旅游市场。

### 三、资源优势

河北省滨海地区拥有独特的历史文化资源。秦皇岛沿海是伯夷叔齐的故里，历代皇帝、历史名人在此留有众多墨宝。国家 5A 级景区山海关长城建筑群、天下第一关、老龙头、孟姜女庙、秦始皇行宫遗址以及秦皇求仙入海处都是秦皇岛独具特色的历史文化旅游资源。滦河口湿地是黑嘴鸥等世界珍禽的栖息地；乐亭菩提岛自然保护区和北戴河鸟类自然保护区已经成为世界上著名的观鸟胜地，在此栖息着众多的珍稀鸟类。河北滨海旅游圈西靠太行，北拥燕山，东临渤海，南近华北大平原，景观系统完整，地理环境优越，处于北方草原文化、中原农耕之化与海洋文化的交汇地带，文化资源丰富。同时，河北省滨海地区自然旅游资源与人文旅游资源两者相得益彰、组合完好，为开发旅游产品奠定了基础。

## 第二节　河北省滨海旅游与区域经济高质量发展研究

本章基于 2011—2020 年河北省滨海城市和全国其他滨海城市的面板数据，构建滨海旅游业与区域经济高质量发展水平评价体系，通过区位度分析旅游业集聚程度，通过耦合协调度模型、障碍度模型来探讨旅游业与区域经济高质量发展相互影响程度及障碍因子。

## 一、研究方法与数据来源

1. 耦合协调度模型

一般来讲，系统之间或系统内部的要素之间的相互影响程度称为耦合度。多个系统或者结构复杂的大系统内部的子系统，甚至系统的各个元素之间都会产生相互影响，因此也存在对应的耦合度。我们要研究的是滨海旅游业和区域经济两个系统之间的相互影响，测定滨海旅游业集聚和区域经济发展协调程度。

耦合度模型有一定缺陷，可能会造成低水平耦合现象。所以本章采用耦合协调度模型，研究滨海旅游业和区域经济两个系统之间的相互影响，共涉及3个指标值的计算，分别是综合评价指数、耦合度和耦合协调度。

（1）子系统综合得分计算。运用全局熵值法分别计算滨海旅游业系统和区域经济高质量发展系统的综合评价得分，主要包括数据的无量纲化处理、数据非负平移处理、计算熵值、确定权重、测算得分等步骤，具体计算过程参照李扬杰和张莉（2021）的研究。

（2）耦合度模型。滨海旅游业与区域经济高质量发展两个系统相互作用的耦合度模型如公式（8-1）所示：

$$C(U_1, U_2)=\frac{\sqrt{U_1U_2}}{U_1+U_2} \qquad \text{（公式 8-1）}$$

其中，$U_1$、$U_2$ 分别为滨海旅游业和区域经济高质量发展两个系统的综合得分；$C$ 为两系统的耦合度，$C$ 值的大小由滨海旅游业和区域经济高质量发展两个系统的综合评价值决定，取值范围为$[0, 1]$，$C$ 值越大表示耦合度越高，说明两系统相互作用程度越强。

(3) 耦合协调度模型。

具体公式如下：

$$D=\sqrt{C\times T} \qquad \text{（公式 8-2）}$$

$$T=\alpha U_1+\beta U_2 \quad \text{（公式 8-3）}$$

其中，$D$ 为系统间的耦合协调度，且 $D \in (0,\ 1)$；$T$ 为综合协调指数，即滨海旅游业系统与区域经济高质量发展系统的综合发展水平；$\alpha$ 和 $\beta$ 分别为两个系统得分的权重，且 $\alpha+\beta=1$。区域经济高质量发展是由许多因素共同作用的，滨海旅游业只是其中的一个因素，计算得出 $\alpha=0.4$，$\beta=0.6$。

参考衣保中和李铭洋的研究，将耦合协调度细分为 10 个等级，具体如表 8-1 所示。

表 8-1　耦合协调度等级标准

| 序号 | 耦合协调度（$D$）区间 | 协调度等级 | 序号 | 耦合协调度（$D$）区间 | 协调度等级 |
|---|---|---|---|---|---|
| 1 | 0 ～ 0.09 | 极度失调 | 6 | 0.50 ～ 0.59 | 勉强协调 |
| 2 | 0.10 ～ 0.19 | 严重失调 | 7 | 0.60 ～ 0.69 | 初级协调 |
| 3 | 0.20 ～ 0.29 | 中度失调 | 8 | 0.70 ～ 0.79 | 中级协调 |
| 4 | 0.30 ～ 0.39 | 轻度失调 | 9 | 0.80 ～ 0.89 | 良好协调 |
| 5 | 0.40 ～ 0.49 | 濒临失调 | 10 | 0.90 ～ 1.00 | 优质协调 |

2. 障碍度因子

障碍度模型能够对系统内主要的障碍因子进行识别与分析，有助于调整区域经济可持续发展战略。本书采用障碍度模型对滨海旅游业与区域经济高质量发展耦合协调度模型进行障碍度诊断，计算公式如下

$$O_j=\frac{(1-X_{ij})\times W_{ij}}{\sum_{i=1}^{n}(1-X_{ij})\times W_{ij}}\times 100\%\ (j=1,\ 2,\ 3,\ \cdots,\ n) \quad \text{（公式 8-4）}$$

其中，$O_j$ 表示 $j$ 指标对两系统耦合协调发展的障碍度，数值越大影响程度越强；$X_{ij}$ 表示标准化值；$W_{ij}$ 表示指标权重。

3. 熵权法

熵权法是一种客观赋权方法，用于根据各指标的数据分散程度，利用信息熵计算出各指标的熵权，再根据各指标对熵权进行一定的修正，从而得到较为

客观的指标权重。

熵权法的计算步骤：

① 标准化处理。为避免量纲造成的影响，首先要对指标进行标准化处理。根据指标含义，可将指标分为正向指标(取值越大越好)和逆向指标(取值越小越好)，分别通过如下方法进行标准化：

正向指标：

$$X'_{ij}=\frac{X_{ij}-\min(X_j)}{\max(X_j)-\min(X_j)} \quad \text{(公式 8-5)}$$

负向指标：

$$X'_{ij}=\frac{\max(X_j)-X_{ij}}{\max(X_j)-\min(X_j)} \quad \text{(公式 8-6)}$$

② 计算每个指标熵值。

$$H_j=-k\sum_{i=1}^{n} f_{ij}\times \ln f_{ij} \quad \text{(公式 8-7)}$$

$$f_{ij}=\frac{X'_{ij}}{\sum_{i=1}^{n} X'_{ij}},\ k=\frac{1}{\ln m} \quad \text{(公式 8-8)}$$

其中，$H_j$ 为$j$ 指标信息熵，反映该指标的离散程度；$f_{ij}$ 表示单个指标权重，$k$ 表示指标信息熵，$m$ 为评价对象的个数。

③ 计算第 $j$ 个指标的熵权。

$$\omega_j=\frac{1-H_j}{\sum_{j=1}^{n}(1-H_j)}=\frac{1-H_j}{n-\sum_{j=1}^{n} H_j} \quad \text{(公式 8-9)}$$

④ 计算最终得分。

$$U=\sum_{i=1}^{n}\sum_{j=1}^{m}(\omega_j\times f_{ij}) \quad \text{(公式 8-10)}$$

需要注意的是，考虑到运用熵权法确定指标权重往往会因各年份指标值的差异而导致不同年份权重不一，为避免这一现象并体现时间尺度下各指标的变化，本章在数据标准化时把历年数据放在一起(不考虑省份和具体年份)，每一个指标占一列，将指标的最大值和最小值代入极差标准化公式，再确定指标权重，即该指标值在所有年份所有指标中所占的比重，最后利用熵值法得到唯一一组权重。

4. 区位熵

区位熵不受地区规模限制，且能较为直观地反映要素的空间分布。我们参考麻学锋、王凯等人的做法，选用区位熵表征区域滨海旅游业集聚程度，区位熵值越大，说明区域滨海旅游业集聚程度越高。具体计算公式为

$$TA_{in}=(tr_{in}/g_{in})/(TR_n/G_n) \quad \text{（公式 8-11）}$$

其中，$TA_{in}$ 表示 $i$ 城市第 $n$ 年滨海旅游业的区位熵，$tr_{in}$ 表示 $i$ 城市 $n$ 年旅游总收入，$g_{in}$ 表示 $i$ 城市第 $n$ 年的地区生产总值，$TR_n$ 表示某地区 $n$ 年旅游总收入，$G_n$ 表示某地区 $n$ 年的生产总值。通过对区位熵的计算，可了解区域滨海旅游业竞争优势。

$$LQ_{ij}=\frac{\dfrac{E_{ij}}{\sum_j E_{ij}}}{\dfrac{\sum_j E_{ij}}{\sum_i \sum_j E_{ij}}} \quad \text{（公式 8-12）}$$

其中，$i$ 代表某省（市、自治区）的 $i$ 市，$j$ 代表 $j$ 省（市、自治区），$LQ_{ij}$ 代表 $j$ 省（市、自治区）$i$ 市的区位熵，$E_{ij}$ 代表 $j$ 省（市、自治区）$i$ 市的各指标值，$\sum_i E_{ij}$ 和 $\sum_j E_{ij}$ 分别代表 $j$ 省（市、自治区）$i$ 市某指标总量，$\sum_i \sum_j E_{ij}$ 代表全国各指标的总量。

本研究选取 13 个著名滨海旅游城市的 2010 年、2015 年、2020 年滨海旅游收入、滨海旅游人次、GDP、财政收入、常住人口 5 项指标，构建滨海旅游负担率、人口旅居比、滨海旅游依存度 3 项指标。滨海旅游负担率即滨海旅游收入占当地 GDP 的比重，人口旅居比即滨海旅游人次占常住人口的比重，滨海旅游依存度即滨海旅游收入占财政收入的比重。根据前文区位熵计算方法，可分别得到滨海旅游负担率区位熵、滨海旅游人口旅居比区位熵、滨海旅游依存度区位熵。将这 3 个区位熵以相同权重加权就得到滨海旅游综合区位熵。

5. 数据来源及处理

数据主要来源于 2011—2020 年间的《河北统计年鉴》《中国旅游城市统计

年鉴》《大连统计年鉴》《秦皇岛统计年鉴》等统计年鉴及统计公报，数据来源真实、有效。同时，对于无法直接获取的数据，采用线性插值法对缺失值进行赋值。国际旅游外汇收入以对应年份平均汇率为基准进行调整。

## 二、指标体系的构建

1. 区域经济高质量发展指标的建立

现有文献主要从“创新、协调、绿色、开放、共享”五个方面对区域经济高质量发展情况进行衡量。本节主要参照徐晔和赵金凤（2021）的研究，建立了包含 5 个维度共 17 个指标的区域经济高质量发展评价系统。指标如表 8-2 所示。

表 8-2 河北省滨海城市区域经济高质量发展评价指标

| 一级指标 | 二级指标 | 三级指标 | 指标属性 | 指标测度方式 |
|---|---|---|---|---|
| 创新 | 创新产出资源配置效率 | 专利数量 | 正向 | 每万人专利申请授权数 |
| | | 资本生产率 | 正向 | GDP/全社会固定资产投资额 |
| | | 科学支出 | 正向 | 地方公共预算中用于科学技术的支出 |
| 协调 | 城乡协调 | 城乡收入差距 | 负向 | 城镇居民人均收入/农村居民人均收入 |
| | | 城乡消费差距 | 负向 | 城镇居民人均消费/农村居民人均消费 |
| | | 产业结构 | 正向 | 第三产业产值/第二产业产值 |
| 绿色 | 绿色发展 | 绿化水平 | 正向 | 建成区绿化覆盖率 |
| | | 绿地水平 | 正向 | 建成区绿地率 |
| | | 单位产值气体污染 | 正向 | GDP/工业二氧化硫排放量 |
| | | 单位产值液体污染 | 正向 | GDP/工业废水排放量 |
| | | 空气状况 | 正向 | 优良天气比例 |
| 开放 | 对外贸易 | 外贸水平 | 正向 | 进出口总额/GDP |
| | 利用外资 | 外资水平 | 正向 | 实际使用外资金额/GDP |
| 共享 | 教育程度 | 教育水平 | 正向 | 高等教育在校生数量 |
| | 医疗程度 | 医疗水平 | 正向 | 每万人医生数 |
| | 交通设施 | 人均道路面积 | 正向 | 人均城市道路面积 |
| | 文化设施 | 每万人公共图书馆藏量 | 正向 | 公共图书馆总藏量/常住人口 |

2. 滨海旅游业指标的建立

根据河北省滨海旅游业发展现状，参考相关文献，以数据来源的科学性、客观性为原则，选取了 8 个具体指标来构建河北省滨海旅游业的评价指标体系（表 8-3）。在滨海旅游业系统中，滨海旅游总收入和滨海旅游外汇收入代表滨海旅游业所创造的经济效益，可以反映出滨海旅游业在经济发展中的重要程度；国内游客和入境游客数量代表一定时期国内外客源状况，能够有效反映出旅游市场前景。

表 8-3　河北省滨海旅游业的评价指标体系

| 指标层 | 单位 | 权重 | 指标属性 |
| --- | --- | --- | --- |
| 滨海旅游总收入 | 亿元 | 0.0612 | 正向 |
| 滨海旅游业收入占 GDP 的比重 | % | 0.0804 | 正向 |
| 滨海旅游业占第三产业增加值的比重 | % | 0.0393 | 正向 |
| 社会消费品零售额 | 亿元 | 0.0612 | 正向 |
| 滨海旅游外汇收入 | 亿美元 | 0.0498 | 正向 |
| 入境游客人数 | 万人次 | 0.4738 | 正向 |
| 国内游客人数 | 万人次 | 0.0643 | 正向 |
| 住宿和餐饮营业额 | 亿元 | 0.1699 | 正向 |

## 三、河北省滨海旅游业集聚过程的测度

1. 总体集聚过程

以 2011—2020 年的河北省滨海旅游业相关数据为基础，根据区位熵公式，使用 Excel 2019 软件计算河北省滨海旅游业集聚度区位熵，结果见表 8-4。如图 8-1 所示，可将河北省滨海旅游业集聚水平主要分为两个发展阶段。

表 8-4 2011—2020 年河北省滨海旅游业区位熵

| 年份 | 2011 年 | 2012 年 | 2013 年 | 2014 年 | 2015 年 | 2016 年 | 2017 年 | 2018 年 | 2019 年 | 2020 年 |
|---|---|---|---|---|---|---|---|---|---|---|
| 区位熵 | 1.0675 | 0.9378 | 0.8848 | 0.7832 | 0.6106 | 0.6017 | 0.5964 | 0.6680 | 0.6717 | 0.6521 |

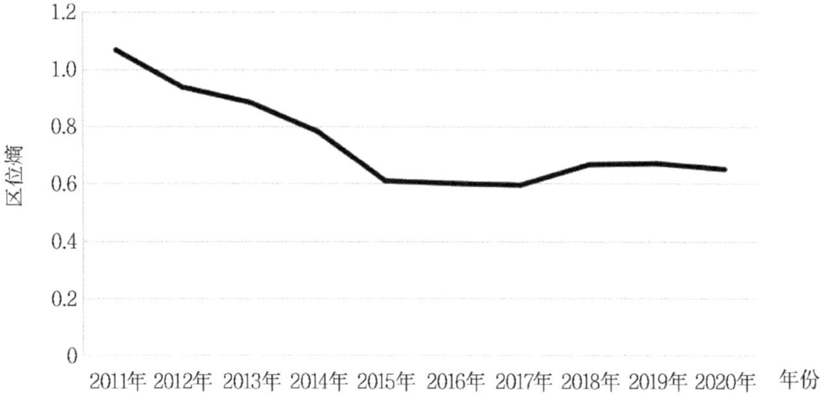


图 8-1 2011—2020 年河北省滨海旅游业区位熵变化

下降阶段（2011—2017 年）：河北省滨海旅游业发展起始时间较早，在 2011 年区位熵在 1 以上，说明滨海旅游业当时具有较强的集聚水平；但在之后 4 年间，集聚水平下降，区位熵降至 0.610 6；而后，2016—2017 年滨海旅游业集聚水平缓慢下降。为了深入贯彻落实《关于加快发展旅游业的意见》，河北省支持旅游业多元化发展，推动出入境旅游，扩大旅游消费，推动旅游业转型升级，使旅游业保持持续平稳较快发展。由于河北省旅游产业持续稳定发展，游客可选择的景区增多。与此同时，全国交通越来越便利，“全国游”愈发流行。因此，河北省滨海旅游业集聚水平整体为下降状态。

上升阶段（2018—2019 年）：河北省滨海旅游业集聚水平有所提升，区位熵达 0.671 7，说明河北省滨海旅游业越来越集中。本阶段内，为大力发展旅游业，推动京津冀协同发展，河北省召开了以“文旅深度融合，乐享精彩河北”为主题的河北文化和旅游发布活动，推介河北特色文化和旅游资源，进一步提升美丽河北的知名度和美誉度。

同时，2022 年北京冬奥会的举办也让更多的人注意到河北的旅游资源，无论是已经发展成熟的秦皇岛，还是起步不久的唐山，抑或是刚刚加入滨海旅游行列的沧州，都受到游客喜爱，迎来大步发展的新阶段。2020 年，受新冠疫情的影响，旅游业受到重创，河北省滨海旅游集聚水平小幅度下降。

2. 局部集聚过程

为探讨秦皇岛、唐山和沧州滨海旅游业发展情况，利用区位熵公式测算得出三市滨海旅游业区位熵（表 8-5），绘制出年度变化折线图（图 8-2），通过分析可得出以下结论：

表 8-5　2011—2020 年河北省滨海旅游业区位熵及均值

| 年份 | 秦皇岛 | 唐山 | 沧州 |
| --- | --- | --- | --- |
| 2011 年 | 3.2645 | 0.4829 | 1.3919 |
| 2012 年 | 2.9714 | 0.4866 | 1.0545 |
| 2013 年 | 3.0972 | 0.4955 | 0.8176 |
| 2014 年 | 2.8027 | 0.4723 | 0.6274 |
| 2015 年 | 2.2278 | 0.3909 | 0.4004 |
| 2016 年 | 2.2630 | 0.4249 | 0.2873 |
| 2017 年 | 2.1810 | 0.4124 | 0.2565 |
| 2018 年 | 2.1461 | 0.4976 | 0.2566 |
| 2019 年 | 2.3624 | 0.4944 | 0.2527 |
| 2020 年 | 1.5674 | 0.6104 | 0.3162 |
| 均值 | 2.4884 | 0.4768 | 0.5661 |

（1）从整体变化来看，河北省滨海三市旅游业的区位熵虽有一定的波动，但整体呈下降趋势，地区差异较大。说明河北省滨海旅游业的集聚程度不均衡，其中秦皇岛的滨海旅游发挥着“领头羊”的作用。

（2）秦皇岛的滨海旅游业区位熵的均值为 2.488 3，大于 2，说明三市中秦皇岛滨海旅游业集聚最显著，竞争力较强。而且，秦皇岛滨海旅游业集聚程度呈现波动变化状态，变化幅度较为明显，2013 年、2019 年滨海旅游产业区

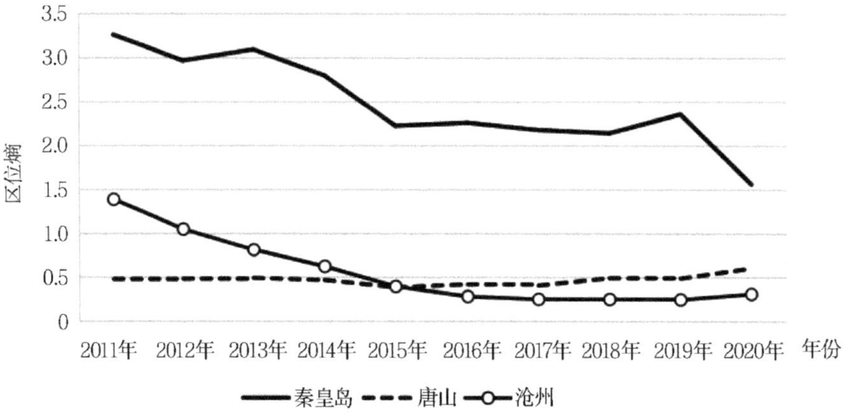


图 8-2　2011—2020 年河北省滨海旅游业区位熵变化

位熵数值呈现一定程度上升，与当时社会宣传活动可能有关。

（3）唐山、沧州的滨海旅游业区位熵的均值都在 0.5 左右，说明唐山和沧州滨海旅游业集聚程度较低，产业分布相对不太集中。其中，唐山地区的区位熵处于比较稳定的状态，沧州地区的区位熵持续下降，由 1.391 9 下降至 0.316 2。

## 四、全国滨海旅游业集聚测度

1. 综合区位熵

本节选择全国 12 个著名滨海旅游城市与河北省的著名滨海旅游城市秦皇岛市一起进行比较，分别是辽宁省的大连市，山东省的烟台市、青岛市、威海市、日照市，海南省的三亚市、海口市，福建省的厦门市，江苏省的连云港市，广东省的湛江市、珠海市，广西壮族自治区的北海市。选取 2010 年、2015 年和 2020 年作为对比年度。计算得各市滨海旅游业区位熵如图 8-3 所示，综合来看，2010 年、2015 年、2020 年滨海旅游业区位熵平均值，三亚最高，达到 4.07；大连最低，为 0.87；其余城市的滨海旅游业区位熵平均值都大于 1，证明这些滨海城市都是非常典型的旅游城市。2010 年各城市滨海旅游业区位熵普遍大于 2015 年和 2020 年，说明这些城市滨海旅游业影响力是逐渐下降的，可能是由于随着经济的发展其他地区的旅游业都不断发展壮大，所以这些较早就以旅游业而闻名的城市的影响力就会相对减弱，尤其是在 2020 年新冠疫情对旅游业更是造成了严重的影响。从变化趋势来看，秦皇岛、青岛、厦门、北海、海口、日照等城市的滨海旅游业区位熵都是随着时间呈现下降趋势；连云港、湛江则反向呈逐年上升趋势；烟台、威海、三亚、珠海都是先降后升；大连则呈现先升后降的趋势。在 2015—2020 年烟台、威海、三亚、连云港、湛江、珠海这些城市即使在疫情的影响下仍能保持旅游业的集聚度上升趋势，说明其发展是很有效并不断进步的。而其他城市滨海旅游业区位熵下降的原因主要有：经济发展较快，旅游业的依存度下降；旅游业发展不足；疫情影响导致旅游业发展动能下降；随着经济的高质量发展，其他城市也开始发展自己的旅游业，传统旅游城市的影响力相对减弱。2010 年、2015 年、2020 年秦皇岛的滨海旅游业区位熵均值在 13 个城市中位居第二位，说明秦皇岛滨海旅游业集聚度很高。但是秦皇岛区位熵逐渐下降，可能的原因有：秦皇岛旅游业发展不够完善，设施落后，吸引力下降；河北省其他城市对旅游景区的开发

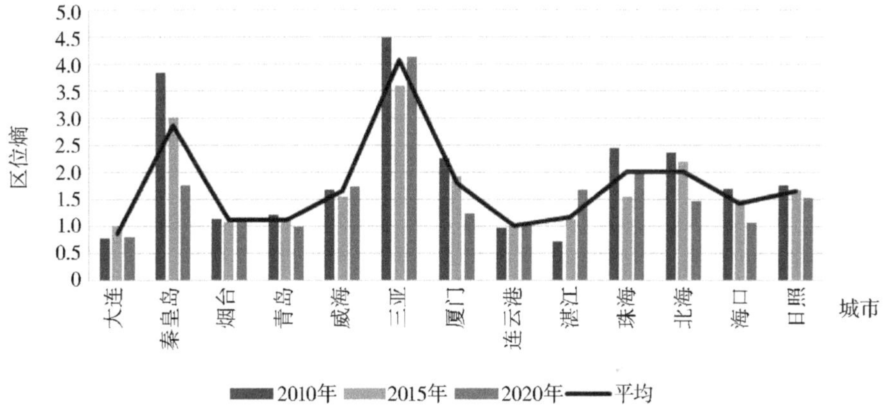


图 8-3　13 个城市滨海旅游业区位熵对比

和旅游业的发展，如唐山开发的国际旅游岛、沧州开发的湿地景区都对秦皇岛的旅游业造成了一定的冲击；其他周边省市旅游景区的吸引力和网络传播力较好，对秦皇岛也构成严重影响。然而，秦皇岛作为河北省最著名的滨海旅游城市为河北旅游业贡献的力量是无与伦比的，以至于它的滨海旅游业区位熵仅次于三亚。因此，河北省应该更加关注秦皇岛滨海旅游业的开发和创新，促进当地旅游业的高质量发展。

2. 分类型区位熵

图 8-4、图 8-5、图 8-6 展示了 2011 年、2015 年、2020 年各滨海旅游城市旅游收入、接待人次、依存度的区位熵变化情况，由于海口和三亚的旅游收入和接待人次区位熵远超其他滨海旅游城市，不好在同一个图中展示，因此旅游收入、接待人次区位熵图没有这两个城市数据。从三个图来看，各滨海城市有较大差异。整体来看，在 2011 年，旅游收入、接待人次和依存度区位熵较高的比较多。而随着时间发展，大部分城市三方面区位熵都呈现下降趋势，说明滨海旅游业的发展并不太好。从三个图的形状我们可以发现，各城市的旅游收入和依存度区位熵展现出较大差异，而旅游接待人次区位熵差距不大。说明这些滨海城市对游客的吸引力都是很强的，但不同城市由于对旅游业的推动策略

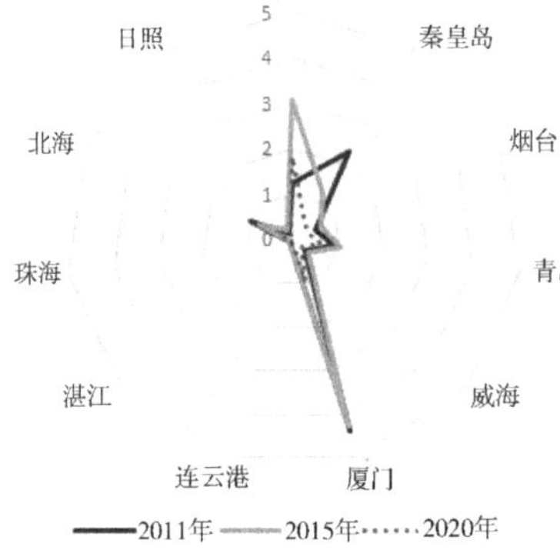


图 8-4 滨海城市旅游收入区位熵

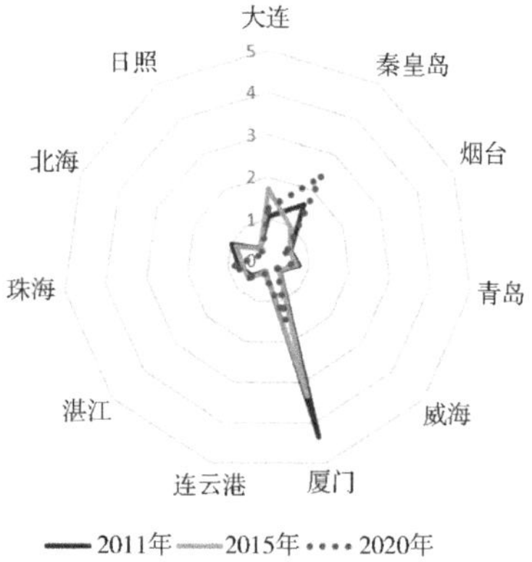


图 8-5 滨海城市旅游接待人次区位熵

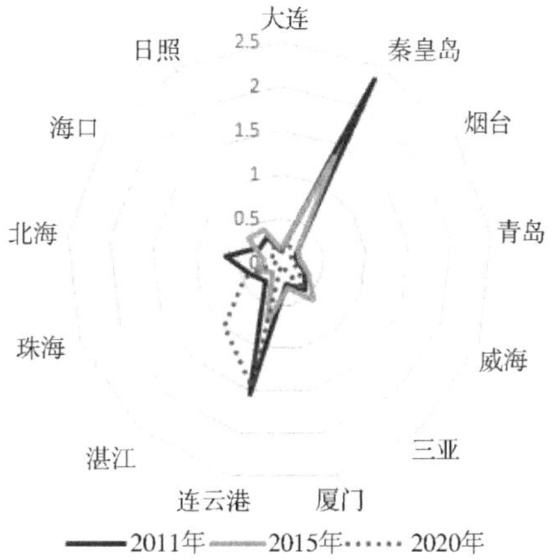


图 8-6　滨海城市旅游依存度区位熵

不同，导致旅游业的发展呈现不同态势。考虑到三个年份的整体状况，由数据我们可以发现，三亚和海口前两种区位熵远超其他城市，其他城市大致又可以分为三类，即收入引领型、游客引领型和平衡发展型。收入引领型体现了城市对旅游业的依赖，虽然旅游业的集聚对旅游城市是有益的，但是过度的依赖对城市长远发展是不利的。游客引领型体现出当地吸引的游客较多，但是当地的经济对旅游业依赖较小。青岛、珠海、威海、海口和烟台属于收入引领型，厦门、大连、北海、湛江和日照属于游客引领型，连云港属于依存度引领型，秦皇岛和三亚属于平衡发展型。

2011 年、2015 年、2020 年秦皇岛旅游收入、接待人次和依存度区位熵平均值分别为 1.65、1.32 和 1.30，全部大于 1，在滨海城市中位于前列，说明秦皇岛的旅游业发展较好、水平较高。但是不管是哪一种区位熵，随着时间都呈下降趋势。旅游收入区位熵的下降说明受新冠疫情影响秦皇岛旅游业的吸引力减弱，对于秦皇岛这种以旅游闻名的滨海城市而言，对其经济发展影响较大。从游客依存度来看，只有秦皇岛、厦门、连云港和珠海在 2020 年旅游接待人次区位熵上升。秦皇岛接待人次区位熵的上升说明，当地旅游市场在河北省内还是具有较强吸引力的。而秦皇岛各指标整体呈现下降趋势，虽说有新冠疫情的影响，但也对当地政府提出了重要警示，即如果不能及时调整发展战略，以旅游业为收入主要途径的人员会受到较大影响。从依存度区位熵来看，虽然经济依赖于旅游的程度下降了，但是秦皇岛在河北省的旅游影响力还是处于很高的地位，和其他滨海城市相比，这种影响力过于绝对，不利于区域经济的高质量发展。因为旅游业发展如果是经济发展的全部，这样可能导致未来发展极易失衡。

总体来看，秦皇岛旅游业发展在省内具有较大优势，唐山和沧州的滨海旅游发展远远不及秦皇岛，因此河北省应做出整体战略部署。就秦皇岛而言，滨海旅游业在当地经济中占据了主要地位，但是这种影响力在逐渐减弱，和区位熵不断上升的滨海城市相比，秦皇岛的发展创新能力表现出明显不足，因此当地应找出应对措施来迎接未来的挑战。首先，要挖掘地方特色项目，精心策划宣传，充分利用媒体平台推介滨海文旅资源，宣传景区景点，吸引本地游客并留住外地游客。其次，要以游客为中心，全面提升优化旅游环境。最后，要切实保障助力旅游业发展的资金、土地、人才等条件，建立健全保障工作推进的体制机制，加大政策激励，强化人才支撑，为旅游业高质量发展提供支持。各相关部门要坚持“一盘棋”思想，齐抓共管、凝聚合力，共同研究解决旅游业发展中出现的问题，加快推动旅游业高质量发展。

## 五、河北省滨海旅游业与区域经济高质量发展耦合协调度分析

1. 滨海旅游业与区域经济高质量发展水平分析

本节基于耦合理论，采用耦合协调度模型，计算出了2011—2020年间河北省滨海旅游业综合发展指数与区域经济高质量发展综合指数，分别用$U_1$、$U_2$来表示，二者的综合协调指数用$T$来表示，二者的耦合度和耦合协调度分别用$C$和$D$来表示，结果如表8-6所示。在此基础上我们还绘制了河北省滨海旅游业与区域经济高质量发展耦合协调度的变化趋势图（图8-7）。

可以看出，在2011—2020年间河北省滨海旅游业与区域经济高质量发展耦合协调度总体呈直线上升趋势，2011年耦合协调度为0.050 9，到2020年上升为0.381 1，且这期间在2015年出现拐点，2015年之后两者耦合协调度上升速度比之前加快。2011—2015年的耦合协调度处于极度失调状态，2016年的耦合协调度处于严重失调状态，2017—2018年处于中度失调状态，2019年情况有所好转，耦合协调度位于0.3～0.4之间，处于轻度失调状态。

表 8-6　河北省滨海旅游业与区域经济高质量发展的耦合协调度分析

| 年份 | 滨海旅游业综合发展指数 $U_1$ | 区域经济高质量发展综合指数 $U_2$ | 综合协调指数 $T$ | 耦合度 $C$ | 耦合协调度 $D$ |
|---|---|---|---|---|---|
| 2011 年 | 0.0571 | 0.1816 | 0.1194 | 0.4267 | 0.0509 |
| 2012 年 | 0.1287 | 0.1493 | 0.1390 | 0.4986 | 0.0693 |
| 2013 年 | 0.1564 | 0.1784 | 0.1674 | 0.4989 | 0.0835 |
| 2014 年 | 0.1664 | 0.1953 | 0.1809 | 0.4984 | 0.0901 |
| 2015 年 | 0.2067 | 0.1765 | 0.1916 | 0.4984 | 0.0955 |
| 2016 年 | 0.2982 | 0.3549 | 0.3265 | 0.4981 | 0.1627 |
| 2017 年 | 0.3937 | 0.4793 | 0.4365 | 0.4976 | 0.2172 |
| 2018 年 | 0.4787 | 0.6220 | 0.5504 | 0.4957 | 0.2728 |
| 2019 年 | 0.6054 | 0.6623 | 0.6339 | 0.4995 | 0.3166 |
| 2020 年 | 0.7185 | 0.8087 | 0.7636 | 0.4991 | 0.3811 |

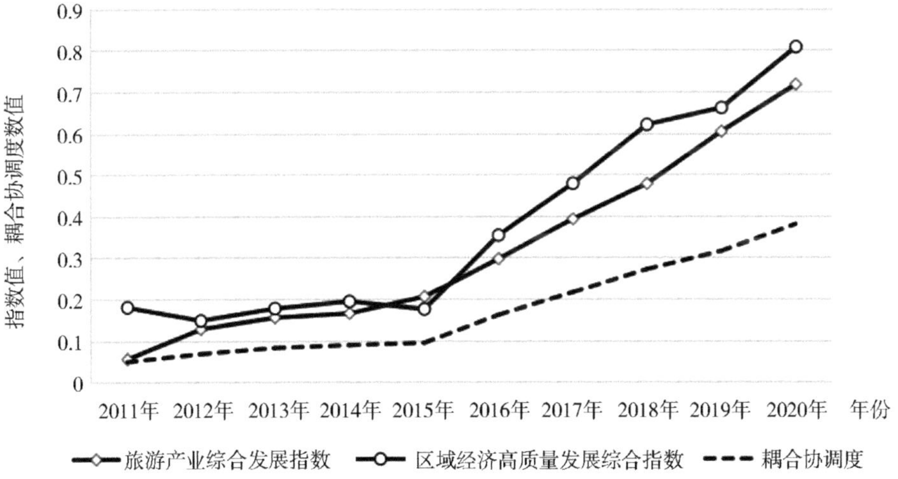


图 8-7　河北省滨海旅游业与区域经济高质量发展耦合协调度

依据耦合协调度对应的两个系统的不同发展水平，可以将耦合协调度划分为三种类型：当 $U_1<U_2$ 时，为旅游业滞后型；当 $U_1=U_2$ 时，为旅游业与区域经济同步型；当 $U_1>U_2$ 时，为区域经济滞后型。由图 8-7 可知，除了 2015

年，其余 9 年内滨海旅游业与区域经济的耦合协调度均为旅游业滞后型，表明滨海旅游业综合发展水平低于同期区域经济综合发展水平。因此，河北省应该继续大力发展旅游业，全面提升旅游基础设施建设和管理水平，带动区域经济的整体提升。

从图 8-7 可知，河北滨海旅游业在 2011—2020 年间稳定发展，河北滨海旅游业综合发展指数从 2011 年的 0.057 1 发展到 2020 年的 0.718 5，2020 年河北滨海旅游业综合发展指数为 2011 年的 12.58 倍，说明 10 年里河北滨海旅游业快速发展，取得了良好的发展效益，总体发展趋势持续向好。地区生产总产值在 2011 年为 9 106.44 亿元，到 2013 年突破 1 万亿元，进入快速增长阶段，2020 年旅游业受新冠疫情影响效益下降，而经济保持稳定增长，达到 12 596.60 亿元，其区域经济高质量发展综合指数在 2011—2020 年间由 0.181 6 上升到 0.808 7，表明在 2011—2020 年间河北经济整体呈现上升发展态势。

2015 年之前，河北区域经济高质量发展综合指数受到产业结构升级等方面影响，出现微波动情况。河北省原本是一个以钢铁、水泥等工业为经济支柱的省份，节能减排、产业转型使得河北的经济发展慢了下来。但在 2015 年之后，河北大力发展第三产业，开发绿色能源，区域经济稳健发展。总之，从相关的数据可以看出，河北滨海旅游业和区域经济呈现较好的正相关关系，二者相互促进、互为支撑。

2. 耦合协调度的时序变化特征

河北滨海旅游业系统与区域经济高质量发展系统的耦合协调度如图 8-8 所示。在 2011—2020 年两系统的综合协调指数在 0.4～0.5 之间，且 2012 年以后基本稳定。另外，在研究期的 10 年间，河北滨海旅游业与区域经济的耦合协调度呈现出明显的波动上升发展趋势，耦合协调度的值由 2011 年的 0.050 9 升至 2020 年的 0.381 1，这说明 2011—2020 年河北省滨海旅游业与区域经济高质量发展之间耦合互动发展程度逐渐提升，二者之间的关联度越来越强。

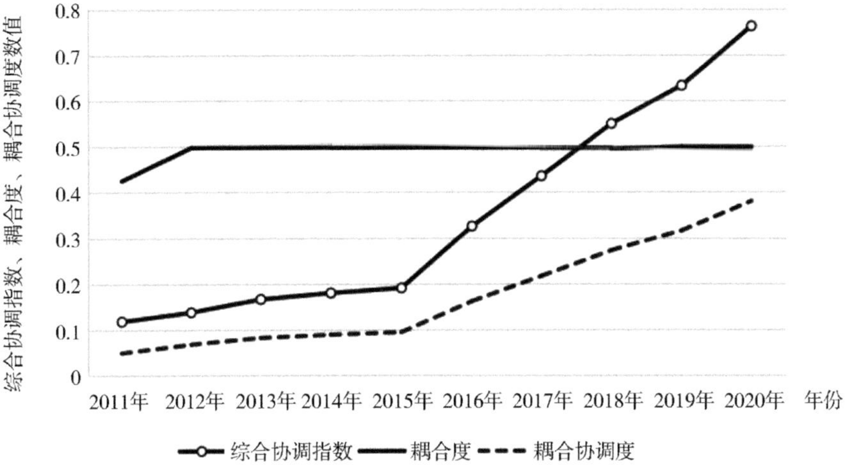


图 8-8　河北省滨海旅游业系统与区域经济高质量发展系统的耦合协调度趋势

3. 耦合协调度的空间分布特征

表 8-7 为计算得到的 2011—2020 年河北省滨海城市旅游业与区域经济高质量发展耦合协调度，图 8-9 为耦合协调度的趋势图。

表 8-7　2011—2020 年河北省滨海城市旅游业与区域经济高质量发展耦合协调度

| 年份 | 秦皇岛 | 唐山 | 沧州 | 河北 |
|---|---|---|---|---|
| 2011 年 | 0.3161 | 0.2489 | 0.1939 | 0.0509 |
| 2012 年 | 0.3277 | 0.2766 | 0.1952 | 0.0693 |
| 2013 年 | 0.3380 | 0.2779 | 0.2012 | 0.0835 |
| 2014 年 | 0.3508 | 0.2825 | 0.2019 | 0.0901 |
| 2015 年 | 0.3706 | 0.2869 | 0.2060 | 0.0955 |
| 2016 年 | 0.3848 | 0.3135 | 0.2154 | 0.1627 |
| 2017 年 | 0.4091 | 0.3395 | 0.2165 | 0.2172 |
| 2018 年 | 0.4382 | 0.3706 | 0.2356 | 0.2728 |
| 2019 年 | 0.4629 | 0.5326 | 0.2598 | 0.3166 |
| 2020 年 | 0.3149 | 0.4406 | 0.1850 | 0.3811 |

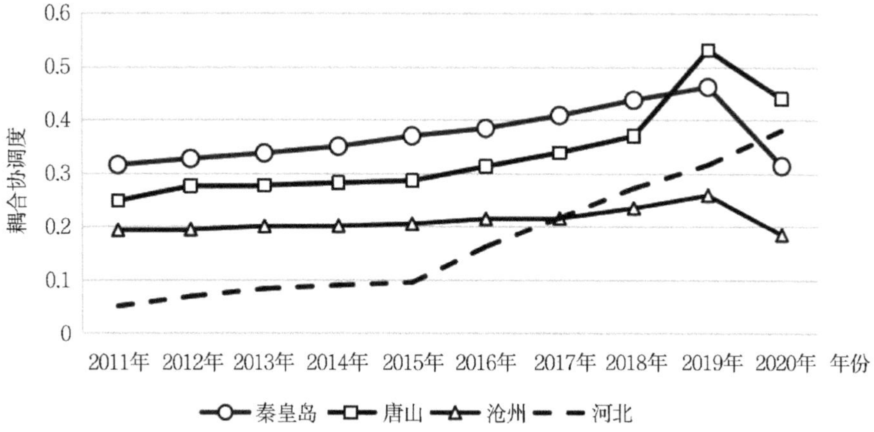


图 8-9　2011—2020 年河北滨海城市旅游业与区域经济高质量发展的耦合协调度

由图 8-9 可以看出，2011—2019 年 3 个城市滨海旅游业和区域经济高质量发展的耦合协调度呈持续上升态势，但在 2020 年数值下降，也从侧面反映了新冠疫情对于旅游业的打击。研究期内，河北滨海旅游业与区域经济高质量发展耦合协调度持续上升。在 2011—2018 年间，耦合协调度从大到小的排列顺序为秦皇岛、唐山和沧州，2019 年唐山的耦合协调度反超秦皇岛，高达 0.532 6，处于勉强协调状态，发展潜力巨大。

(1) 就秦皇岛而言，其滨海旅游业和区域经济高质量发展的耦合协调度一直位于河北省前列，说明两系统的影响程度较大。秦皇岛耦合协调度呈直线上升增长趋势，从 2011 年的 0.316 1 增长到 2019 年的 0.462 9，由轻度失调过渡到濒临失调；在 2020 年出现拐点，耦合协调度骤降。受新冠疫情的影响，2020 年秦皇岛旅游总收入由上一年的 1 013.97 亿元下降至 268.32 亿元，下降了 73.54%，国内旅游人数减少了 4 547.56 万人。在 2019—2020 年间综合发展指数从 0.462 9 下降到 0.312 9，其下降幅度在 3 个滨海城市中是最大的。

(2) 就唐山而言，其滨海旅游业和区域经济高质量发展的耦合协调度在 2011—2020 年中波动较大，2011—2015 年的耦合协调度在 0.2～0.3 之间，处于中度失调状态，2016—2018 年的耦合协调度在 0.3～0.4 之间，处于轻度失调状态，2019年的耦合协调度达到最高峰，为0.532 6，处于勉强协调状态，可见唐山政府的旅游宣传作用显著。例如，2019年，唐山成功举办了第四届徒步大会，地点在国际旅游岛。该岛位于唐山市东南部渤海之滨，总规划面积125平方公里，包括菩提岛、月岛和祥云岛。唐山国际旅游岛拥有绵长的海岸景观线，有优质地热温泉和海泥资源，野生树种遍布全岛，每月农历十三至十八总有一天月亮是红色的，因此这里是赏月的绝佳之处，古称红月亮的故乡。

(3) 就沧州而言，其两系统耦合协调度长期在0.2附近缓慢增长，但在2020年回落到0.185 0。相比于秦皇岛与唐山，沧州两系统的耦合协调度最低，说明其许多滨海旅游资源并未得到完全挖掘，可发展空间大。

河北滨海三市的数据反映出地域差异大、发展不平衡的问题。秦皇岛滨海旅游资源的区域组合条件最好，自然资源与人文资源融于一体，景观与地域巧妙结合，人文景观依势而筑，点面结合、距离适中、各有特色，其组合优势在国内独一无二。秦皇岛是全省滨海旅游的精品区域，可媲美世界其他滨海旅游城市。唐山大清河口以东海域则以高质量海水浴场资源和独特的海岛旅游资源相组合，区域旅游资源的总体质量与秦皇岛大体相当，只是开发历史较短，资源优势尚未转化为经济优势。沧州滨海旅游起步较晚，直至2017年前后，沧州渤海新区才开始整合周边资源，开发以滨海旅游为核心的多项高品质旅游项目，探索一条以“沧海百川、碧海蓝天”为品牌的独特发展道路。

4. 障碍度分析

从滨海旅游业和区域经济高质量发展的系统耦合层面看，区域经济与滨海旅游业耦合协调发展的阻碍因子，既涉及经济发展子系统因素也涉及旅游业子系统因素。利用公式(8-4)可以分别计算出两个子系统中影响滨海旅游业和区域经济耦合协调发展的障碍度。

表8-8中，选取T1～T8（分别为旅游总收入、旅游总收入占地区GDP的比重、社会销售零售额、国内旅游人数、国际旅游人数、外汇收入、第三产业增加值占比和住宿餐饮营业额）8个指标作为滨海旅游业系统障碍因子，进行滨海旅游业系统障碍度分析。表8-9中，选取E1～E5（分别为创新、协调、

开放、绿色和共享）5个指标作为区域经济高质量发展系统的障碍因子，进行区域经济高质量发展系统障碍度分析。

表 8-8 2011—2020 年河北省滨海旅游业系统障碍度分析

单位：%

| 城市 | T1 | T2 | T3 | T4 | T5 | T6 | T7 | T8 |
|---|---|---|---|---|---|---|---|---|
| 秦皇岛 | 43.93 | 47.24 | 43.00 | 45.80 | 12.09 | 573.88 | 36.10 | 197.97 |
| 唐山 | 46.87 | 98.48 | 14.23 | 39.87 | 48.18 | 483.34 | 75.04 | 193.99 |
| 沧州 | 59.03 | 78.53 | 31.44 | 59.77 | 47.06 | 488.38 | 62.06 | 173.72 |

滨海旅游业系统中，从秦皇岛来看，障碍度大小排序为 T6＞T8＞T2＞T4＞T1＞T3＞T7＞T5，对应障碍度值为 573.88%＞197.97%＞47.24%＞45.80%＞43.93%＞43.00%＞36.10%＞12.09%；从唐山来看，障碍度大小排序为 T6＞T8＞T2＞T7＞T5＞T1＞T4＞T3，对应障碍度值为 483.34%＞193.99%＞98.48%＞75.04%＞48.18%＞46.87%＞ 39.87%＞14.23%；从沧州来看，T6＞T8＞T2＞T7＞T4＞T1＞T5＞T3，对应障碍度值分别为 488.38%、173.72%、78.53%、62.06%、59.77%、59.03%、47.06% 和 31.44%。由此发现，主要的障碍因子是外汇收入和住宿餐饮营业额等，且外汇收入一直是阻碍两系统耦合协调发展的第一障碍因子，作用强度较大。住宿餐饮营业额成为阻碍两系统耦合协调发展的第二大障碍因子，同时第三产业增加值占比、旅游总收入占地区 GDP 的比重等阻碍作用逐渐凸显，说明该时段滨海旅游业系统的障碍因子对两系统耦合协调发展的影响越来越大。综合来看，滨海旅游业和区域经济两系统耦合协调发展受到众多因素的影响，未来要多注重旅游与区域经济发展的内在相互关系，以求推进二者共同发展。

从表 8-9 可以看出，绿色发展成为秦皇岛、唐山两系统耦合协调发展的第一障碍因子，说明其绿色发展短板最为突出。以唐山为例来分析，唐山是典型的资源城市，坐拥丰富的煤炭、铁矿、金矿等矿产资源，钢铁业是唐山重要的支柱产业之一，在全国都占有重要地位，这种依靠资源密集型的重工产业来拉动经济增长的发展方式势必会对自然资源和生态环境造成破坏，从而抑制唐山经济发展质量的提升。因此，绿色发展成为唐山经济发展重要的影响因子。创新发展与共享发展是秦皇岛两系统耦合的第二障碍因子和第三障碍因子，共享发展和绿色发展是沧州经济发展的第一障碍因子和第二障碍因子，共享发展反映出社会公共服务人均水平，其数据反映出秦皇岛与沧州的基本公共服务非均等化现象较为明显。开放发展同样是唐山市和沧州市的主要障碍因子，障碍度值分别为195.27%和208.15%，表明两市开放系统的发展质量有待进一步提高，其突破口在于扩大文化领域的开放以及改善开放环境。但秦皇岛市的开放发展情况与唐山和沧州相反，障碍度数值仅为47.71%，这也与实际相符。秦皇岛作为全国主要的滨海旅游城市，吸引了大量国内外游客来游玩，因此秦皇岛在开放发展上成绩显著。

表 8-9　2011—2020 年河北省区域经济高质量发展系统障碍度分析

单位：%

| 城市 | E1 | E2 | E3 | E4 | E5 |
|---|---|---|---|---|---|
| 秦皇岛 | 225.36 | 135.97 | 415.91 | 47.71 | 175.06 |
| 唐山 | 135.87 | 70.84 | 377.72 | 195.27 | 220.31 |
| 沧州 | 192.35 | 79.38 | 228.86 | 208.15 | 291.25 |

## 六、全国滨海旅游业与区域经济高质量发展耦合协调度分析

1. 发展水平分析

2011—2020 年滨海旅游业发展水平如图 8-10 所示，在研究期间呈现出持续上升的趋势，由 2011 年的 0.57 上升至 2020 年的 0.72，说明我国滨海旅游向好发展、均衡发展。

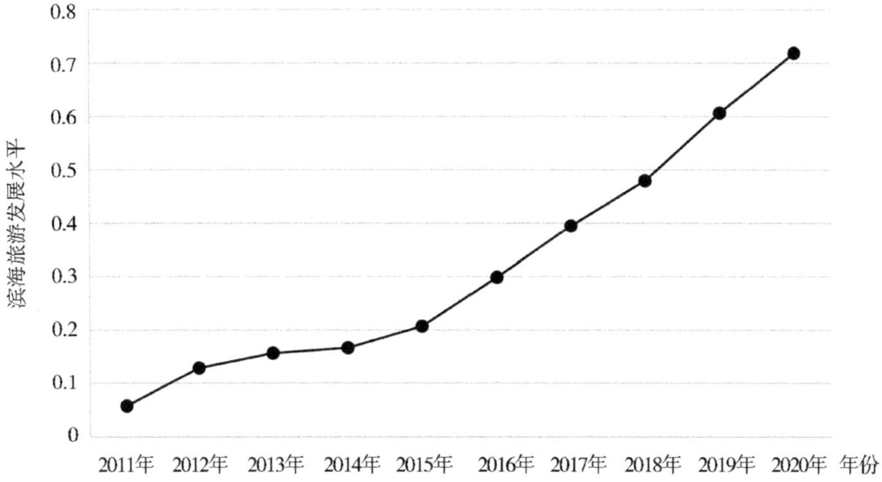


图 8-10　2011—2020 年滨海旅游业发展水平

如图 8-11 所示，将秦皇岛与旅游水平综合排名前三的城市三亚、青岛、厦门进行比较，可以很明显地看出秦皇岛与其他滨海旅游城市的差距，秦皇岛旅游业发展水平提升缓慢，甚至没有明显的上升趋势。而其他三个城市则在2011—2019 年间有明显的上升趋势，尤其是三亚。在 2011 年时这四个城市都是很著名的滨海旅游城市，然而秦皇岛市发展的缓慢导致了与其他城市产生了不小的差距。在对秦皇岛的两系统区位熵研究中也可以看到，秦皇岛的旅游产业集聚力是在不断下降的，虽然旅游水平分数在不断上升，但是与其他滨海旅游城市相比，秦皇岛市旅游业水平上涨得较为缓慢。所以综合来看，秦皇岛旅游业的发展策略出现了问题，需要进行改进，否则会造成难以挽回的损失。

从 13 个滨海旅游城市的 10 年经济高质量发展水平耦合协调度来看，三亚位居榜首，其次是珠海、厦门、青岛，区域经济高质量发展排名和滨海旅游业发展水平的排名是高度重合的，这说明两者有着很紧密的联系。区域经济高质量发展是符合国家政策的发展，是平衡的发展，意味着当地不仅考虑经济的发展，还注重绿色、协调、共享发展。三亚虽然相较而言面积小、人口少，但是它的发展水平较高，经济水平、环保水平、社会福利水平等都不错，而且还在

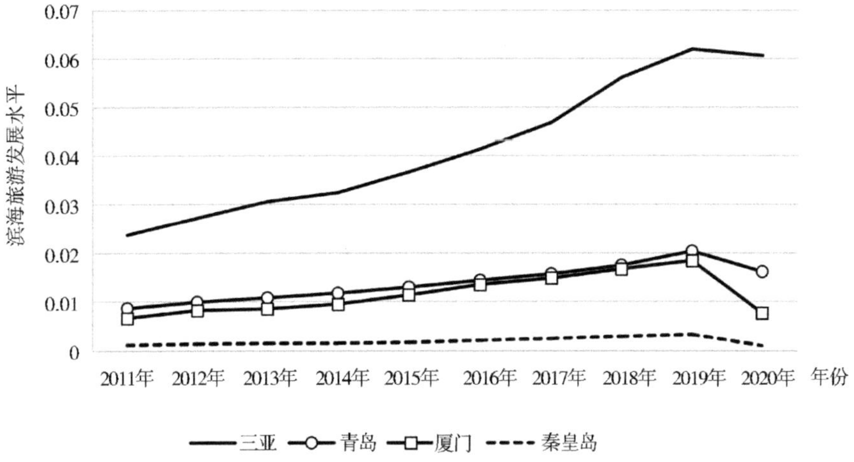


图 8-11　秦皇岛与前三城市旅游业发展水平对比

不断发展提升。珠海、厦门、青岛等城市的经济发展水平也都是很高的。秦皇岛市经济高质量发展水平在这些滨海城市中的排名要高于自身滨海旅游业发展水平的排名，说明秦皇岛市的综合发展水平还是不错的，如果能在同步发展其他产业的基础上进一步发展旅游产业，对未来的高质量发展将是很大的助力。

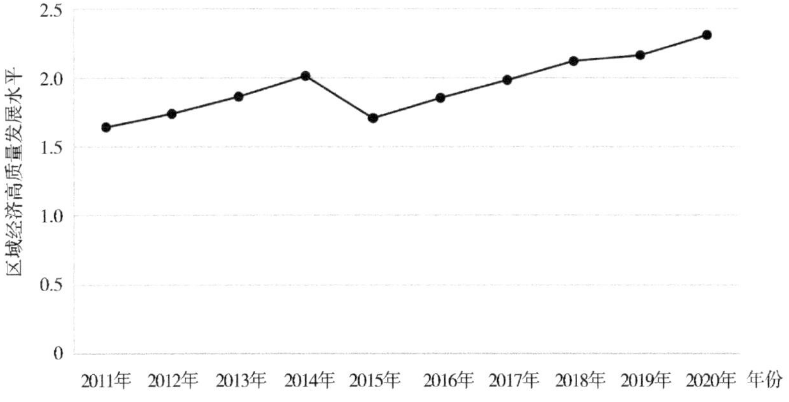


图 8-12　2011—2020 年滨海城市区域经济高质量发展水平

滨海旅游城市的 10 年区域经济高质量发展水平如图 8-12 所示，整体呈上升趋势，2011—2014 年区域经济高质量发展水平持续上升，在 2015 年出现下降趋势，由 2014 年的 2.01 降至 1.71，2015—2020 年虽然变化幅度较小，但仍处于不断上升的状态。

如图 8-13 所示，秦皇岛市和排名前三的城市相比，和珠海、厦门的差距是越来越大的，这可能有经济发展水平的原因；和三亚的差距在近几年是较小的，可能是因为三亚和秦皇岛都是旅游驱动经济的城市，在高质量发展中仅靠一方面是不行的，所以三亚区域经济发展水平曲折变化，秦皇岛市发展水平提升缓慢。秦皇岛与其他滨海旅游城市相比，经济与旅游相对落后，具有较大的发展空间。依托海洋资源与自然风光，若能进一步开发旅游资源，优化旅游空间布局，对未来经济高质量发展将有很大的助力。

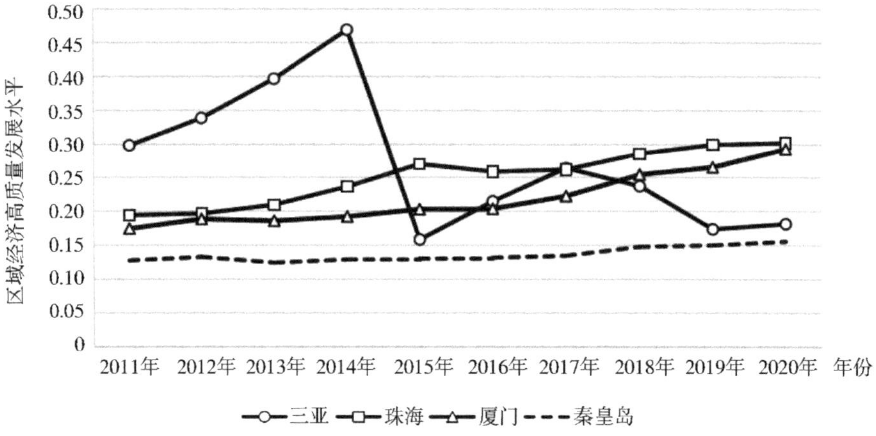


图 8-13 秦皇岛与前三城市区域经济高质量发展水平对比

由图 8-11 和图 8-13 可知，滨海城市区域经济高质量发展水平排名和旅游业发展水平的排名有着很紧密的联系。区域经济高质量发展是符合国家政策的发展，是平衡的发展，意味着不仅要考虑经济的发展，还要注重协调、绿色、共享等。三亚虽然相较而言面积小、人口少，但是它的发展水平很好，经济水平、环保水平、社会福利水平等都很均衡，而且随着时间的变化不断向好。珠海和厦门滨海城市的区域经济发展水平都是很高的，为今后的发展打下了坚实基础。

2. 耦合协调度分析

通过前述的公式以及滨海城市的相关数据，可以计算出2011—2020年不同地区旅游业和区域经济高质量发展的耦合协调度，数值见表8-10。

表8-10　2011—2020年全国滨海城市滨海旅游业与区域经济的耦合协调度情况

| 城市 | 2011年 | 2012年 | 2013年 | 2014年 | 2015年 | 2016年 | 2017年 | 2018年 | 2019年 | 2020年 |
|---|---|---|---|---|---|---|---|---|---|---|
| 大连 | 0.173 | 0.178 | 0.179 | 0.172 | 0.160 | 0.145 | 0.149 | 0.157 | 0.151 | 0.132 |
| 秦皇岛 | 0.086 | 0.089 | 0.090 | 0.091 | 0.094 | 0.099 | 0.104 | 0.111 | 0.115 | 0.087 |
| 烟台 | 0.132 | 0.111 | 0.114 | 0.117 | 0.122 | 0.128 | 0.132 | 0.134 | 0.137 | 0.125 |
| 青岛 | 0.147 | 0.154 | 0.160 | 0.165 | 0.170 | 0.174 | 0.185 | 0.195 | 0.208 | 0.196 |
| 威海 | 0.087 | 0.090 | 0.097 | 0.100 | 0.103 | 0.107 | 0.108 | 0.108 | 0.114 | 0.101 |
| 三亚 | 0.221 | 0.236 | 0.254 | 0.269 | 0.205 | 0.229 | 0.250 | 0.253 | 0.235 | 0.237 |
| 厦门 | 0.141 | 0.152 | 0.153 | 0.158 | 0.168 | 0.175 | 0.184 | 0.196 | 0.203 | 0.168 |
| 连云港 | 0.069 | 0.072 | 0.070 | 0.074 | 0.077 | 0.080 | 0.083 | 0.086 | 0.090 | 0.086 |
| 湛江 | 0.067 | 0.072 | 0.075 | 0.077 | 0.081 | 0.085 | 0.091 | 0.097 | 0.100 | 0.083 |
| 珠海 | 0.139 | 0.137 | 0.136 | 0.145 | 0.153 | 0.154 | 0.160 | 0.168 | 0.181 | 0.127 |
| 北海 | 0.056 | 0.059 | 0.061 | 0.063 | 0.064 | 0.067 | 0.074 | 0.079 | 0.082 | 0.075 |
| 海口 | 0.075 | 0.078 | 0.080 | 0.081 | 0.083 | 0.085 | 0.094 | 0.099 | 0.108 | 0.096 |
| 日照 | 0.070 | 0.075 | 0.075 | 0.082 | 0.078 | 0.088 | 0.090 | 0.091 | 0.097 | 0.084 |

从全国范围来看，2011—2020年滨海旅游业与区域经济耦合协调度整体不高，皆处于0～0.3之间，处于低水平失调状态，说明两系统相互影响程度较低，这可能与滨海旅游经济并不是经济支柱有关。各市耦合协调度的变化趋势大同小异，均在微小的范围内上下交替变动，差异不甚明显，整体上表现为“步调大体一致，水平基本相同”的状态特征，反映出滨海旅游业与区域经济之间存在彼此阻抑同时又共生的稳定关系。

从图8-14可以看出2011—2020年滨海旅游业和区域经济高质量发展的平均耦合协调度对比情况，三亚、厦门、青岛、珠海和大连位于前五名，其数值在 0.15 以上。三亚滨海旅游发展劲头强势。一直以来，三亚靠着独特的海洋资源优势发展旅游业，在 2011—2020 年间，三亚国际免税城、三亚·亚特兰蒂斯、海昌梦幻海洋不夜城、三亚丝路欢乐世界等一批重点文旅项目纷纷落地三亚，三亚旅游业生态和人文内涵持续丰富，旅游业规模不断扩大，释放出“一业兴、百业旺”的效应，旅游业成为三亚“调结构、惠民生、稳增长”的优势产业。由表 8-10 可以看出，2011—2019 年，厦门和青岛区域经济与滨海旅游业两子系统耦合协调度基本逐年上升，2020 年数值有所降低，这与新冠疫情有关。珠海两系统的耦合协调度在研究期间呈现出先降后升再降的趋势，2011—2013 年耦合协调度下降幅度较小，仅下降 0.03，随后上升，由 2014 年的 0.145 上升至 2019 年的 0.181，在 2020 年同样受到新冠疫情影响耦合协调度大幅下降。近年来，各滨海城市都在丰富滨海旅游的宣传手段，共同营造舒心出行、放心消费的市场环境，进一步提升游客满意度，全面展示滨海旅游良好形象。

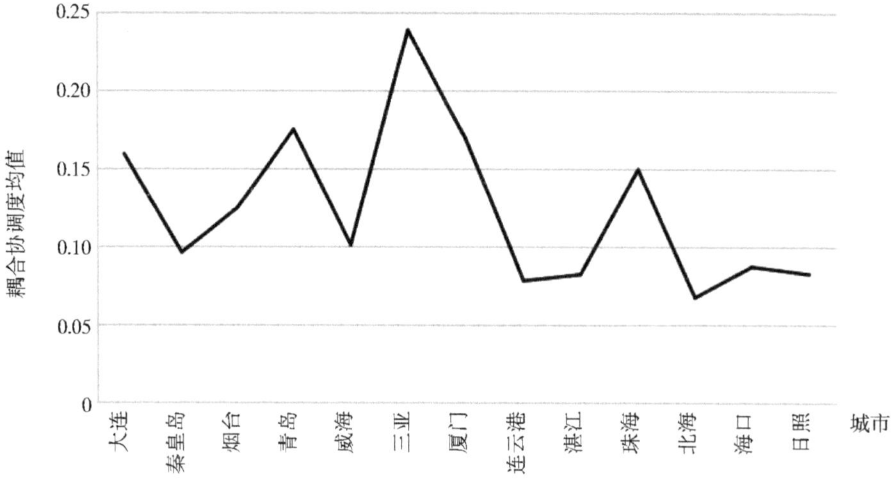


图 8-14　2011—2020 年滨海旅游城市滨海旅游业与区域经济发展耦合协调度均值

与上述城市相比，秦皇岛的滨海旅游起步较早，但发展缓慢，2011—2019

年两系统的耦合协调度由 0.086 上升至 0.115，虽然呈逐年递增趋势，但远低于同时期的三亚等滨海城市。因此，当地政府与相关部门应挖掘地方特色，因地制宜丰富旅游产品并充分利用媒体平台宣传推广滨海旅游，吸引并留住游客，以滨海旅游推动区域经济高质量发展。

## 第三节　唐山滨海旅游发展规划

### 一、唐山滨海旅游区发展优势

唐山滨海地区为环渤海经济开发热点地区，旅游资源条件优越，旅游业已成为唐山地方经济的重要组成部分。但旅游业在满足人们休闲娱乐等需要的同时，对旅游资源与环境也有着一定的消极作用。因而合理评价滨海旅游业开发对当地经济社会发展以及对环境的影响意义深远。

从积极影响来看，发展滨海旅游可以促进区域经济增长、增加当地就业、实现文化交流等。与其他产业相比，旅游业污染小、可持续能力强，同时还能带动餐饮、会展、酒店等行业的发展，对区域经济有重大意义。发展旅游业能够显著增加旅游城市本地就业机会，这是由旅游业的密集型产业性质所决定的，对解决社会就业问题有重要作用。同时，发展旅游业增加了当地居民的对外交往机会，扩大了当地居民的视野，促进了文化交流，提高了当地居民的文化素养。随着旅游业日益发展，旅游资源开发过程中采取了生态保护和修复措施，使资源得到持续发展，即旅游开发保护、美化了生态环境，有促进资源良性循环的功效。

从消极影响来看，不考虑环境承受能力的滨海旅游开发可能会带来大气污染、水污染、生态破坏，影响城市环境卫生，并进一步影响滨海旅游业的良性发展。以重点景区曹妃甸生态城为例，曹妃甸以港区与工业为重点开发对象，对滨海地区休闲度假氛围的营造造成一定影响。同时，在开发过程中，不适当的开发造成生态环境的破坏，会影响曹妃甸生态城在人们心目中的滨海旅游景区形象。所以，在开发过程中必须严格遵循生态性原则，走生态旅游开发道路。

因此，唐山应制订合理的滨海旅游发展规划，重视并兼顾环境承受能力与旅游消费需求，力求平衡生态环境保护需求与旅游发展需要，满足当地民众生活需要与游客需求。

## 二、国内外旅游市场及客源分析

进入新发展阶段，旅游业面临高质量发展的新要求。全面建成小康社会后，人民群众旅游消费需求逐渐向高品质和多样化转变。大众旅游出行和消费偏好发生深刻变化，旅游业产品供给由稀缺转为过剩，资源为王让位给产品为王，游客需求从单一化转向个性化、多样化和细分化，旅游业呈现出复杂化和精细化的发展趋势。为了满足旅游市场需求、顺应时代发展趋势，各滨海城市应着力完善现代旅游业体系，努力实现滨海旅游业高质量发展。

从国内旅游市场来看，自 20 世纪 90 年代起，我国旅游市场发展迅速，旅游业发展迅猛，我国是世界主要的客源输出国以及旅游目的地国，国际国内旅游收入、接待人数均排名世界前列。统计数据显示，自 2001 年以来，我国旅游业发展态势明显，各项数据增长喜人，旅游业总收入从 2001 年的 4995 亿元增长到了 2015 年的超过 4 万亿元，旅游总人数从 2001 年的 8.85 亿人次增长到了 2015 年的突破 40 亿人次，2015 年我国旅游业对 GDP 综合贡献超过 10%。

虽然国际形势复杂严峻，但支撑我国旅游业发展的有利因素和发展机遇仍然很多，因此我国旅游业的发展仍处于黄金发展阶段，前景美好。我国经济持续发展，人民的购买能力不断提高。“休闲经济”“休闲产业”正在成为经济热点话题，环城游憩带正在大城市周边快速形成，京津冀和环渤海地区城市群居民休闲消费潜力巨大。同时，东北亚的日韩等发达国家也是亚洲著名的客源输出国，日本、韩国游客出国观光休闲度假需求旺盛。唐山以及河北其他环渤海城市与日本、韩国距离较近，完全可能成为日韩等东北亚游客的近距离休闲旅游目的地。

唐山滨海旅游市场处于起步培育阶段，必须把握京津冀协同发展的机遇，把挖掘近距离客源市场、发展远距离客源市场作为工作重点。唐山作为京津冀交通枢纽城市，担负着重要的游客输送任务，尤其是服务京津秦旅游线。但唐山作为旅游城市的形象并未深入人心，以至于长期有着迎来游客却留不住的问题。因此，唐山滨海旅游市场的一级客源仍旧以京津地区、唐山本地等近距离客源为主。随着京津冀协同发展不断深入，大批来自北京、天津的商务人群将会成为唐山滨海旅游市场的一级客源，唐山要进一步完善基础设施的配套建设，丰富旅游业态和产品，打造品牌形象，从而巩固并扩大唐山滨海旅游的市场占有份额。并且，重视中长线旅游客源市场的发掘也是唐山滨海旅游工作的重点。随着京津冀现代城市群的崛起以及环渤海地区逐步成为我国经济新的增长极，河北将会吸引更多的来自东北亚、东南亚、欧美等世界各地的投资者和游客。这是旅游资源丰富的唐山打响旅游品牌的知名度，吸引更多的国内外游客的重要契机。对此，唐山应当通过召开旅游说明会、推介会以及与各地旅行服务商全面接触等方式，全面提高唐山滨海旅游的影响力，推动唐山滨海旅游高质量发展。

### 三、京津冀协同发展对唐山滨海旅游的促进作用

1. 承接京津产业转移，实现旅游产业衔接

京津冀地区将逐步在产业分工、交通、旅游发展方面加深合作。尤其是在旅游发展领域，京津冀分享旅游资源，共同发掘高品质旅游线路，打造一体化的旅游市场，共同制订旅游发展规划，各展特色，形成一个整体多元的旅游市场。在这种前提下，受京、津、秦等著名旅游城市的知名度以及在国内外游客心目中的认可度的带动，唐山滨海旅游认知度会不断提升，唐山旅游城市形象会逐步得到认可。同时，旅游产业分工与合作带来的旅游产业对接，会逐步促进唐山滨海旅游业与周边旅游城市旅游业的协调发展。

2. 促进滨海旅游行业服务品质提升

京津冀协同发展带来机遇的同时，其考验也是毋庸置疑的。对比周边城市旅游业发展现状，唐山滨海旅游市场的不成熟、不完备也是十分突出的。北京、天津、秦皇岛等城市在旅游业管理、规划、发展方面相比唐山具备更成熟的机制、更深厚的经验以及更先进的理念。因此，行业对接的过程会促进唐山滨海旅游业接受京、津、秦等地的先进管理经验、行业技术以及行业理念、文化等，从而使唐山加快滨海旅游基础设施建设，引进、培养行业精英，逐步实现外来经验带动本地升级，促进滨海旅游业的服务品质提升。

3. 实现旅游资源整合

京津冀协同发展的统一规划思路，有助于对滨海旅游业发展进行整体的、系统的考量，进而推动建立河北滨海旅游带。河北滨海旅游带建设的整体规划与规模式的发展，有利于推动唐山旅游资源的整合与科学规划，促进形成品牌效应。在这种协同发展的作用下，唐山滨海旅游业不仅可以实现自身的资源系统化，还可以与京、津、秦、承、沧等城市实现旅游产业整合及旅游资源优化利用。

4. 建立长效合作交流机制，实现共赢

唐山一直沿用的是重工业发展模式，对于滨海旅游业发展规划经验不足，尚存在理念落后、简单复制的问题。经验浅起步晚，就需要开展交流合作，需要不断引进先进理念、先进人才、先进技术、先进设施，这样才能逐步将后发转为一种优势。京津冀协同发展的深度行业合作无疑给唐山滨海旅游业的对外合作交流提供了更为稳定的平台。唐山滨海旅游业在后续发展中应当抓住机遇，深化行业交流，与其他先进旅游城市形成长期交流与合作机制，实现信息、资源的互惠互利，争取实现共赢。

## 四、唐山滨海旅游区发展建议

1. 现状分析

《河北省海洋功能区划》规定，唐山国际旅游岛为自然保护和旅游功能区。

唐山国际旅游岛环境氛围优良，绿化率高，植物与景观配置得当，景观与环境美化措施多样，观景效果好；建筑布局合理，建筑物体量、高度、色彩、造型与景观相协调；主体建筑格调突出，并烘托景观及环境；周边建筑物与景观格调协调，区内各项设施设备符合国家关于环境保护的要求。

2. 环境分析

目前，菩提岛、月岛、祥云岛周边开发力度较大，港口及临港工业区对祥云岛海域及潟湖区域造成严重影响；岛屿开发存在开发无序、粗放的问题，土地资源、景观资源浪费较为严重；开发利用时对岛屿资源与生态环境保护重视不够，配套设施不足，缺少保护海岛资源和生态环境的必要手段和措施；污水、旅游废弃物对岛屿及周边海域生态环境的破坏较大，这些情况造成海岛资源和生态环境的退化，影响海岛资源的可持续利用。

因此，唐山国际旅游岛建设应遵循“保护优先，适度开发”的原则，遵循海岛发展自然规律，通过建立亲岛、亲鸟、亲鱼、亲海的旅游发展模式，重点解决海岛、海岛鸟类、海水及海洋渔业四个方面的问题。同时，应健全海岛生态体系，充分挖掘地区特色旅游资源，树立地区独特的旅游品牌，促进海岛经济可持续发展，维护海岛生态环境，形成完备的立体化生态网络。

3. 开发对策和建议

第一，建立海岛开发的环境影响评价—工程配套管理—生态工程修复评价体系。为了避免海岛开发建设活动对生态系统造成严重破坏，在旅游业开发规划、建设项目审批前都应严格按照环境影响评价制度对可能产生的环境后果进行预测和评估，并且提出预防或者减轻不良环境影响的对策以及进行跟踪监测的方法。对旅游开发项目，要充分预见到可能引发的水体污染、植被破坏和环境退化问题，还要考虑一旦游客超过设计数量时可能给岛屿生态系统带来的巨大压力，并提前制订应对方案。通过环境影响评价制度提高区域准入门槛，为旅游区的持续发展打造坚实的生态环境基础。对于那些资源消耗巨大、环境污染严重的开发项目，无论其经济效益如何都坚决不予审批。

项目建设应尽可能少占用和少破坏植被区，建筑材料尽可能选用天然的建筑材料，尽量避免在本岛上开挖取材，并应采取必要措施（如建围墙、植被隔离带等）将项目建设影响控制在尽可能小的范围内。此外，应对施工人员的生活垃圾、生活污水、泥浆水、含油污的工程车冲洗水进行灭菌或沉淀池达标处理，建筑废渣须运出海岛规范处理，减小对岛屿生态环境的影响。

对施工过程中造成的生态环境破坏及时进行抢救性的修复：建人工生态护坡缓减海滩侵蚀，改良岛上土壤结构，选择抗盐、抗风的草本、灌木、乔木植物进行绿化。

第二，对海岛生态保护与恢复实行四级管制。分析海岛生态系统敏感性和重要性，按照生态保护的不同需求对海岛空间进行分级，并制订相应的保护和管制策略，协调海岛生态环境保护与社会经济发展的关系，促进海岛可持续发展。

重点修复区：由于生态退化严重，必须以人工手段促进生态系统恢复的地区。重点修复区除一些有利于生态恢复的项目外，不得从事其他生产经营和项目建设活动。应加大整治力度，拆除违法建筑，清理垃圾，有条件的地方可采用生态工程措施如植树造林、工程护坡、客土回填、水源补充等进行修复。

生态保育区：为生态环境良好，具有一定代表性、典型性和特殊保护价值的自然景观、自然生态系统，以及珍稀濒危海洋生物物种、经济生物物种栖息地等地区，是维系区域生态安全最关键的区域。生态保育区保护优先，通过严格的管制措施禁止一切开发建设活动，禁止任何单位和个人在海岛上进行狩猎、砍伐、烧荒以及破坏地形、地貌及自然生态的活动。生态保育区严格限制旅游活动的规模和进入游客的数量，划定有限区域设置观岛台和科考歇脚点，一些必要的试验、科研或者教育活动必须经过事先严格审批。

限制开发区：以不对海岛整体生态环境、地质地貌和资源特征造成破坏为前提，可以进行适度开发建设的区域。建设项目的性质、规模和开发强度都必须符合海岛功能定位和前期规划要求，不能与海岛生态保护目标相违背，不得造成海岛地形、岸滩、植被以及海岛周围海域环境污染或生态环境的损害。在有效保护海岛和海洋生态的前提下，探索海岛资源最优开发秩序，达到最佳资源效益和经济效益。限制开发区可以选择性地安排旅游度假、文化娱乐等项目用地。

重点开发区：为交通便利、开发条件优越的特殊地区。可适当提高开发强度，适当放宽建筑密度、容积率方面的要求，但不可对周边生态环境造成太大影响。宜发展经济效益高、环境友好的产业，如休闲观光、会展、高档度假酒店等。重点开发区的建设对海岛整体经济的发展和知名度的提升都具有重要价值。

第三，建立统筹发展协调机制，积极推进产业协调发展，统筹区域自然生态格局、产业布局、城镇用地功能布局、公共服务设施布局和市政基础设施建设，促进整个唐山海岛地区又快又好发展。

第四，制定相应的管制规则，明确责任主体，编制控制性详细规划并将其转化为法规性文件；加强对于城市红线、绿线、蓝线、黄线的控制，制订相应的管制规则。

第五，制定相关政策鼓励发展和推广可再生能源应用技术；设定产业准入门槛，禁止除生态型产业、高新技术产业和无污染产业以外的产业进入；建立科技创新奖励制度，应用有利于公共交通发展的绿色交通模式，提升城市绿色交通系统的公益性，推行企业零排放制度、清洁生产制度、循环经济奖励制度，严格实行污水达标排放、生活垃圾科学处置和污染物总量控制制度；加强海域水质管理，执行标准不低于二类的海水水质标准。

### 五、唐山滨海旅游发展的任务

唐山滨海旅游业起步晚，尚未形成全面、系统的发展体系，缺少对周边环境、资源的合理利用，因此现阶段唐山滨海旅游发展的主要任务应当定位在：对滨海旅游资源开发利用更侧重高端旅游、休闲旅游的相关功能；依托自身具备的热门旅游资源，与热门旅游城市的景区形成互动合作，吸引承接周边客源，并逐步链接到成熟的滨海旅游线路中；加强宣传，树立品牌与旅游城市形象，提升唐山作为滨海旅游城市的知名度，充分发挥后发优势，实现跨越式发展。就唐山滨海旅游现阶段发展需求来看，最为紧迫的任务主要有以下几点：

1. 加强基础服务设施建设，优化滨海旅游环境

唐山应通过坚持政府主导，从产业政策、法规标准、规划计划、信息沟通等方面对滨海旅游业发展进行指导，尤其重视基础设施建设，并不断加强对旅游总体形象的宣传推广，为滨海旅游业发展提供良好的社会环境。

2. 扎实推进项目建设，保证交通畅通

唐山应通过扎实推进道路交通项目建设，改善乐亭、曹妃甸滨海旅游区的交通状况；通过景区道路、停车场、码头以及跨海大桥、旅游专用线和滨海景观道绿化工程等基础设施项目的扎实推进，进一步提升唐山滨海旅游区的承载力和聚集力。

3. 加强招商引资，挖掘资源潜力

唐山应打造以乐亭县为主的海岛综合旅游区和以曹妃甸国际生态城为主的度假区，进一步挖掘岛屿生态资源的潜力；尽可能使更多项目进入“中国旅游开发建设项目库”“河北省环京津休闲旅游产业带项目库”、文化和旅游部、省市招商项目名录；将类型独特、集合成群、便于综合开发的资源进行综合开发和利用，形成巨大的磁力效应，促进唐山滨海旅游的发展。

4. 编制科学合理的开发规划，提高资源利用率

按照京津冀协同发展规划，京、津、冀三地的功能定位各有不同，唐山应结合自身资源特点，制订符合可持续发展的开发规划。应借助京津冀交通一体化的实施，加强与北京、天津旅游部门之间的合作，打通北京、天津到唐山滨海旅游线路，吸引京津的游客。旅游规划应突破部门利益藩篱，站在全社会经济发展高度，从资源自身优势、客源市场、周边环境、地方经济发展等方面综合考虑，制订旅游业发展目标，规划发展规模、要素结构与空间布局。

表 8-11 反映了唐山市部分滨海旅游景区的地理分布情况。唐山应逐步整合滨海旅游资源与其他旅游资源，如将滨海旅游、长城旅游、皇家旅游、工业旅游、文化风情游、城市休闲购物游进行有效规划，打造精品滨海旅游线路，让唐山独具特色的滨海旅游城市形象深入人心。

表 8-11　唐山市部分滨海旅游景区布局

| 类型 | 区域 | 地理位置 | 概况 |
| --- | --- | --- | --- |
| 度假滨海旅游区 | 唐山滨海南部 | 曹妃甸新区 | 由曹妃甸国际生态城和曹妃甸旅游岛两部分组成。规划总面积 9 996.92 平方米，区域周长 63 879 米。拟开展项目：商务会展、休闲健身（帆船、帆板、游船、游艇）、滨海城市观光 |
| 海岛综合旅游区 | 唐山滨海北部 | 乐亭县 | 总规划面积约 18 698.63 平方米，区域周长 72 978 米；开发建设菩提岛、月岛、祥云岛、龙兴寺、永平园五大主景区及国际渔文化风情园、菩提镇等辅助景区 |
| 滨海农业观光区 | 唐山滨海南部 | 曹妃甸新区 | 有亚洲最大的海水养殖场、国内最大的河豚养殖基地，有“中国河蟹之乡”水产观光景区 |

# 本章小结

对滨海旅游业与区域经济高质量发展的耦合协调研究，旨在通过两系统发展水平、耦合度状况及相互影响程度实证分析，为两系统的发展提供策略建议。

1. 结论

（1）滨海旅游业集聚度。从整体来看，2011—2020 年间河北省滨海旅游业集聚度经历了两个发展阶段。第一阶段为 2011—2017 年，在 2011 年产业集聚度较高并且区位熵值大于 1，但是此后直到 2017 年，河北省滨海旅游业集聚度不断下降，产业竞争力不足。在第二阶段，滨海旅游业集聚度开始上升，但区位熵值仍小于 1，到了 2020 年受新冠疫情影响，集聚度再次下降，但仍高于第一阶段的最低值。

从局部来看，秦皇岛、唐山、沧州是河北省拥有滨海旅游资源的城市，观察 3 个城市 10 年的区位熵可以发现，秦皇岛市滨海旅游业集聚发展水平最高，在河北省内竞争力最强。这不难理解，秦皇岛以滨海旅游而闻名，其许多著名景区都傍海而生，以秦皇岛海水的质量和当地的环境来看，秦皇岛是河北省3个滨海城市中最适合发展滨海旅游业的。虽然秦皇岛滨海旅游业的区位熵较高，但是近年来逐渐呈现下降趋势，主要是海洋环境被破坏、景区设施老化等原因所致，现阶段秦皇岛滨海旅游业的发展因无法满足人们对滨海旅游的需求而导致产业集聚度下降。而唐山滨海旅游业集聚度虽然较低，但呈现上升趋势，尤其是在2020年有较大的突破。这可能是由于唐山市经济发展水平在省内较高，前些年不太注重旅游业的发展，而在2017年后为促进经济的高质量发展，开发了许多海岛旅游区，所以旅游业集聚度上升了。而沧州经济发展水平相对较差，它的海洋环境也不适于发展寻常的滨海旅游，所以沧州滨海旅游业集聚度不断下降。

本章选取大连市、烟台市、青岛市、威海市、日照市、三亚市、海口市、厦门市、连云港市、湛江市、珠海市、北海市和秦皇岛市等全国13个著名滨海旅游城市，对其2010年、2015年、2020年滨海旅游综合区位熵和分维度区位熵进行分析发现，秦皇岛市滨海旅游业集聚水平高，但是河北省整体滨海旅游业发展较差，不像山东省滨海旅游业发展较为均衡，这不利于河北省经济的高质量发展。从变化来看，秦皇岛市旅游收入区位熵、旅游人次区位熵、旅游依存度区位熵以及滨海旅游综合区位熵都呈逐年下降的趋势，虽然各区位熵值还是很高，仅次于三亚市，但也足以证明河北省的滨海旅游业有分散趋势，说明秦皇岛市滨海旅游业可能缺乏创新力，吸引力弱。

（2）滨海旅游业与区域经济高质量发展的关系。在分析滨海旅游业与区域经济高质量发展关系时发现，2015年成为重要拐点，2015年之前两系统的耦合协调度变化缓慢，2015年之后耦合协调度迅速增长，处于轻度失调状态。2017年是经济高质量发展概念的提出之年。2017年以前，虽然河北省经济发展良好，但是其过度关注经济总量增长而忽略了产业的高质量发展和人民需求的提高，导致了旅游业集聚度不断下降；在2017年后，政府更加关注全方位的发展。河北省拥有种类齐全的地形地貌和丰富的自然、人文资源，政府在经济高质量发展的目标指导下更加关注旅游业的发展，尤其是河北省具有代表特色的滨海旅游业发展。

秦皇岛作为河北省的主要滨海旅游城市之一，旅游业是促进其经济发展的重要因素，其旅游业与区域经济高质量发展耦合协调度长期处于较高水平；唐山近些年大力发展旅游业，成效明显，两系统耦合协调度一度超越秦皇岛，未来发展潜力巨大；沧州两系统的耦合协调度基本稳定，与秦皇岛、唐山差距较大，许多旅游资源有待开发。

从障碍度诊断结果看，阻碍河北省滨海旅游业发展的主要因素为外汇收入和住宿餐饮营业额两个方面，且外汇收入是主要方面，阻碍沿海省份整体经济发展质量提升的主要方面包括绿色发展、共享发展和创新发展。而对于不同城市而言，两系统障碍因素差异较大，产生的约束作用也强弱不一。

在 2011—2020 年，13 个城市滨海旅游业系统的综合发展指数呈小幅波动上升趋势，区域经济系统的综合发展指数一直保持稳定增长趋势，两系统的协调指数在 2011—2020 年间普遍较低，在这 10 年期间滨海旅游业与区域经济之间的耦合关系处于失调状态。在 13 个城市中，秦皇岛两系统的发展均属中等，相比三亚、厦门等旅游业发展较好城市，秦皇岛滨海旅游经济有待进一步提升。

2. 启示

河北旅游业在经济高质量发展概念提出后逐渐呈现上升发展的趋势，但对 3 个滨海旅游城市相关数据进行分析后我们发现，河北滨海旅游近年来的发展状况较其他省份而言有差距，因此我们提出以下建议以期促进河北滨海旅游业发展以及区域经济高质量发展。

（1）促进景区创新发展，加大旅游科技投入，不断更新完善景区设施，使游客时刻保持新鲜感，满足游客不断增长的旅游需求，使景区随着时代的进步而不断发展。培育旅游品牌产品有助于树立旅游城市形象，促进旅游市场不断扩大，提高旅游产出效率，带动其他产品的开发、销售，形成规模经济效益。

（2）推动可持续发展战略实施。河北省应保护海洋生态环境，促进滨海旅游业发展。发展滨海旅游最重要的条件就是环境。滨海环境干净、美丽是大部分游客的需求，如果环境较差就不会使游客产生再次旅游的想法，不利于旅游业的可持续发展。其次是服务系统，高质量的服务要求旅游业、餐饮业、住宿业、交通业等多个行业与政府部门相互协商、相互配合，保障游客的安全，使游客能够保持愉悦的心情，从而提高旅游效益。

（3）合理控制旅游业集聚程度。应避免滨海旅游城市对旅游经济的过度依赖，应在促进旅游业集聚的同时将其控制在合理范围。要促进滨海旅游业与其他产业融合发展，要重点完善滨海旅游城市的食、住、行、游、购、娱等设施建设，增加产品的附加价值，发挥良好的品牌效应。例如，可将滨海旅游资源与本地历史、文化资源进行融合，结合热点打造既有自身特色又与时俱进的精品旅游线路。

（4）滨海城市政府的帮扶政策应向旅游业进行适度倾斜，注重改善旅游业发展的投资环境和扶持旅游项目开发建设，促进旅游业按规划实施及可持续发展。要创造更加有利的投资环境，使旅游投资增长适度超前，保持旅游市场的吸引力和竞争力。政府还应积极鼓励企业和民营经济投资旅游业，并积极、合理、有效利用外资。

（5）发挥网络媒体的宣传优势。网络媒体相对于传统的传播媒体，其传播的范围更加广泛，传播途径更加多元。网络媒体的宣传可以为旅游业创造出更多的商业机会，吸引游客，吸引投资，因此应认识到网络传播的重要性，大力发挥其积极作用。

# 第九章　结论与展望

## 第一节　研究结论

旅游业因其关联性强、覆盖面广，在带动其他行业发展、带动地方经济发展、带动就业等方面起到了积极作用。随着全球经济一体化发展步伐的不断加快，当前国内外旅游业发展进入了一个新阶段，其中滨海旅游发展异军突起，受到热捧。我国是临海国家，海域面积辽阔，有约 1.8 万公里陆地海岸线、约 1.4 万公里岛屿海岸线、6500 多个岛屿，滨海旅游资源十分丰富。《2021 年中国海洋经济统计公报》数据显示，随着助企纾困和刺激消费政策的陆续出台，我国滨海旅游市场逐步回暖，全年实现产业增加值 15 297 亿元，较上年增长 12.8%，占海洋产业经济增加值的 44.9%。作为国家海洋发展战略和区域协调发展战略的重要组成部分，滨海旅游经济发展迈入一个崭新阶段。受此影响，学者们对滨海旅游的发展进行了广泛研究，但普遍侧重于对滨海旅游发展较好区域的研究，而对滨海旅游发展尚不突出地域的研究则相对缺乏。

本书聚焦河北省滨海旅游发展进行相关研究。河北省是我国北方的滨海省份之一，拥有着得天独厚的滨海资源，其所辖秦皇岛、唐山、沧州等滨海城市有山海关、黄金海岸、北戴河等著名旅游胜地，滨海旅游发展潜力巨大。从现阶段河北滨海旅游发展情况来看，滨海三市统一协调力度不够，滨海旅游资源缺乏统一规划，滨海旅游开发程度和知名度相较国内厦门、青岛等其他滨海旅游城市仍有较大差距。因此，对河北滨海旅游进行评价研究迫在眉睫、刻不容缓。本书在梳理和总结国内外滨海旅游研究成果的基础上，对河北省滨海旅游的一些问题进行了研究，为河北省滨海旅游的发展提供策略建议。

通过对河北省主要滨海旅游资源的开发现状和整体特征进行分析发现，河北省滨海旅游资源丰富，包括沿海风光、古迹胜景、海水浴场、观光农业等多个方面资源，应该充分发挥旅游资源优势。在资源开发过程中，需要注意资源利用的可持续性，应制订合理的开发策略。例如，第一，树立旅游资源开发全局观。通过多地区一盘棋的思想从最大层面整合河北省滨海旅游资源，实现综合全面发展，充分展现滨海旅游的独特魅力，打造具有河北本土特色的滨海旅游品牌。第二，重视项目的创新。河北省应丰富滨海旅游产品，并不断提升其文化内涵。第三，重视开发中的环境保护。在开发过程中应注重生态环境保护，通过完善环境预警机制等具体措施，科学利用各种资源，形成风景秀丽、环境宜人、生态稳定的滨海旅游景区。第四，完善开发保障机制。在滨海旅游资源开发中，当地旅游管理部门要切实履行主体责任，完善保障机制，为当地滨海旅游资源开发提供资金、人才等诸多支持。总体来看，河北省滨海旅游资源的开发是一个不断完善、不断发展的过程。通过不断总结既往经验，创新发展形式，滨海旅游开发能够带动当地经济发展，促进实现经济效益和社会效益的双重增长。

本书研究发现，河北省滨海旅游业要实现高质量发展，首先需要做到的是对河北滨海三市的旅游资源进行整合。由于三地的滨海旅游开发没有统一的规划，所以开发的滨海旅游区功能重叠较为严重。滨海三市要加强旅游业协同规划，增强产业建设层次感。

通过对河北省滨海旅游景区的市场状况进行分析发现，河北省滨海旅游市场开发处于较低的水平。主要体现在以下的几个方面：第一，河北滨海旅游市场规模并不大，并且供给市场空间分布并不是十分合理。河北滨海旅游业在河北省产业体系中并不属于较高的层级，滨海旅游业占全省经济总量比重不大，需要壮大滨海旅游业规模。此外，河北滨海旅游服务供给市场基本以秦皇岛为主，以唐山、沧州为辅，需要将供给市场向唐山、沧州逐步转移，提高整体的供给能力。第二，国际知名度较低，国际游客号召力不足。对比国内同类型的滨海旅游城市能够发现，河北滨海旅游城市的国际吸引力较弱，这不仅体现在境外游客数量上，也体现在创汇水平上。河北滨海旅游城市能够吸引到的国际入境游客人数较少，且游客客源地较为单一，基本来自东北亚地区。同时，河北滨海旅游城市吸引到的国际入境游客人均消费要少于国内同类型的滨海旅游城市的境外游客消费。此外，河北滨海旅游城市所接待的一日游游客数量较多，说明河北滨海旅游业能够提供的服务较为单一，持续吸引能力不足。通过SWOT分析能够看出，河北滨海旅游发展既有机遇，又有挑战。河北应发挥好背靠京津、面向东北亚的优势，发挥好产业基础较为良好的优势，也要突出产业发展的层次感并弥补滨海旅游资源开发中的种种不足。

通过梳理国外滨海旅游景区发展的经验以及不足能够发现，国外现有的滨海旅游景区存在的问题主要集中在生态环境污染、资源粗放利用、经济结构失衡等方面。国外滨海旅游景区能够成功的经验主要有：完善的基础配套设施，多种类的滨海旅游产品服务，注重传统的滨海观光旅游产品的创新性开发，多维度的文化交融以及较为成熟的媒体宣传，注意文化产业与度假旅游结合，等等。河北滨海旅游景区能够借鉴的经验有如下几点：第一，合理开发旅游资源，加强滨海环境保护。为实现河北省滨海旅游高质量发展，需要合理开发和利用河北省滨海旅游资源；加强滨海环境保护，确保滨海旅游资源质量；树立资源保护意识，注重资源可持续性开发，加强滨海旅游资源的保护工作。第二，完善旅游配套基础设施，提供多种类的旅游产品服务。基础设施包括交通、住宿、餐饮、通信、医疗、安全等方面，需要全面提升和不断完善。同时，要根据游客的需求开发丰富多彩的旅游产品，这些产品要涵盖文化、历史、自然、娱乐、体育等多方面内容，丰富旅游产品的选择性和趣味性。此外，还要设计合理的旅游路线和具有特色的旅游活动，让游客可以充分了解和体验地方文化和风情。第三，结合本地特色，打造有自身文化内涵的滨海旅游景区。特别是对于河北的秦皇岛市，应注重挖掘丰富的历史文化内涵，将传统历史与现代海洋文明相结合，走出一条属于自己的发展之路。总之，要打造有自身文化内涵的滨海旅游景区，要秉持因地制宜的原则，将本地文化特色与旅游开发紧密结合，设计出具有地方特色的旅游产品，让游客深度体验和感受当地文化魅力。

通过对河北滨海旅游景区网络关注度的分析能够发现，河北省滨海旅游景区网络关注度存在着显著的季节性变化规律。河北滨海旅游景区网络关注度呈现出“倒V、单峰、两低谷”的特征，高峰值多出现于7月、8月，低谷值多出现于1月、2月。

总体上来看，河北滨海旅游网络关注度的高峰值集中在夏季，即6月、7月、8月。从节假日分布特征上可以看出，节假日对河北滨海旅游网络关注度具有“前兆效应”，即在假期未开始时关注度逐渐上升，随着假期时间的推移关注度日渐下降。同时发现，2020年之后，关注度明显降低，也说明新冠疫情在一定程度上影响了河北滨海旅游业的发展。从空间维度来看，河北滨海旅游的网络关注度主要集中于京津冀区域，辽宁、山东、河南等在地理上距离河北较近的地区和广东等经济较为发达的地区也对河北滨海旅游具有较高的网络关注度。此外，河北省各个滨海旅游景区的网络关注度存在密切关联性。其中，黄金海岸、月岛等景区与其他景区互动最强，需要继续发挥其带动作用；曹妃甸和古贝壳堤与其他景区互动较弱，需要加强这些景区与其他景区的联系。此外，河北省还应促进滨海旅游景区之间的游客、旅游信息等要素的自由流动，逐步形成多中心、多网络协同发展的旅游空间格局，促进滨海旅游业快速发展。

通过对河北滨海旅游景区的用户评论进行分析，得出河北滨海旅游景区的游客满意度。利用Python编程语言，通过对旅游在线服务网站评论数据的获取，进行一系列的文本挖掘、LDA模型和IPA模型的分析，能够得到如下的结论：第一，游客对于“旅游感受”和“旅游消费”具有较高的关注与期待。第二，“景区消费”处于改进区位置，说明在今后的发展当中河北滨海旅游景区应该更多重视这一方面。基于此，我们提出了相应的改进建议：针对“消费捆绑”问题，建立规范的消费制度；针对食品质量问题，建立食品安全监督机制；针对景区服务意识淡薄问题，建立员工服务考核制度。

通过基于在线评论的河北滨海旅游发展影响因素分析，能够得出以下的结论：第一，根据“吃、住、行、游、购、娱”五个方面的评价分析发现，关于“吃”这一要素，河北滨海旅游的一大特色产品为以螃蟹为代表的海鲜类食品，这类产品广受游客欢迎。评价中关于“住”的高频词较少，只包含了“温泉”一词，这是因为大部分游客来自省内，或者来自京津，以一日游居多，对于居住方面要求较低。因此，要进一步注意提供滨海旅游距离近、设施完善的酒店，满足游客基本需求；并应加强“温泉”“滨海”主题特色民宿的开发，留住游客。关于“行”和“购”方面，游客对于河北滨海旅游景区的交通关注度较低，但对于购买方面关注度较高，因此需要开发特色旅游产品，满足游客购买需求。同时，要做好价格调控，提供优质的购物体验。关于“游”和“娱”方面，大部分游客对于河北滨海旅游景区较为满意，得到的基本都是正向且积极的评价。第二，进一步分析河北滨海旅游发展影响因素所体现的问题可以发现，河北滨海旅游景区更新改造落后，与现代消费理念发展不同步；滨海旅游资源保护意识淡薄，景区吸引力下降；景区经营服务水平较低，缺乏现代服务意识。因此，河北滨海旅游景区需要升级改造，丰富产品，稳定物价，提升服务能力，同时要加强资源保护，实现可持续发展。

通过对河北省滨海旅游业与区域经济高质量发展之间的关系进行分析，能够得出以下的结论：第一，秦皇岛滨海旅游业集聚水平最高，但近些年呈现出逐步下降趋势；沧州滨海旅游业集聚水平呈现下降趋势；唐山市滨海旅游业集聚度呈现出稳步上升趋势。第二，滨海旅游业与区域经济高质量发展之间的关系为，2015 年是二者关系变化的重要拐点，2015 年以前二者耦合协调发展缓慢，处于轻度失调状态；2015—2017 年，虽然河北省经济在不断发展，但旅游业集聚度不断下降；在 2017 年后，经济高质量发展理论的提出让政府更加关注全方位的发展。

本书通过对京津冀协同发展背景下河北滨海旅游业的发展状况进行分析，探索旅游业与区域经济协调发展模式，有利于帮助河北滨海旅游业找到不足、弥补差距、快速发展；有利于河北省更加合理配置滨海旅游资源，推动滨海旅游走上高质量发展之路；有利于“经济强省、美丽河北”战略布局的早日实现。

## 第二节 研究展望

秦皇岛市、唐山市和沧州市是河北省的滨海三市。2022 年河北省 GDP 达到了 4.24 万亿元，其中唐山市达到了 8 900.7 亿元、沧州市达到了 4 388.2 亿元、秦皇岛市达到了 1 909.5 亿元。上述滨海三市 2022 年地区生产总值占到了当年全省地区生产总值的 35.84%，其中唐山市更是全省经济的“排头兵”。因此，深入分析河北省滨海三市的旅游业发展状况不仅具有理论意义，也具有较为迫切的现实意义。分析上述三市的滨海旅游业发展状况对于推动三地产业结构转型升级、实现区域经济高质量发展具有重要的理论和现实意义。在此基础上进行进一步研究的话，其重点可以概括为：第一，对河北滨海旅游业的管理和规范措施进行深入研究。第二，探讨如何形成区域层面的旅游循环经济示范区。第三，对如何实现旅游业的可持续发展进行多角度研究。第四，探讨如何构建基于循环经济的河北滨海旅游业发展模式。相信在京津冀协同发展这一国家战略背景下，对这些问题更为详细的分析和解决方案的提出，一定会给河北滨海旅游的进一步优化升级提供重要参考，会助力中国式现代化河北场景的实现。

# 参考文献

[1] BOJANIC D C, MELODY L. A comparison of the moderating effect of tourism reliance on the economic development for islands and other countries[J]. Tourism Management, 2015, 53.

[2] BRAMWELL, BAND L B. Sustainable tourism: an evolving global proach [J]. Sustain Tourism, 1993, 1(1): 1-5.

[3] BUHALIS D. Marketing the competitive destination of the future [J]. Tourismanagement, 2000, 21(3): 105-118.

[4] Federation of Nature and National Parks of Europe. Loving then to death sustainable tourism in Europe's nature and national parks [M]. Belgium: FNNPE, 1993.

[5] LEATHE R S P. Beach rating: a methodological approach [J]. Journal of Coastal Research, 1997, 13(1): 253-258.

[6] MCMINN S. The challenge of sustainable of tourism [J]. The Environmentalist, 1997, 17(2): 135-141.

[7] PEARCE D. Competiveness destination analysis in Southeast Asia [J]. Journal of Travel Research, 1997, 35(2): 58-72.

[8] RITCHIE J R, BRENT, CROUCH G I. The competitive destination: a sustainable perspective [J]. Tourism Management, 2000, 21(4): 264-278.

[9] Gössling S. The consequences of tourism for sustainable water use on a tropical island: Zanzibar, Tanzania [J]. Journal of Environmental Manage-

ment,2001,61(2):179-191.

[10] 曹先磊,贾小茹．森林公园资源禀赋对其旅游产业发展的影响及机制研究[J]. 旅游科学,2023,37(1):156-175.

[11] 常美龄．旅游产业结构优化对我国区域旅游经济增长影响研究[D]. 天津:天津财经大学,2019.

[12] 陈仙波．海洋经济发展与旅游之未来[C]. 中国未来研究会 2011 年学术年会论文集,2011:227-231.

[13] 陈晓芳,薛兵旺．文旅融合背景下旅游市场协同治理研究[J]. 学习与实践,2022(9):136-140.

[14] 丁娟,陈东景,肖汝琴,等．基于 DPSIR 模型的唐山市海洋资源可持续利用评价[J]. 海洋经济,2014(6):44-49.

[15] 董玉明．中国海洋旅游的产生与发展研究[J]. 海洋科学,2003,27(1):26-29.

[16] 杜萍．全域旅游视域下康养旅游发展现状及对策[J]. 社会科学家,2022(10):47-53.

[17] 高亚峰．河北省滨海旅游综合发展概况及方向[J]. 海洋信息,2005(1):16-18.

[18] 高子轶．西宁市旅游基础设施时空格局演变及关联性研究[J]. 干旱区资源与环境,2023,37(3):197-202.

[19] 韩苗苗．山东省海洋旅游资源可持续发展研究[J]. 科技信息,2011(8):520-521.

[20] 河北省海岛资源编纂委员会．河北省海岛资源[M]. 北京:海洋出出版社,2013.

[21] 河北省海洋局．河北省海洋环境资源基本现状[M]. 北京:海洋出出版社,2013.

[22] 贾跃千,李平．海洋旅游和海洋旅游资源的分类[J]. 海洋开发与管理,2005,22(2):77-81.

[23] 雷春,高艳利．探析海南省海洋生态旅游与可持续发展[J]. 经济研究导刊,2011(7):173-175.

[24] 黎东梅．我国海洋旅游资源开发现状及发展对策[J]. 产业与科技论坛,2009,8(6):36-37.

[25] 李睿倩,徐成磊,李永富,等．国外海岸带韧性研究进展及其对中国的启示[J]. 资源科学,2022,44(2):232-246.

[26] 李姗．滨海旅游资源分类与评价研究[D]. 曲阜:曲阜师范大学,2016.

[27] 李霄汉,张天才,张振荣,等．河北省海岸带资源及开发利用研究[J]. 中国农业资源与区划,2015,36(4):21-26.

[28] 李鑫,孙云鹏．我国海洋旅游业发展现状分析[J]. 唐山师范学院学报,2009,31(1):105-107.

[29] 李悦铮,李鹏升,黄丹．海岛旅游资源评价体系构建研究[J]. 资源科学,2013,35(2):304-311.

[30] 林南枝,陶汉军．旅游经济学[M]. 天津:南开大学出版社,2004:107-109.

[31] 刘必强,黎耀奇,翁敏珠．满减还是满返:旅游产品促销框架对旅游者购买意愿的影响研究[J]. 旅游学刊,2022,37(9):107-122.

[32] 刘昌．京津冀协同发展下滨海旅游产业调整与升级研究[J]. 合作经济与科技,2015,5(11):3-39.

[33] 刘春玲,刘岩,许凤莲,等．秦皇岛市旅游资源评价及空间结构研究[J]. 石家庄师范专科学校学报,2002,4(2):35-39.

[34] 刘家明．国内外滨海旅游开发研究[J]. 华中师范大学学报,2000,34(3):349-352.

[35] 刘逸,陈海龙,曹轶涵．基于旅游评论数据的旅游地客源市场空间结构探析与理论修正[J]. 世界地理研究,2023,32(5):1-16.

[36] 邵淑艳．唐山市海洋经济发展研究[J]. 唐山师范学院学报,2014,36(5):33-36.

[37] 汤晓龙．广东滨海旅游业发展的问题及路径研究[J]. 特区实践与理论,

2022,255(4):97-102.

[38] 佟玉权．海洋旅游资源分类体系研究[J]. 大连海事大学学报(社会科学版),2007,6(2):61-64.

[39] 汪晓春．海南省旅游时空格局演变及协同发展研究[D]. 武汉:中国地质大学,2017.

[40] 王春艳,高峰．论海洋休闲旅游资源分类及其开发原则[J]. 哈尔滨商业大学学报(社会科学版),2009(1):109-111.

[41] 王贤,李甫春．广西海洋旅游资源开发探索[J]. 经济与社会发展,2009(11):42-48.

[42] 王岳辰．秦皇岛市志[M]. 天津:天津人民出版社,1994.

[43] 武传表,谢春山．环渤海地区 14 个滨海城市旅游市场竞争态分析[J]. 海洋开发与管理,2011,28(5):103-106.

[44] 谢东辉．河北省海洋旅游发展策略[J]. 合作经济与科技,2017,20(5):18-19.

[45] 熊文慧,黄学彬．基于 NVIVO 软件的圣托里尼岛携程网评质性分析[J]. 电子商务,2022,76(4):76-79.

[46] 熊鹰,张茜,侯珂伦,等．全域旅游视角下环洞庭湖城市旅游竞争力及区域合作[J]. 经济地理,2020,40(7):211-219.

[47] 徐秀美．昌黎、乐亭海洋旅游资源整合分析[J]. 河北旅游职业学院学报,2010,15(3):68-71.

[48] 杨洁．国外海岛旅游的成功经验对我国海岛旅游发展的启示[D]. 大连:辽宁师范大学,2009.

[49] 杨秀平．旅游环境承载力动态模型的构建及应用研究[D]. 秦皇岛:燕山大学,2005.

[50] 杨寅,赵一平,薛亚宇．京津冀旅游市场发展分析报告[J]. 西部旅游,2022(5):13-15.

[51] 於贤德．论海洋旅游的资源开发及其人文意义[J]. 浙江学刊,2010(6):

162-166.

[52] 张广海．我国滨海旅游资源开发与管理[M]. 北京:海洋出版社,2013:50.

[53] 张葳．河北省沿海经济隆起带滨海旅游发展战略研究[J]. 石家庄学院学报,2008,10(4):9-14.

[54] 张延,位寄和久．浙江省海洋旅游资源开发研究的若干建议[J]. 海洋学研究,2008,26(3):83-89.

[55] 张振克,毕墨,吴皓天．中国海岸与海洋旅游面临的挑战与发展战略[J]. 中国生态旅游,2021,11(4):536-547.

[56] 周国忠．海洋旅游产品调整优化研究:以浙江省为例[J]. 经济地理,2006,8(5):875-879.

[57] 朱佳玮,王尔大,孙文章．基于蒙特卡洛模拟的滨海旅游环境承载力影响因素重要性排序研究:以大连滨海景区为例[J]. 运筹与管理,2021,30(10):47-52.